书山有路勤为径，优质资源伴你行
注册世纪波学院会员，享精品图书增值服务

结构演讲力

用简单结构，打造极致演说

邓世超 著

电子工业出版社
Publishing House of Electronics Industry
北京·BEIJING

图书在版编目（CIP）数据

结构演讲力：用简单结构，打造极致演说 / 邓世超著. — 北京：电子工业出版社，2022.4

ISBN 978-7-121-43081-7

Ⅰ. ①结… Ⅱ. ①邓… Ⅲ. ①演讲－语言艺术 Ⅳ. ①H019

中国版本图书馆 CIP 数据核字（2022）第 041138 号

责任编辑：吴亚芬

印　　刷：北京盛通数码印刷有限公司

装　　订：北京盛通数码印刷有限公司

出版发行：电子工业出版社

　　　　　北京市海淀区万寿路 173 信箱　邮编：100036

开　　本：720×1000　1/16　印张：16　字数：323 千字

版　　次：2022 年 4 月第 1 版

印　　次：2025 年 7 月第 9 次印刷

定　　价：65.00 元

凡所购买电子工业出版社图书有缺损问题，请向购买书店调换。若书店售缺，请与本社发行部联系，联系及邮购电话：（010）88254888，88258888。

质量投诉请发邮件至 zlts@phei.com.cn，盗版侵权举报请发邮件至 dbqq@phei.com.cn。

本书咨询联系方式：（010）88254199，sjb@phei.com.cn。

谨以此书献给我的父母

演说家的诞生

荣耀时刻

2018 年 11 月 25 日，凌晨 1 点，上海东航技术研究中心宾馆 312 号房，灯火通明。房间内暖气开得很足，温度有些燥热。三男一女正在激烈地讨论着，每个人都异常兴奋，毫无睡意……他们在干什么？

原来，他们正在备战《中国培训》杂志主办的"2018 年我是演讲家"全国总决赛的"金科奖"PK 赛。在 4 人之中，两人是辅导老师，两人是参赛选手，我是其中一位选手。此时距离当天的"金科奖"PK 赛还有不到 7 小时的时间……

"金科奖"PK 赛是由本次赛事的全国三强争夺总冠军。全国三强是经过海选、初赛、复赛、地区总决赛，最后到全国总决赛，从 30 000 多名选手的"一路厮杀"中产生的。

最终，我获得了《中国培训》杂志"2018 年我是演讲家"全国总决赛的特等奖和"最佳演绎奖"（见图 0-1）。这是我目前拿到过的含金量最大的演讲类的奖项，由此也激发了我写本书的念头。

图 0-1 我所获得的奖项

我的演讲之路

我是一个"理工男"，从前性格内向、木讷，见到女孩子都会脸红。现在，我是一名演讲教练和培训师，专门教别人如何演讲。我是怎么做到的？

我大学学的专业是材料成型及控制工程。毕业后，通过校招在东莞虎门镇一家电子大厂做助理设计工程师。可是没干几天我就不想干了，因为我每天的工作基本上都是对着电脑画图和做设计，对着机器做调试，天天都能听到机器"砰砰砰"的声音，感觉枯燥、乏味。于是，我想到了转行去做培训师，为什么会有这个想法？有两个原因。

第一个原因是，上大学时，我参加了很多社团，我发现那些能够在台上侃侃而谈的同学，往往更容易被老师和同学们喜欢，更容易被学校领导赏识，也更容易找到女朋友。

第二个原因是，进入公司后，我经历了 42 天的"管培生培训"，在课堂上见到了许多优秀的培训师。他们风趣幽默、侃侃而谈，他们分享知识的样子让我很着迷。那是我第一次知道原来企业还有培训师这个职业，他们上课的风格与学校的老师完全不同。听他们的课，我会异常兴奋。当时我就想："要是以后我也能做培训师就好了。"当时的入职培训，为我后来做培训师埋下了一粒梦想的种子。

入职培训结束后，我被公司分配到注塑部门做助理设计工程师，这个岗位的工作让我一点也提不起兴趣。我每天茶不思、饭不想，就想着怎么从这个部门调到培训部门做培训师。

我和培训部门的负责人郑老师沟通后，她同意接收我转岗做培训师，但她说："你要征得你们经理的同意才行。"我当时心里又窃喜又害怕，窃喜是因为没想到郑老师会这么爽快地答应，害怕是因为担心经理不同意我转岗，担心转行失败了该怎么办。

我把转岗的想法告诉了父母，没想到我妈生气地说："你转什么行！好好的专业对口工作不做，去做培训师？那不等于 4 年的大学白上了吗？培训师不就是一个靠耍嘴皮子吃饭的行业吗？未来能有什么前途？哪有学会一项技能强！听见没有？不许转！"我不耐烦地说："好好好……不转了！"我不想争辩，我能理解他们当时的想法，爸妈都是老实本分的农村人，思想比较传统。

我虽然嘴巴上同意不转行了，但心里还是想为梦想活一次。晚上躺在床上，我辗转反侧，怎么也睡不着。我在想：到底要怎样才能说服经理同意我转岗？于是我索性打开手机的手电筒，拿起纸和笔，趴在被窝里写了一篇 3 000 字的转岗申请书。那一晚，我彻夜未眠。

第二天我把转岗申请书递到了经理面前，他看完后劝我说："工程师是一个很吃香的行业，你再考虑一下吧？"我说："经理，我不想考虑了，我已经考虑了一周了。对于现在的工作，我真的不喜欢，每天都提不起兴趣。做现在的工作就好比我和一个不爱我的人结了婚，我设计的产品就像我和不爱的人生出来的孩子，没有感情的婚姻是不可能培养出优秀的孩子的。"最终，经理同意了我的转岗申请。

进入培训中心做助理讲师后，我经历了两个月的实习。在这两个月里，我学到了很多东西。此外，实习结束后要进行成果汇报和分享，还要做成 PPT，这可以说是我人生中的第一次正式演讲。

汇报的那天晚上，培训教室里坐满了人，总共有三四十人，都是我的同事和领导。作为汇报者的我们穿着统一的白色工服，在明亮的灯光下显得格外刺眼。为了这次分享，我提前一周做好了 PPT，写好了演讲稿，把它背得滚瓜烂熟。

终于轮到我上场了，我站上讲台，看了一眼台下的领导，心里特别紧张，手和脚就像装了一个自动马达，不停地颤抖，完全不听使唤。好在我很流利地说出了第一句自我介绍，但当我想说第二句话的时候，大脑突然一片空白——卡壳了，我完全不知道接下来要讲什么。我看到大家的眼睛齐刷刷地盯着我，就像一把把利箭射向我一样。霎时间，整个房间的空气都凝结了，吓得我直往后退，突然被后面的一根电线绊倒了，摔了个四脚朝天。同事们都笑翻了。我迅速地爬起来，恨不得找个地洞钻进去。

就这样，我的第一次正式演讲以失败告终，我感觉很羞愧、很丢脸。我低着头对领导说："郑老师，对不起，我可能只会做像背稿那样的演讲，不擅长对着 PPT 做演讲。"郑老师拍拍我的肩膀说："没关系，世超，不是你不擅长，而是你可能还没有熟悉这个舞台，多上几次台就好了。"听完郑老师的话，我低落的心情瞬间好了很多。

演讲结束后，我没有直接回家，而是被工厂旁广场上的百人广场舞所吸引。广场的正前方是一个巨大的舞台，舞台上有人在唱歌，舞台下有人在跳舞。我打听了一下才知道，这里居然可以免费排队唱歌！我灵机一动，心想："我可以通过上台唱歌来锻炼胆量，而且还是几百人的大舞台！"于是，每天一下班，我就早早地在那里排队唱歌，每次唱歌前我都会做个自我介绍。就这样坚持了 3 个月，慢慢地，我再上台就没有那么紧张了。

胆量练得差不多了，接下来要学习怎么讲课了。那个时候我们部门的培训师都非常好，只要你问，他们就愿意教。我不断地去学习和模仿其他培训师是怎么讲新员工入职培训课程的。当时新员工入职培训课程有 7 门，许多资深培训师都讲了好多遍，都不太愿意再讲了。我就萌生了自己去讲的想法。有时，厂里来的新人特别少，就两三人，领导就问："谁愿意讲新员工入职培训课程？"我说："我愿意讲。"在部门工作特别忙时，领导会问："今天有个方案要紧急处理一下，谁有时间讲一下新员工入职培训课程？"我说："我愿意。"就这样，我把新员工入职培训课程的 7 门课全部揽了过来，并变着花样地讲给新员工听。据说那段时间公司新员工离职率挺高的，可能是因为我讲得太多，所以把新员工吓跑了——当然，这只是玩笑话。感谢我的第一任领导郑老师给了我充足的时间和足够的平台让我不断地练习讲课，也感谢部门的培训师们的无私教授。

要想成为一名专业培训师，只讲新员工入职培训课程是不够的。由于我不是科班出身，所以我一直觉得自己在培训方面不够专业，总希望能够通过系统化的学习来提高自己，于是我到培训机构报名了"国家注册企业培训师"资格考试。当时我上课的地点在东莞市中心，而公司在东莞虎门镇的路东村，再加上 2014 年东莞还没有通地铁，所以每次上课我都要倒 3 趟公交车，花费两个半小时才能到达上课地点。此外，我每周日 9:00—17:00 上课，而我每周六都要加班到很晚。为了不迟到，我每周日还要坚持早上 6:00 起床，赶最早的一趟 9 路公交车去上课。

我当时还在朋友圈里写了一句话来鼓励自己："每当晨光初启的时候，就是我奋斗的开始。"每次上完课，总感觉"身体被掏空"。上了车，坐在座位上就能睡着，所以经常坐过站、下错车，去到一个完全陌生的地方，甚至荒野。每到此时，我就有种"叫天天不应，叫地地不灵"的绝望感。这样的日子我坚持了半年，无论刮风下雨，没有缺过一次课。

终于在第二年年初，我拿到"国家注册企业培训师"资格证。通过系统的学习和培训后，我开发了自己的课程。在公司第二年的校招大学生培训项目中，我讲了自己的课。项目结束后，我的课程满意度竟然是全公司所有培训师当中最高的，打破了当时公司一位培训师连续 6 年蝉联第一的纪录。不知不觉，那粒梦想的种子已经开始发芽长大了。

我一直有一个梦想，希望能去深圳这样的大城市打拼，去看看外面优秀的培训师是怎样讲课、怎样演讲的。于是，我辞掉了人生中的第一份工作，来到了深圳，开启了我的"深漂"之旅。

来到深圳后，我去了一家钟表公司做培训师。这家公司在全国有 3 000 多家门店，每个月我都要去全国各地给公司的销售员做培训。大量的上课机会，让我的演讲水平和授课能力大幅提升。在这一年的时间里，我积累了上千个课时，所以很感谢第二家公司和领导给我提供的机会。

我在加入读书社群"拆书帮"之后，演讲水平得到了进一步提高。"拆书"是一种把知识拆为己用的阅读方法。我用了 8 个月的时间，做了 53 次"拆书"分享和演讲，"拆"了 38 本书，终于成为高级别的三级"拆书家"。

我在阅读了大量的国内外演讲书籍之后，演讲水平得到了更高层次的提高。我的图书年阅读量是 50～100 本。至今，与演讲相关的图书我看了 100 本以上（见图 0-2），大量的理论知识为我后来参加演讲比赛获得演讲冠军打下了坚实的基础。

图 0-2　我看过的部分演讲表达类图书

补充了理论知识以后，我进行了大量的演讲实战，先后参加了第四届和第五届"深圳品牌故事演讲大赛"，以及全国性的各种大小型演讲比赛，拿到过省市级和全国大奖。实战是提高演讲技能的最快方法。

总结成书

通过我的故事，希望大家明白：任何人都可以成为演讲高手，任何演讲高手都需要大量的实战和刻意训练。我希望把我这些年所学的演讲理论和实战经验，都总结在本书中，让每个人都可以成为演讲高手和演说家，实现自己的演说梦。

本书特色

与国外演讲类图书相比，本书使用了大量本土化的演讲案例和图解，并配有有趣的讲解视频。请关注我的抖音号"超燃演说"，观看本书配套的视频讲解。本书基于成人学习的特点，采用"方法+案例+练习=应用"的模式，让书中的内容和方法更加简单易学。本书从写演讲稿到制作演讲 PPT，从舞台呈现演绎到即兴演讲，"一站式"地解决你在演讲中遇到的问题，手把手地教你如何通过演讲决胜人生关键时刻，建立个人影响力。

本书适用对象

职场商务人士：学会演讲，让职场沟通更加顺畅，让工作汇报更加优秀。

高管、领导者：学会演讲，有助于激活团队潜能，鼓舞团队士气，激发团队愿景。

企业家、创业者：学会演讲，让项目路演受到投资者青睐，让创始团队更加稳固。

教师/培训师：学会演讲，让授课精彩纷呈，让学生爱上课堂。

"斜杠"青年：学会演讲，打造个人 IP，建立个人影响力。

网红/主播：学会演讲，提高销售和带货能力，让业绩翻番。

为人父母：学会演讲，让亲子沟通不再鸡飞狗跳，而是简单高效。

如何阅读本书

本书不是一本讲理论和概念的书，而是一本帮你快速提高演讲技能的手册指南。本书可以帮助你全面提高演讲稿设计能力（内容构思）、演讲 PPT 制作能力（内容呈现）、呈现演绎能力（舞台演绎）和即兴演讲能力（即兴演讲）这四大核心能力。那么，应该如何阅读本书呢？

第 1 步：自测演讲水平。先阅读第 1 章，从全局的角度了解什么是结构演讲力和结构演讲力飞机模型的精髓。再根据本章最后的 3 个"演讲力水平评价表"进行自测，看看自己演讲力三项技能的得分情况。

第 2 步：学习重点内容。第 2～第 5 章是本书的重点内容，可以帮助你提高内容构思和演讲稿设计能力。通过飞机结构模型和演讲设计蓝图，你可以快速设计一篇精彩的演讲稿。

第 3 步：按需补充技能。根据第 1 章的得分情况，对于得分低的演讲技能，找到对应的章节后，认真阅读，边学边练；对于得分高的演讲技能，可以适当地加快对应章节的阅读速度。例如，如果你的演讲 PPT 制作能力较差，那就认真阅读第 6 章；如果你的舞台演绎能力较差，那就认真阅读第 7 章；如果你经常需要即兴发言，那就认真阅读第 8 章。

第 4 步：刻意练习技能。当你准备好演讲稿或演讲 PPT 后，再按照本书给出的方法排练演绎，精进演讲技能，从而达到融会贯通的目的。打通你演讲的"任督二脉"，让你实现从"小白"到演讲高手的快速跃迁。

特别鸣谢

本书的面世，要感谢许多支持和帮助我的小伙伴。感谢我的培训师之路的引路人郑元玲老师，以及当年在 AUPT 部门的各位培训师；感谢拆书帮"帮主"赵周老师、洋葱阅读创始人彭小六老师、DISC+社群联合创始人李海峰老师、CSTD 中国人才发展平台创始人熊俊彬老师、课匠堂创始人唐平老师、职业规划师安晓辉老师的鼎力推荐；感谢拆书帮、DISC+社群、超燃表达演讲者俱乐部和粉丝们的一路支持。特别感谢电子工业出版社编辑吴亚芬老师在本书撰写过程中给予的大力支持和帮助。

目 录
CONTENTS

第 **1** 章
遇见秘籍：让演讲轻而易举

万事万物都有自己的结构和内在规律，这种规律可以称为经验，或者叫"秘籍"，通过"秘籍"，我们可以快速掌握诀窍，洞悉世界。

1.1 演讲力的重要性

演讲力也叫演讲能力。罗振宇在综艺节目《奇葩说》中说道："职场或者当代社会最重要的能力是表达能力，因为传统社会最重要的资产是财富和权力，未来社会最重要的资产是影响力，影响力怎么构成？写作和演讲。"

为什么罗振宇会这么说呢？因为：

销售+演讲=成交

职场+演讲=影响力

CEO+演讲=路演=发布会=超级销售

辩论+演讲=奇葩说

读书+演讲=樊登=罗振宇

知识+演讲=培训师=知识 IP

……

通过写作和演讲，可以快速建立个人影响力，打造个人 IP。

演讲力就像一个能力放大器，和其他技能组合一起使用，可以发挥出前所未有的效果，就像自带"开挂神器"一样。演讲力是一个可以随意迁移的重要能力，也是大多数职场人士必学的一项职场技能。如果说通过学习哪项技能，可以带给自己一系列改变，那么这项技能可以说就是演讲力。

作为创业者，进行招商引资时，需要演讲力，让投资人更青睐；

身为职场人，面临汇报工作时，需要演讲力，让领导赏识器重；

作为营销人，准备产品介绍时，需要演讲力，让客户怦然心动；

身为培训师，开展培训授课时，需要演讲力，让学员易学易用；

作为领导者，想要激励团队时，需要演讲力，让员工愿意追随；

身为父母亲，希望引导子女时，需要演讲力，让孩子欣然接受。

······

上面说到了一些特殊的职业和角色需要提升演讲力，那普通人提升演讲力又有什么好处呢？

锻炼胆识，提升气场。 我曾经是一个非常腼腆、内向的人，不爱说话，甚至见到女孩子就会脸红。但通过演讲，我现在变得更加自信阳光，变得能言善讲、乐于分享。每当我面临公众演讲时，都要面对一双双犀利的眼睛。我怀着一定要讲好的希望，克服内心的恐惧，顶住各种压力走上讲台，绽放演讲的魅力。所以，每一次演讲，都是锻炼胆识，提升气场的绝佳机会。

厘清思路，训练逻辑。 很多时候，你会有这种质疑：我对这个东西已经这么熟悉了，难道还表达不好吗？我对这个问题已经思考得很全面了，难道还会出什么问题吗？但现实往往很快就会狠狠地打你一记耳光：一张口就出各种问题。此时最有效的方法是把你的思路"说出来"，"说出来"可以帮你进一步梳理任务和问题，让"说出来"的东西，变得"说清楚、说明白"。通过演讲，可以帮助你厘清思路，有效训练你的逻辑能力和表达能力，提升口才。

总结过往，畅想未来。 有的时候，演讲不是为了别的，只是为了对自己过去成功和失败的事情做一个复盘和总结反思，让自己从中吸取经验和教训，不至于在同一条路上跌倒无数次，让自己更加有勇气和能力去面对未来和未知，甚至能用自己的故事激励别人。

建立影响，收获赞许。 如果你问我怎样才能快速提升自己的影响力，那我一定会回答："通过演讲。"从进入培训师行业至今，我已经做了数百场的培训，有数以万计的学员和粉丝认识我，也收到了许多学员的感谢和赞许。一场演讲可以让你认识 50～1 000 人，10 场演讲可以让你认识 500～10 000 人，100 场演讲可以让你认识 5 000～100 000 人。罗永浩的一场发布会可以影响线下五六万人、线上几百万人。这就是演讲力带来的一对多的影响力。

1.2　什么是结构演讲力

简单来说，结构演讲力是由"结构化思维"+"演讲力"构成的，如图 1-1 所示。

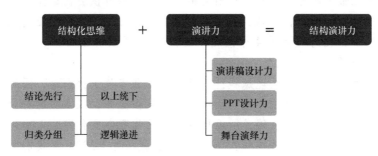

图 1-1　结构演讲力的构成

1.2.1　结构化思维

什么是"结构化思维"？2006—2017 年，中央电视台的一档节目《赢在中国》非常受欢迎，它是一档为创业精英提供融资的节目。只要创业者能够在台上用 90 秒的时间说清楚自己的创业项目，并打动台下的投资者，就有机会获得资金支持。以下是在 2006 年的一期节目中，两位创业者的部分演讲内容（略有改动）。

第一位演讲者：

大家好，我的创业项目是一款叫"文语通"的掌上电脑，它主要用于解决聋哑人的听说障碍问题，是一种文字和语音相互转换的电子装置。我们利用目前最先进的手写识别语音合成和语音识别技术，使用 PDA（又称掌上电脑）帮助我们完成在移动中工作、学习、娱乐等，进行软硬件系统集成。我们生产的这款产品叫"文语通"掌上电脑，它能够迅速地将对方讲话的内容转成文字信息，让聋哑人知道对方在讲什么，同时能够让聋哑人将自己要表达的意思通过手写转成声音信息，告诉对方。这样就构建了一个聋哑人和其他人相互交流的信息平台。

据我们的了解和检索，目前这款产品是国内第一款解决聋哑人听说障碍的产品，属于我们的自主知识产权。对于市场前景，根据中国残联的数据统计，目前我国有 2 057 万名聋哑人，并且每年以 3 万人的速度递增，这是一个非常庞大的群体，这个群体的市场需求也是非常大的，我们愿意去做这个市场，并为他们努力。

同时我们这款产品可以使用于其他残障人身上，有更多的延伸功能，比如说盲人的口语命令系统，它的文字阅读器……（说到这里，演讲者已经超时，主持人打断了他的话。）

第二位演讲者：

大家好，我的项目是"同程旅游网"。我的目标是把"同程旅游网"做成中国乃至世界上最大的旅游超市，让所有的旅游者和旅游供应商都能够直接在这个平台上进行交流和交易，以减少双方的交易成本，让旅游者和供应商都能获利。关于这个项目，我想用下面 4 个问题来进行说明。（演讲者准备了 4 张卡片，每张卡片上都写了一个问题。）

第一个问题是，为什么能赚钱？（展示第 1 张卡片）很简单，因为我们已经帮助客户赚到了钱，在我们平台上面有上百家旅游企业，很多旅游企业都通过这个平台找到了自己的合作伙伴，所以现在我们的收费会员有将近 4 000 家。

第二个问题是，能赚多少钱？（展示第 2 张卡片）2004 年我们网站的营收是 30 万元，2005 年我们网站的营收是 300 万元，今年（2006 年）我们的营收目标是 800 万～1 000 万元，目前已经完成了 50%。我想，如果有 VC（投资者）介入，我们的目标是到 2008 年营收 1 亿元。

第三个问题是，为什么是我们？（展示第 3 张卡片）我想最重要的原因是我们团队对旅游行业的热爱。我们团队有 4 个人，其中有 3 个人是大学同学，还有一个人是任课老师，我们已经认识 12 年了。还有一个原因是，我们 3 年来在行业里已经建立了一定的技术障碍和壁垒，也建立了品牌忠诚度。

第四个问题是，能赚多长时间？（展示第 4 张卡片）2005 年中国旅游业的总收入是 7 600 亿元，预计每年以 10%的速度增加。到 2020 年，整个中国的旅游收入将达到 2.5 万亿元。这是一个非常大的市场，也是一个值得我和我的团队用一辈子的时间去做的一件事情。谢谢！（时间刚刚好。）

可以看出，第一位演讲者说了半天，既没有逻辑结构，又没讲清楚自己的商业模式，还超时了，所以主持人就打断了他的演讲；第二位演讲者显然是有备而来的，先说公司目标是**做成中国最大的旅游超市，让旅游者和供应商减少成本，并且都能获利**，然后准备了写有问题的 4 张卡片，这 4 个问题分别是：

- 为什么能赚钱？（描述知行业前景。）
- 能赚多少钱？（描述知盈利状况。）
- 为什么是我们？（描述知自己的优势。）
- 能赚多长时间？（描述知未来收益。）

当第二位演讲者说完"关于这个项目，我想用下面 4 个问题来进行说明"这句话后，台下的投资者立马身体向前倾，表现出非常关注的姿势。假设你是投资者，面对这两位演讲者，你更愿意投资给谁？显然是第二位演讲者。

李开复曾说："有思想而不会表达的人，等于没有思想！"可能第一位演讲者的项目也很好，但是他没有说清楚，导致自己错失良机。

这期节目最终的结果正如我们所预料的那样，第二位演讲者胜出，获得CCTV《赢在中国》全国五强，赢得 500 万元创业资金支持。这个人就是同程旅游 CEO 吴志祥，他在 2006 年参加这个节目时，自己的团队只有几十人。而今同程旅游的员工规模已达到上万人，并获得了许多投资者的投资，如元禾控股、腾讯科技、博裕资本、万达等。这是一家非常有发展前景的公司。吴志祥靠一场为时 90 秒的演讲赢得了 500 万元，从而改变了自己和公司的命运。

近几年，很多电视台都举办了以通过演讲获得融资为内容的综艺节目，如深圳卫视的《合伙中国人》、天津卫视的《创业中国人》等。一场好的演讲价值百万元甚至千万元，可以改变一个人的命运，甚至改变一家企业的命运。这样说一点都不夸张，因为"每个行业的红利都会向善于表达的人倾斜"。以下分析一下为什么吴志祥的演讲更受各位投资者的青睐。

吴志祥的演讲采用了一种先总后分的结构化思维，其演讲结构如图 1-2 所示。先说观点（结论），再说论点，最后为每个论点提供充足的论据。这种先总后分的思考和表达方式称作结构化思维。

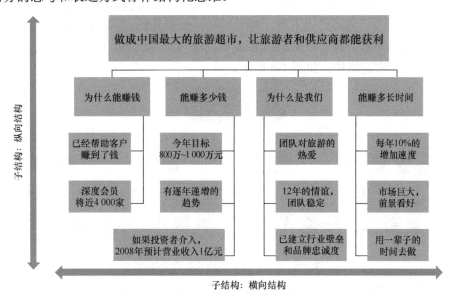

图 1-2 吴志祥的演讲结构

结构化思维是早已被验证过的有效表达技巧。结构化思维的结构特别像一个金字塔结构，如图 1-3 所示。塔顶是中心思想，3 个塔底分别代表 3 个论点。简单来说，就是 1 个中心思想和 3 个论点。

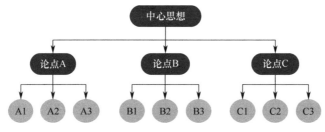

图 1-3 金字塔结构

对于先总后分的表达技巧，其实我们的"老祖宗"就使用过。《孙子兵法·始计》开篇讲的是战争相关的因素，原文如下。

孙子曰：兵者，国之大事，死生之地，存亡之道，不可不察也。故经之以五事，校之以计，而索其情：一曰道，二曰天，三曰地，四曰将，五曰法。道者，令民与上同意也，故可以与之死，可以与之生，而不畏危。天者，阴阳、寒暑、时制也。地者，远近、险易、广狭、死生也。将者，智、信、仁、勇、严也。法者，曲制、官道、主用也。凡此五者，将莫不闻，知之者胜，不知者不胜。

在这段话中明显有一个结论，就是："兵者，国之大事，死生之地，存亡之道，不可不察也。故经之以五事，校之以计，而索其情。"这段话指出了战争成败的 5 个关键因素，即 5 个论点：道、天、地、将、法。对这部分内容进行分析后，可以画出它的结构，如图 1-4 所示。

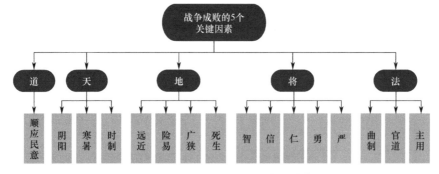

图 1-4 《孙子兵法·始计》内容结构

这段话的结构是典型的金字塔结构。这种结构可以让演讲者逻辑清晰，表达有力，让受众也更容易听懂。

说到金字塔结构不得不提一个人：芭芭拉·明托，金字塔理论的提出者。芭芭拉·明托于 1973 年提出了金字塔原理结构思维理论，并于 2002 年写了一本书——《金字塔原理》，这本书畅销全球，并成为麦肯锡公司的经典培训教材。金字塔理论也被许多世界 500 强公司用来做员工培训。

金字塔理论认为，人们在表达过程中要遵从四大核心原则，分别是论、证、类、比，如图 1-5 所示。

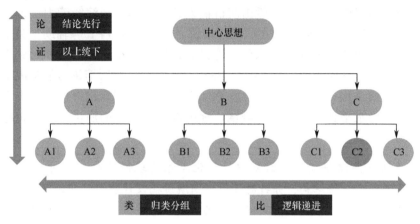

图 1-5 金字塔理论的四大核心原则

论：结论先行。先说结论，后说原因。在演讲时，如果时间比较充足，可以做一个简短的开场白来引出主题和结论。如果时间非常有限，则可以开门见山，直奔主题。

证：以上统下。上一层次的观点是下一层次内容的总结和概括。中心思想是论点 A、B、C 的总结和概括。A 是 A1、A2、A3 的总结概括。同理，B 和 C 也是下一层次的总结概括。层次是否分明决定了演讲是否有深度。

类：归类分组。把相同原因、相同事项、相同主题的内容归为一类。因为 A1、A2、A3 都与 A 有关，所以要将它们归为一类。同理，要把与 B、C 相关的分别归为一类。

比：逻辑递进。每种表达其实都有一定的逻辑顺序，选择不同的逻辑顺序，表达效果有所不同。在使用金字塔结构来表达观点时，尤其要注意横向的逻辑顺序。横向第一层要素 A、B、C 是可以按照不同的逻辑结构或故事结构进行排序的；第二层要素 A1、A2、A3，B1、B2、B3，C1、C2、C3 也可以按照一定的逻辑结构或故事结构来编排内容。

1.2.2 演讲力

很多人觉得，一个人的演讲力不就是演讲者的呈现演绎能力吗？演讲力水平的高低，不就是由现场的呈现演绎能力决定的吗？其实这种理解是片面的。演讲，也叫讲演，先有"讲"，而后有"演"。"讲"指的是演讲内容，内容从何而来？当然来自演讲者对某个问题或某件事情的深度思考和加工，这种深度思考和加工的能力叫作"内容构思力"。一个人把自己想表达的内容写成演讲稿，则是把它显性化了。

一个人的演讲力水平，一般由演讲稿设计能力和呈现演绎能力决定。有时候，在一些商务演讲场合，如在职场，演讲者还要借助 PPT 等辅助工具来发表演讲，让显性化的内容变得图像化，这样会让演讲变得更加直观和形象生动。这时就要增加第三项能力——演讲型 PPT 制作能力。此时演讲力的构成就变成了 3 部分：演讲稿设计能力、演讲型 PPT 设计能力、呈现演绎能力。本章章末提供了演讲力水平评价表，通过测试，你可以了解自己的演讲力水平和每项能力的高低。

> 要快速提高演讲能力，需要以结构化思维为理论基础，面对不同演讲场合，使用不同的演讲结构，并针对性地提高演讲稿设计能力、演讲型 PPT 制作能力和呈现演绎能力，把演讲变得结构化和通俗易懂，让演讲变得简单易学。

1.3　使用结构演讲力的优势

1.3.1　便于受众理解和记忆演讲内容

下面先讲一个名为"老婆叫你买菜"的故事。

有一天，老公正坐在客厅的沙发上看电视，老婆在厨房说道："老公，你去给咱家买点菜吧，买些葡萄、牛奶、橘子回来。"

老公说："好的，好的。"然后开始起身去穿鞋子。这个时候老婆又叫住老公："老公，好像咱家的土豆和奶油也没有了，你再买点回来。哦，对了，再买点苹果。"

老公说："好的。"此时他已经穿好鞋，准备下楼。老婆又一把叫住他说："还有鸡蛋和酸奶都没有了，你再买点，还有胡萝卜，你儿子最喜欢吃了，也顺便买点回来。"

如果你是故事里的这个老公，此时你心里的感受是怎样的？我想你的内心肯定是崩溃的，心想怎么会娶了这么一个老婆？如果我再问你：还记得你老婆要你买什么吗？你还能全部记得吗？我想你的答案很可能是"不能"。

如果故事中的老婆换一种方式和老公沟通，用结构化思维叫老公去买菜，如图 1-6 所示，结果会有很大不同。例如，她这样说：

"老公，咱们今天要买的菜分 3 类，一类是水果，一类是蔬菜，一类是蛋奶产品。水果要买橘子、葡萄和苹果；蔬菜要买土豆和胡萝卜；蛋奶产品要买牛奶、奶油、酸奶和鸡蛋。"

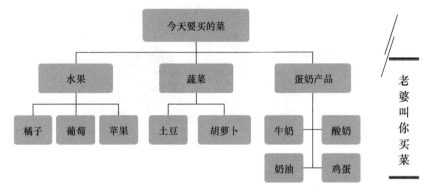

图 1-6　"老婆叫你买菜"中的结构化思维

请问，在这两种沟通方式中，你更喜欢哪种？很显然是第 2 种，为什么？因为第 2 种表达更有结构，逻辑更清晰，也更容易让你接收、理解和记忆信息。本书就是基于这种结构化思维来设计演讲的，可以让受众更容易理解和记忆演讲内容。

1.3.2　便于演讲者快速组织演讲，精准表达

作为职场人士，在商务场合，经常要发表一些演讲，如招聘会上的企业宣讲、新产品发布、竞聘上岗、工作汇报、项目路演和员工培训等。如果按照单、双向沟通，促成决策和传播理念的维度来划分，会划分出更多的商务演讲场景，具体如下。

- 偏向双向沟通和传播理念的演讲场景，如员工培训、讲座、企业宣讲等。
- 偏向促成决策和双向沟通的演讲场景，如项目路演、晋级汇报、工作汇报、建言献策等。
- 偏向促成决策和单向宣讲的演讲场景，如 B2B 营销提案、产品发布、研讨会等。
- 偏向单向宣讲和传播理念的演讲场景，如公司大会和行业峰会发言、TED 演讲、技术布道等。

各种商务演讲场合的侧重点如图 1-7 所示。

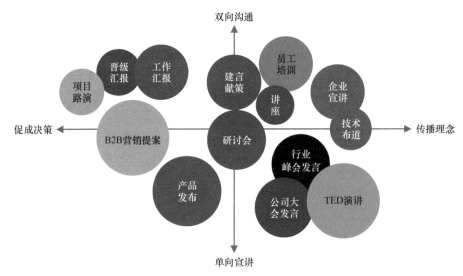

图 1-7 各种商务演讲场合的侧重点

以上这些商务演讲场合都有以下 3 个共同的特点。

- 时间有限。对演讲的要求是言简意赅，不能啰唆。
- 目标明确。演讲者必须逻辑清晰，才能达到演讲目的。
- 特定受众。来听演讲的人一般对主题有一定的兴趣，或者是演讲者的目标受众。

针于商务演讲场合的以上这些特点，本书提供了多种可直接使用的演讲逻辑结构和故事结构模型，有助于快速提高你的逻辑表达力和故事演说力，让你快速组织演讲内容，精准表达，轻松应对各种演讲场合。

1.3.3 具有很强的实用性和实操性

本书在介绍结构演讲力时，采用**"方法+案例+练习=应用"**的模式，使用了大量本土化的演讲案例和图解，让本书所讲的内容和方法更加简单易学。从写演讲稿、制作演讲型 PPT、呈现演绎和即兴演讲 4 个方面，"一站式"解决你在演讲中遇到的问题。**本书就像一本演讲方面的"武功秘籍"，你只要按照书中的方法和步骤勤加苦练，不断"升级打怪"，很快就能建立你的"江湖地位"，成为一个演讲方面的"武林高手"。**

1.4　飞机结构模型和演讲设计蓝图

1.4.1　飞机结构模型

上小学的时候，语文老师就说过，要想文章写得好，就要把握 3 个关键：凤头、猪肚和豹尾。凤头，有华美之意；猪肚，有丰富之意；豹尾，有有力之意，这种结构会让你的文章结构紧凑，有头有尾。写演讲稿的时候也是如此，要有精彩的开头，一鸣惊人；要有丰富的内容，有料有货；要有有力的结尾，一锤定音。再加上逻辑结构的真实性和故事的感染力这对"翅膀"，就可以让你的演讲"飞起来"。成功演讲的结构要点如图 1-8 所示。

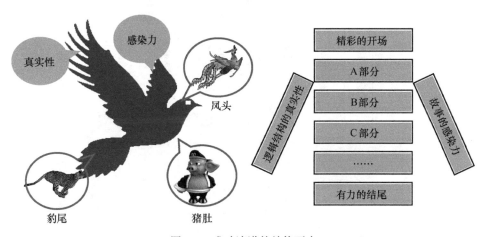

图 1-8　成功演讲的结构要点

基于上述结构要点和结构演讲力理论，我开发了结构演讲力的"飞机结构模型"，如图 1-9 所示。

飞机的飞行方向

飞机要想顺利到达目的地，飞行方向特别重要。如果没有方向或方向混乱，都有可能使飞机偏离轨道，从而无法到达目的地。同样，演讲也要先确定主题方向，才能让演讲变得有的放矢。本书第 2 章**将详细讲述确定演讲主题的"4 步法"，让你的演讲深入人心。**

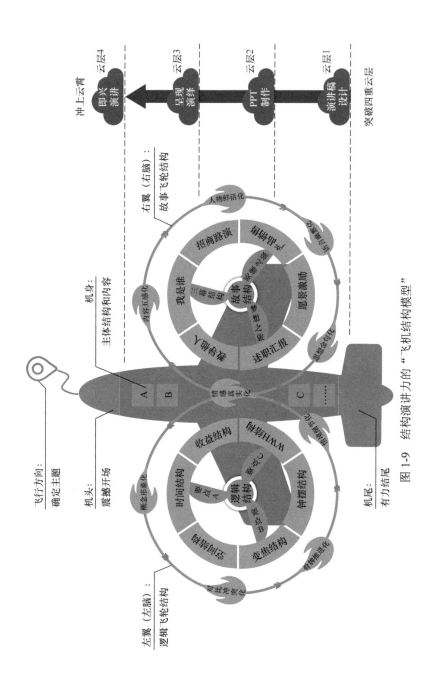

图 1-9 结构演讲力的 "飞机结构模型"

飞机的机头

机头是飞机的重要位置，犹如演讲的开头。机长可在机头控制飞机的飞行方向和航程。演讲者要像飞机机长一样，设计一个震撼、精彩的开头，通过先声夺人的开场方式来吸引受众，引出演讲主题，控制演讲方向。在本书第 5 章，我将介绍 5 种精彩开场法，让你的演讲先声夺人。

飞机的机身

机身也叫机舱，是飞机的骨架，也是飞机体积最大的部分，能够装下很多东西。同样，演讲的主体结构和内容也是占演讲时间最长、最有料的部分。演讲结构构成演讲的骨架，演讲内容构成演讲的血肉，要想让你的演讲丰富精彩，必须精心设计演讲的主体结构和内容。可以把演讲的主要结构和内容拆分为 A、B、C 甚至更多部分，类似于机舱中的头等舱、商务舱和经济舱。

飞机的左翼和右翼

一般情况下，飞机有两个动力系统，也就是两个发动机，分别位于飞机左翼和右翼的底部，为飞机的飞行提供动力。这两个发动机只要有一个能正常工作，飞机就能正常飞行，当然两个发动机如果能同时工作会更好。在演讲的主体结构和内容设计上，我为大家提供了两种结构飞轮，分别是"逻辑结构飞轮"（就像飞机的左翼）和"故事结构飞轮"（就像飞机的右翼）。逻辑结构飞轮对应的是人类的左脑，负责理性说服；故事结构飞轮对应的是人类的右脑，负责感性影响。人类大脑的左右脑结构如图 1-10 所示。

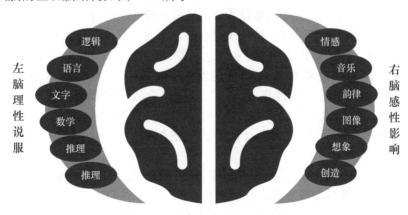

图 1-10　人类大脑的左右脑结构

逻辑飞轮和故事飞轮就像飞机的两个发动机，也叫双引擎，在设计演讲的主体结构和内容时可以任选其一或两者融合。本书为大家提供了可快速设计精彩演讲的逻辑飞轮结构和故事飞轮结构，如图 1-11 所示。通过使用这两大结构，你可以轻松玩转商务演讲。

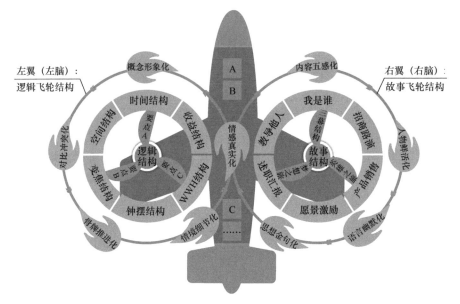

图 1-11　逻辑飞轮结构和故事飞轮结构

逻辑飞轮结构由 3 个要点、6 个逻辑结构、逻辑"4 化"组成。演讲时可以把内容控制为 3 个要点，选择 6 种逻辑结构设计演讲结构，使用"4 化"法则使内容更加生动，从而让你的演讲变得生动精彩。

故事飞轮结构：由 3 个故事结构、6 个故事模型、内容"5 化"组成。演讲时可以选择 3 种故事结构或 6 种故事模型来设计演讲结构，使用"5 化"法则使内容更加生动，从而让你的演讲变得生动精彩。

当然，逻辑飞轮结构和故事飞轮结构并不是相互独立的，两者可以结合使用。逻辑"4 化"和故事"5 化"可以组合成一个循环流动的 ∞ 形状，故事"5 化"可以流动到逻辑飞轮结构中，同样逻辑"4 化"也可以流动到故事飞轮结构中。因此，在设计演讲内容的时候，实际上有 9 种方法可以选择。

使用飞机结构模型，可以让你在演讲时做到理性和感性兼顾的全脑演讲表达，让你的演讲做到情理交融，打动人心。

飞机的机尾

机尾可以起到平衡飞机、抬机头和压机头的作用。在演讲时，也要保持演讲的整体性和平衡性，做到有头有尾，首尾呼应，升华主题。本书将介绍设计演讲结尾的 5 种方法，让你的演讲结尾强劲有力，回味悠长。

突破 4 重云层

要想成为一个演讲高手，需要不断提高**演讲稿设计能力、演讲型 PPT 制作能力、呈现演绎能力和即兴演讲能力**，就像一架飞机在飞行中只有不断突破云层，才能到达云霄，欣赏到高处绝美的风景。4 重云层就好比演讲的 4 项技能，如图 1-12 所示。

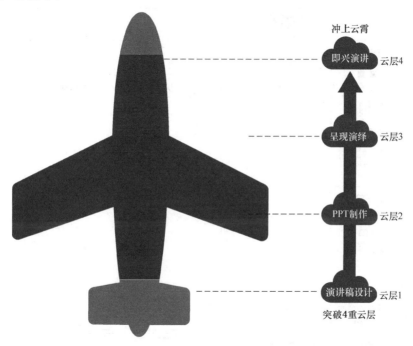

图 1-12　4 重云层

1.4.2　演讲设计蓝图

结合飞机结构模型的特征，为了方便大家快速写出高水平的演讲稿，我为大家提供了一张演讲设计蓝图，如图 1-13 所示。

关注微信公众号"超燃演说"，回复关键词"蓝图"即可获得飞机结构模型和演讲设计蓝图的高清文件。

使用飞机结构模型，可以把商务演讲结构化，帮助你快速构思演讲内容、制作演讲型 PPT、提高呈现演绎能力和即兴演讲能力。利用演讲设计蓝图，可以让你轻松写出一篇优秀的演讲稿。在第 2～第 5 章，我分别从确定主题、选择结构、丰富内容和掌控关键 4 个步骤来讲述如何构思演讲稿。

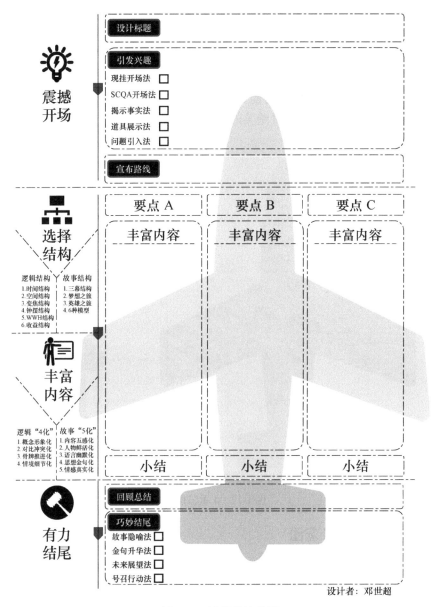

图 1-13　演讲设计蓝图

本书讲述的演讲技巧可以用在面试发言、工作汇报、提案汇报、竞聘演讲、述职汇报、愿景激励、项目路演、招商加盟、产品营销等广义的商务演讲场合，让你的演讲表达变得清晰、有力，让人人都能学会演讲。

测一测：你的演讲力水平

前文提到一个人的演讲力水平，由演讲稿设计能力、演讲型 PPT 制作能力和呈现演绎能力决定。接下来，你可以使用表 1-1～表 1-3 测一测自己的演讲力水平。

表 1-1　演讲力水平评价表 1：演讲稿设计能力

单位：分

评价模块		非常同意	同意	一般	反对	非常反对
标题设计（10）	我的演讲标题总是能够激发受众的兴趣，并且紧扣演讲主题	10　9	8　7	6　5	4　3	2　1
目标设计（20）	对于每次演讲，我都很清楚演讲目标	10　9	8　7	6　5	4　3	2　1
	我的演讲目标考虑了受众，清晰具体、可衡量、可达成	10　9	8　7	6　5	4　3	2　1
开场设计（20）	每次演讲我都会精心设计开场白	10　9	8　7	6　5	4　3	2　1
	我的开场设计总能起到拉近距离、引发兴趣、建立信任的作用	10　9	8　7	6　5	4　3	2　1
内容设计（30）	结构上逻辑清晰，故事动人，情理交融，构思巧妙，层次分明，衔接自然	10　9	8　7	6　5	4　3	2　1
	素材上真实客观，典型充分，挖掘深度	10　9	8　7	6　5	4　3	2　1
	表现手法上善于使用故事、案例或修辞手法，让整个演讲更加生动	10　9	8　7	6　5	4　3	2　1
结尾设计（10）	我总是会精心设计结尾，做到首尾呼应，浑然一体，升华主题	10　9	8　7	6　5	4　3	2　1
整体设计（10）	演讲稿整体设计能够达到演讲目标和紧扣标题	10　9	8　7	6　5	4　3	2　1
总分						

演讲稿设计能力得分解读：

70 分以下，说明这是一篇不合格的演讲稿，很可能无法实现你的演讲目标，整体内容吸引力不够，无法打动和说服受众。你需要在演讲内容的构思上下功夫。

70～80 分，说明这是一篇合格的演讲稿，整体结构完整，逻辑清晰，论证恰当。

80～90 分，说明这是一篇良好的演讲稿，目标设计清晰，结构设计合理，层次分明，开场和结尾等关键地方把握到位。

90～100 分，说明这是一篇优秀的演讲稿，结构上情理交融，构思巧妙，层次分明，整体设计能够实现你的演讲目标，说服受众，开场和结尾等关键地方设计巧妙和精彩。这些都说明你是一个非常擅长构思演讲内容的人。

表 1-2　演讲力水平评价表 2：演讲型 PPT 制作能力

单位：分

评 价 模 块		非常同意	同意	一般	反对	非常反对
封面设计（10）	每次演讲我都会精心设计 PPT 封面，保证封面精美，标题醒目突出，紧扣演讲主题	10　9	8　7	6　5	4　3	2　1
正文设计（80）	PPT 配色合理，有使用公司的 Logo 色、企业色或行业色，总体颜色未超过 4 种	10　9	8　7	6　5	4　3	2　1
	字体选择和搭配合理，未超过 4 种中文字体	10　9	8　7	6　5	4　3	2　1
	各单元内容结构清晰，层次分明，符合总分结构	10　9	8　7	6　5	4　3	2　1
	内容精炼、准确，没有出现大片文字，每张幻灯片中都有一个观点	10　9	8　7	6　5	4　3	2　1
	使用恰当的逻辑图形或模型，形象化地呈现内容	10　9	8　7	6　5	4　3	2　1
	数据醒目、直观、易懂，有冲击力	10　9	8　7	6　5	4　3	2　1
	图表内容能表达趋势、概率、比重等更加直观的信息，设计美观，重点突出	10　9	8　7	6　5	4　3	2　1
	各单元内容排版整齐、有逻辑，图文匹配，富有设计感和美感	10　9	8　7	6　5	4　3	2　1
封底设计（10）	封底美观自然，能给受众留下深刻的印象，或者能呼应演讲主题	10　9	8　7	6　5	4　3	2　1
总分						

演讲型 PPT 制作能力得分解读：

65 分以下，说明你的演讲型 PPT 做得比较糟糕，原因很可能是逻辑和结构混乱，PPT 不能直观和形象地表达你的演讲内容。

65～75 分，说明你的演讲型 PPT 做得合格，整体结构较为清晰，受众能够理解你在讲什么。

75～90 分，说明你的演讲型 PPT 做得良好，整体结构清晰，层次分明，内容精炼，图形使用到位。

90～100 分，说明你的演讲型 PPT 做得非常优秀，整体结构清晰，富有设计感和美感，感性和理性内容兼具，达到了专业 PPT 设计师的水平。

表 1-3　演讲力水平评价表 3：呈现演绎能力

单位：分

评价模块		非常同意	同意	一般	反对	非常反对
专业形象（30）	我上台时非常自然，没有表现出明显的恐惧	10 9	8 7	6 5	4 3	2 1
	我会根据演讲主题搭配恰当的服装，衣着整齐、精神、有活力	10 9	8 7	6 5	4 3	2 1
	我的站姿自然大方：无驼背，无摇晃，无频繁走动。演讲时我坚持用眼神交流	10 9	8 7	6 5	4 3	2 1
肢体语言（20）	我的面部表情自然、大方，眼神亲切，并根据演讲内容的变化而变化	10 9	8 7	6 5	4 3	2 1
	我的手势自然恰当，动静结合，并结合演讲内容和角色适当变化	10 9	8 7	6 5	4 3	2 1
语言表达（40）	我演讲时无语病，无说错字、词、句的情况；也无严重的口音和大量口头禅，语言口语化，受众能清楚地知道我在讲什么	10 9	8 7	6 5	4 3	2 1
	我演讲时总是表达得很流畅自然，内容衔接紧密，不会让人觉得我是在背稿或照着PPT念	10 9	8 7	6 5	4 3	2 1
	我的语速、音量适中，即便最后一排受众也能清楚听到我的声音	10 9	8 7	6 5	4 3	2 1
	我的演讲富有节奏，声音抑扬顿挫，富有感情，并根据演讲内容的变化而变化	10 9	8 7	6 5	4 3	2 1
现场效果（10）	我的演讲具有较强的吸引力、感染力和号召力，能较好地与受众的感情融合在一起，营造良好的演讲效果	10 9	8 7	6 5	4 3	2 1
总分						

呈现演绎能力得分解读：

65 分以下，说明你的呈现演绎能力较差，很可能你的演讲无法让受众产生共鸣，无法吸引受众，他们会走神、犯困，甚至会发愁和不耐烦；演讲效果没有感染力和号召力，受众有可能听得昏昏欲睡甚至一走了之。

65～75 分，说明你的呈现演绎能力合格，整体演讲表达得比较为流畅清晰，舞台台风和肢体语言使用合格，受众勉强能愿意接受你的演讲风格。

75～90 分，说明你的呈现演绎能力良好，整体演讲表达得流畅清晰，台风和肢体语言使用恰当、自然，声音抑扬顿挫，演讲有一定的节奏感和感染力。

90～100 分，说明你的呈现演绎能力很优秀，整体演讲表达得非常流畅自然，引人入胜；你的演讲具有较强的吸引力、感染力和号召力，能较好地与受众的感情融合在一起，营造良好的演讲效果。

三项能力综合得分解读：

如果你的演讲不需要制作 PPT，那么你的演讲力水平总分计算公式如下。

总分=（演讲稿设计能力得分+呈现演绎能力得分）/2

65 分以下，说明你处在演讲新手的水平，需要加强演讲稿设计能力和呈现演绎能力；你的演讲无法吸引受众，很难实现你的演讲目标。

65～80 分，说明你处在演讲熟手的水平，你有一定的演讲稿设计能力和呈现演绎能力，但还需提高。

80～95 分，说明你处在演讲高手的水平，你具有深厚的演讲稿设计能力和呈现演绎能力，表达能力很强。

95～100 分，说明你处在演讲大师的水平，无论是演讲稿设计还是呈现演绎，你都能驾轻就熟，掌控自如；通过演讲，你很快就能掌控全场，影响受众；你可以灵活应对各种演讲场合，演讲稿信手拈来。

如果你的演讲既要写演讲稿，又要制作 PPT，那么你的演讲力水平总分计算公式如下。

总分=（演讲稿设计能力得分+PPT 制作能力得分+呈现演绎能力得分）/3

65 分以下，说明你处在演讲新手的水平，需要加强演讲稿设计能力、PPT 制作能力和呈现演绎能力。

65～80 分，说明你处在演讲熟手的水平，你有一定的演讲稿设计能力、PPT 制作能力有和呈现演绎能力，如果其中某项能力偏弱，需要加强训练这项能力。

80～95 分，说明你处在演讲高手的水平，你具有深厚的演讲稿设计能力、PPT 制作能力和呈现演绎能力，表达能力很强。

95～100 分，说明你处在演讲大师的水平，无论是演讲稿设计、PPT 制作，还是呈现演绎，你都能驾轻就熟，掌控自如；通过演讲，你很快就能掌控全场，影响受众；你可以灵活应对各种演讲场合，演讲稿信手拈来。

特别说明：在筹划到呈现的过程中，一场演讲的演讲稿设计和 PPT 制作这两个环节，其实都可由他人完成。很多老板和高管都有专门的写手负责写演讲稿，有专门的设计师负责制作 PPT。但不可否认，要想做好一场精彩的商务演讲，应该重点把控演讲稿设计、PPT 制作和呈现演绎这 3 个环节。

第 **2** 章

确定主题：让演讲直抵人心

要实现伟大的成就，最重要的秘诀就是确定你的目标和方向，然后马上采取行动，朝着目标前进。

——博恩·崔西，美国著名演说家、企业家、教育家

2.1 为什么确定演讲主题很重要

射箭者如果不知道靶在哪里，他就不知道如何射出这一箭，因为他没有目标和方向。同样，如果不确定演讲主题，演讲者就不知道如何演讲，因为他不知道演讲的方向。演讲主题是一个比较大的概念，可以是亲情、友情、爱情，还可以是奋斗、梦想，以及文化、读书、人文、人生观、价值观、世界观等。一个好的演讲主题应包含受众的需求、演讲题目和演讲目标。

确定演讲主题时，需要避免的 3 种演讲陷阱如图 2-1 所示。

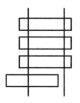
陷阱1：坏掉的铁路

陷阱2：起伏的山峦

陷阱3：思想的旋涡

图 2-1　确定演讲主题需要避免的 3 种演讲陷阱

2.1.1　"坏掉的铁路"陷阱

"坏掉的铁路"这种陷阱表现为偏离主题。虽然你认为自己正沿着一条笔直的道路带领受众从 A 点走向 B 点，但是受众"看到"的可能是一条被粗心的工人横七竖八地乱堆了一堆枕木的铁路线，走着走着就容易发生"出轨"的风险。这种陷阱会让你的逻辑偏离预定轨道。

2.1.2　"起伏的山峦"陷阱

"起伏的山峦"这种陷阱是指你以为自己的表达像一条直线一样，能够以最快、最高效的方式让受众理解你的核心思想，实现你的演讲目标，但实际上你的表达就像患雪盲症的滑雪者留下的滑雪痕迹那样上下起伏。受众想努力了解你演讲中最重要的概念，却被你搞得筋疲力尽，不知所云。

2.1.3　"思想的旋涡"陷阱

"思想的旋涡"这种陷阱是指你滔滔不绝地从一个事实讲到另一个事实，直至受众迷失在思想的旋涡中。大家都在问："那个家伙想带我们去哪里？""他的重点到底是什么？""怎么又出现了这个问题？"受众会陷入对无穷无尽的问题的探索和对新概念的理解当中，无法跟上你的演讲节奏。

2.2　演讲主题和演讲题目的区别

在演讲中，你还听到过一个词——演讲题目，也叫演讲的标题。演讲题目是不是演讲主题？当然不是。演讲主题和演讲题目是不一样的，两者有什么区别？

演讲主题是一个大的概念，是演讲的方向，而演讲题目是演讲者所传递的态度，是一个小的概念。两者是包含关系，演讲主题包含演讲题目，演讲题目比演讲主题更聚焦。我在辅导一些演讲选手参加比赛的时候，总有选手会把演讲主题作为演讲标题使用，导致自己的演讲方向很大，演讲内容空洞而无法聚焦。

如果把演讲主题比作射箭的靶子，那么演讲目标就是靶心，演讲题目就是那只射出的箭。只有知道靶子在哪里，射箭者才知道往哪个方向射箭。只有瞄准靶心，才能射好这一箭。所以，要想让你的演讲直抵人心，首先要做的就是确定演讲主题。那么应该如何确定演讲主题呢？

2.3 如何确定演讲主题

你可以通过"4 步法"来确定演讲主题，如图 2-2 所示。第 1 步，分析演讲受众；第 2 步，设定演讲目标；第 3 步，设计演讲题目；第 4 步，锁定演讲内容。

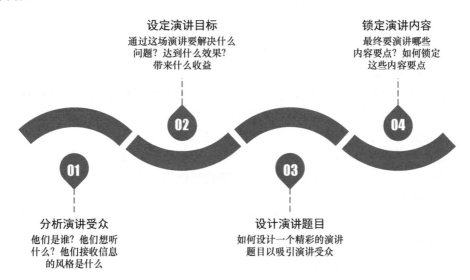

图 2-2 确定演讲主题的"4 步法"

2.3.1 分析演讲受众

美国前总统林肯说："在一场演讲开始之前，通常我会用 2/3 的时间考虑受众想听什么，而只用 1/3 的时间考虑我到底要说什么。"演讲成功的关键在于把握受众的需求，解决和满足受众的需求。也就是说，如果你不了解受众，那么你的演讲就一定是失败的，所有的演讲内容都是基于受众的价值开始的。分析演讲受众是演讲的第一步，我称它为**"第一粒纽扣法则"**。

演讲就像一场自我销售，这里既有买方，又有卖方。买方是受众，卖方就是演讲者。作为卖方，你要关心买方的需求，他们想要解决什么问题，他们听完这场演讲之后可以带走什么。只有把客户的利益放在第一位，才能做好销售工作。同样，只有把受众的需求搞清楚，才能做好演讲。那么，应该如何分析受众的需求呢？这里送你 3 个锦囊，如图 2-3 所示。

锦囊1：他们是谁　　　锦囊2：他们最想听什么　　锦囊3：他们接收信息
了解受众的相关行业背景、　他们对什么感兴趣？最想　　的风格是什么
工作场景等信息　　　　　解决什么样的问题　　　　是"听觉型""视觉型"，
　　　　　　　　　　　　　　　　　　　　　　还是"触觉型"

图 2-3　分析受众需求的 3 个锦囊

锦囊 1：他们是谁

你要提前了解受众的相关行业背景、工作场景、职位、学历、性别、年龄等信息，做一些准备工作。

受众的职位和权力不一样，你所表达的内容也应有所不同。例如，职位高、权力大的受众更关心方向、战略、决策和规划等宏观层面的东西；职位低、权力小的受众更关心与自己相关的落地方法和实用工具。

受众的年龄不一样，其演讲偏好和需求也会不一样。通常年龄大的受众更加理性和成熟，你在表达的时候，需要关注他们理性的一面和深度思考的一面，所以你的演讲要有逻辑，使用数据分析等方法，从而使你的演讲更有说服力；而对一些相对年轻的受众，你在表达时要更加感性、有活力，并且更加幽默一些。

受众的男女比例不一样，你在演讲的时候所呈现的手法也应有所不同。女性关注的东西男性不一定关注，反之也一样。

锦囊 2：他们最想听什么

受众对什么感兴趣？最想解决什么样的问题？

戴尔·卡耐基先生说："演讲最重要的就是满足受众的需求，不是你想讲什么，而是受众真正想听什么。"

受众关心的东西可能有很多，作为演讲者，你需要弄清楚他们最关心什么。例如，你今天的任务是向客户推销汽车。请问，客户在购买汽车的时候会关心什么？他会关心价格、质量、服务、安全性……可是他最关心什么呢？你只有找到他最关心的内容，才能有针对性地推销从而实现销售目标。

又如，今天你要为一个融资项目做一场路演，那么你的受众是谁呢？假设受众有两种人，一种是银行家，另一种是投资人。这两种人分别最关心什么呢？安全性？风险？还是两者都关心？

对银行家来说，他们最关心的是安全性。这不代表投资人不关心安全性，只是银行家更加关心安全性，所以银行家注重的是你的项目的过去：过去的财务状况、过去的业绩、过去的报表。然后银行家会判断把钱贷给你之后能否成功收回。

对投资人来说，他们最关心的不是安全性（但不代表不关心），而是项目未来的增长空间，也就是项目的回报率。他们会衡量你的商业模式和企业经营状况：是否是朝阳行业、是否值得投资等。他们通过判断你的项目的未来增长空间来预测投资的回报率。

再如，今天你要为新产品开一场发布会。那么，在这场发布会中，你的受众最关心的是什么呢？首先你要确定你的受众是渠道商还是终端商，因为两者最关心的东西是不一样的。他们可能都关心产品的品质、价格、服务，但渠道商最关心的是销售你这款新产品能给他们带来多少收益，也就是他们能赚多少钱。而终端商最关心的是产品的价值，即投资或购买你的新产品价值。

再如，今天你要教一节关于议价或谈判力的课程，那么你的受众最关心什么呢？首先你要确定你的受众是采购人员还是销售人员。采购人员最关心的是如何把价格压低，而销售人员最关心的是如何把价格抬高。两者最关心的内容是不一样的。为此，你的演讲主题也应有所不同。

锦囊 3：他们接收信息的风格是什么

你的受众是"听觉型""视觉型"，还是"触觉型"？听觉型的人在意你的话语、声音及音调的变化等。视觉型的人在意你的穿着、仪态是否得体，以及 PPT 设计得是否精美。触觉型的人在意演讲中的互动和体验。一般情况下，在一场演讲中，这 3 种类型的受众都有，所以你在演讲中要做到面面俱到。

2.3.2 设定演讲目标

目标就是通过这场演讲，你要解决什么问题、实现什么效果、带来什么收益。那么问题又是什么？问题是"现状与期望之间的差异"，如图 2-4 所示。你想通过演讲把问题解决到什么程度，那就是你的演讲目标。

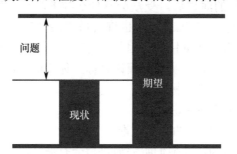

图 2-4 "现状与期望之间的差异"问题

演讲目标主要有 4 类：知晓信息、转变态度、做出决定、采取行动。

知晓信息

在这种演讲中，受众只需要知道演讲者传递了哪些信息或发表了哪些理论。例如，你要做一场"什么是 5G 时代"的演讲。只要让受众知道步入 5G 时代后会发生哪些变化，你就实现了演讲目标。

转变态度

在这种演讲中，演讲者通常希望改变受众的某种习惯或态度，领悟一些道理，或者希望受众听完演讲后感到精神振奋、备受鼓舞等，学会从新的方向思考问题，受到启发。例如，1938 年 5 月，毛泽东主席在总结抗日战争初期经验的基础上，针对国民党内部的"中国必亡论"和"中国速胜论"，以及共产党内部的轻视游击战的倾向，发表了著名的演讲——《论持久战》。通过这篇演讲，毛主席希望大家意识到在中日之间的这场战争中，中国不会速胜，也不会必亡，而是一场持久战，从而确定了通过打持久战来获得对日作战胜利的战略。

做出决定

在这种演讲中，演讲者通常希望受众做出新的决定和选择。例如，有的受众在听完演讲者的"北漂故事"后，会选择继续留在一线城市发展。

采取行动

在这种演讲中，演讲者通常希望受众采取某种行动或学会运用某些技能。例如，听完演讲者的演讲后，客户能够在合作协议上签字；听完演讲者的"5 招学会理财"演讲后，受众能够运用 5 种方法去理财，实现收入的增加。

演讲者要学会把演讲目标当成送给受众的"礼物"。一名好的演讲者时时刻刻都在思考："听完我的演讲后，受众会有什么样的收获？"受众也许会获得一些新的信息，也许会转变人生态度，也许会做出某个决定，也许会采取某些行动。总之，每场演讲都有演讲目标。因此，每次演讲之前，你都应该认真思考：这次演讲的目标是什么？只有明确了演讲目标，你才能让演讲有的放矢。那么，应该如何设定一个好的演讲目标呢？

推荐使用 **AB 法则**撰写演讲目标。

A（Actor）：受众，即你的受众是谁。

B（Behavior）：行为，即他们听完演讲后会有哪些收获和改变。

可以使用如下句式来设定你的演讲目标。

受众（A）通过听完我的演讲后，能够（B）知晓/转变/学会/做出/采取/运用……

举例如下。

受众通过听完我的"如何克服上台紧张"演讲后，在上台演讲时，能够运用"克服紧张的 7 种法"来缓解紧张情绪，让自己的演讲顺利进行。

2.3.3　设计演讲题目

演讲题目就是一篇演讲的名字，也可称为标题、名称，有时也会把核心观点作为演讲题目。

演讲题目是一篇演讲稿的重要组成部分。一个好的演讲题目能够让人眼前一亮，让人迫切地想知道你的演讲内容，对你的演讲产生兴趣。有句话说得好："题好文一半。"有了一个好的演讲题目，你的演讲稿就完成了一半。

设计演讲题目时易犯的错误

但写好演讲题目并非一件容易的事，需要长期锤炼，反复琢磨，从中找到规律。演讲者新人在选择演讲题目时往往容易犯以下几个错误。

（1）拖拉冗长，不易记忆

例如，"为中华之崛起和腾飞，贡献自己的热血青春和力量"，这个题目就太长了，建议将标题控制在 8 个字以内。

（2）深奥怪僻，晦涩难懂

这样的演讲题目往往让人摸不着头脑，自然就失去了听的兴趣。例如，"青春像一座山，背负一路感伤""知不务多，必审其所知""七彩莲花与石头记"等，让人感觉晦涩、难懂、别扭。

（3）宽泛宏大，不着边际

例如，"国家""梦想""沟通技巧"等，对于这样的演讲题目，受众根本捕捉不到演讲的范围和内容，自然也不会愿意听。

常用的 4 种演讲标题

一个好的演讲标题应该简短、清晰、吸引受众。常用的 4 种演讲标题如图 2-5 所示。

（1）武功秘籍型

这种演讲标题通常用于分享一些干货和技巧，突出演讲的价值。一般取名为"3 个步骤""4 个常识""5 项修炼""7 个习惯"等。例如，"高效能人士的 7 个习惯""演讲高手的 5 项修炼""普通人崛起的十大狠招""5 步搞定时间管理"。武功秘籍型演讲标题适合知识分享型演讲。

图 2-5　常用的 4 种演讲标题

（2）提出疑问型

这种演讲标题通过提出一个"为什么"的疑问或设置悬念来引发受众的好奇心，让受众来猜演讲者到底做了什么才取得了这样一个结果？例如，"放弃世界500 强的工作，你们猜我得到了什么""为什么内向者也适合做演讲？""内向者能做销售吗""身患癌症的他，为什么有如此惊人创造力""为什么在职场这样说话的人，真的很让人讨厌"。

（3）如何做型

这种演讲标题通常用于提供解决问题的方案或技巧。其特点是写法简单、通俗易懂。例如，"如何克服上台紧张""如何控制你的情绪""如何一个月瘦十斤"等。

（4）正反对比型

这种演讲标题通过前后相反的场景或状态来表达观点，对比越强烈，反转越激烈，大家就越想听你的演讲。常见的对比有时间对比、价格对比、地域对比、情感对比、境遇对比、立场对比等。例如，"不经历风雨，怎能见彩虹""若不曾颠沛流离，哪知人间冷暖""三年前月入三千，三年后月入三万""我的前半生"等。

2.3.4　锁定演讲内容

在设计演讲稿之前，还要明确这篇演讲稿大致要讲一些什么内容，并思考这些内容能不能实现你的演讲目标、受众愿不愿意听等。这就叫"锁定演讲内容"。这一步不是让你写具体的演讲内容，而是梳理演讲的要点。

那么，如何锁定演讲内容呢？下面为你推荐"三圈演讲要点法"，如图2-6所示。

第一个圈：我想讲的。在这里罗列出你想讲的所有内容要点。

第二个圈：受众想听的。针对演讲主题，在这里罗列出受众最想听的内容要点，思考他们最想解决的问题是什么，他们的痛点在哪里。

第三个圈：与演讲目标相关的。在这里罗列出与演讲目标相关的所有内容要点，分清楚哪些是主要的、哪些是次要的。

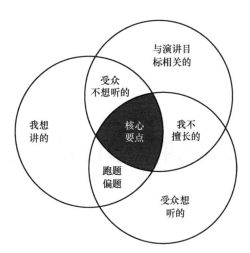

图 2-6 三圈演讲要点法

罗列好这 3 个圈的内容以后，把这 3 个圈叠加，重合的部分就是你要讲的内容要点。因为重叠的部分既是你想讲的，也是受众想听的，还是与目标相关的。如果内容要点是你想讲的，也是受众想听的，但与演讲目标是不相关的，那会让你的演讲偏题和跑题；如果内容要点是受众想听的，也是与演讲目标相关的，但不是你想讲的，那么你的演讲是你不擅长的；如果内容要点是你想讲的，也是与演讲目标相关的，但不是受众想听的，那么受众会对你的演讲不感兴趣。

需要注意的是，锁定内容要点后，如果有多个内容要点，需要对它们进行归类分组，将相同的内容要点分为一组，归纳成一个核心要点。如果演讲时间在 18 分钟以内，核心要点尽量控制在 3～5 个，3 个最合适。因为对人类的大脑来说，一般 3 个以内的事物更容易被记住。此外，3 个核心要点能让演讲更富有层次感和说服力，还具有节奏感，给人一步一步向前推进的感觉。

现在，你已经确定演讲主题了，接下来就要设计演讲结构了。以人体来做个比喻，演讲主题就像人的脊柱，决定演讲的方向；演讲结构就像人的肋骨，决定演讲的整体框架；演讲内容就像人的血肉，决定演讲的丰富和精彩程度。

第3章

选择结构：让演讲纲举目张

演讲双引擎：选择逻辑结构以理服人，选择故事结构以情动人。两者结合可以让演讲情理交融，打动人心。

科学研究表明，人类的大脑分为左脑和右脑两部分。左脑涉及语言、概念、数字、分析、逻辑推理等功能；右脑涉及音乐、绘画、空间几何、想象和创造性思维、情绪变化等综合功能。

要想让你的演讲变得真实、可信、逻辑清晰，需要用到左脑的逻辑结构来进行推理和说服；要想让你的演讲变得有感染力和号召力，需要用到右脑的故事结构来调动受众的情绪，让受众和你产生共鸣。因此，演讲的时候要学会调动受众的左右脑，只有这样才更容易说服和打动受众。

著名哲学家、思想家亚里士多德说过，说服他人有 3 种模式，分别是人格诉诸（人格魅力和信用）、情感诉诸（情绪感染）和逻辑诉诸（逻辑说服）。人格诉诸指的是通过一个人的人格魅力和信用来影响他人。要想通过人格诉诸来说服他人，需要一定的行业地位和影响力。例如，某行业的权威人士讲的话似乎很有道理，是金句，而你讲同样的话，别人就觉得你是在"吹牛"，这是因为你和权威人士的人格魅力不同。因此，普通人是很难通过人格诉诸来说服他人的。但你可以通过逻辑诉诸和情感诉诸的方式来说服他人。逻辑诉诸用的是左脑，情感诉诸用的是右脑，只有"左右开弓"，才能"发发命中"。

3.1　用逻辑结构理性说服受众

人最怕和不讲逻辑、不讲道理的人沟通，因为和这种人压根没法沟通。演讲不讲逻辑，受众不会信服你；汇报不讲逻辑，领导不知道你在说什么。通常情况下，不讲逻辑和道理的人是很难沟通的。曾经有人专门调查领导和下属之间的沟通状况，结果发现他们相互抱怨的点是不一样的。

下属通常抱怨领导说："我的领导非常不善于倾听，很容易就不耐烦了。他经常打断我，问我到底想说什么。"

而领导通常抱怨下属说："每次听这家伙汇报工作太痛苦了，啰啰唆唆说了半天，我都不知道他在说什么。"这其实就是说话没有逻辑的表现。那么，如何让自己的演讲和表达更有逻辑呢？

在第 2 章，我用"三圈演讲要点法"锁定了大致的演讲内容和方向，如果是 18 分钟以内的演讲，建议将要点控制为 3 个。那么这 3 个要点应该选择什么逻辑结构和顺序来设计呢？

在飞机结构模型中，机身可以拆分为 A、B、C 3 部分，对应了 3 个演讲要点，它们的排列顺序就叫作演讲的逻辑结构，选择不同的结构会有不同的演讲效果和表达。举个例子，对于"不一样大"（意思是有大有小）这句话，把语序打乱、变形，可以组合出不同的意思：

- 一样不大（都很小）；
- 大不一样（发生了改变）；
- 不大一样（有一些差别）。

可见，选择不同的语序结构，会让一句话的意思变得大不一样。而对演讲中的 A、B、C 3 部分选择不同的逻辑结构，也会让你的演讲大不一样。

演讲常见的 6 种逻辑结构如图 3-1 所示。

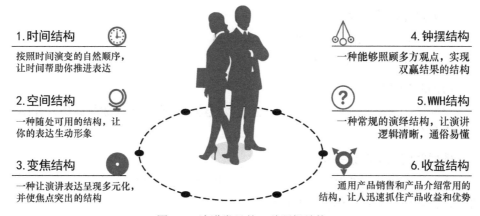

1. 时间结构
按照时间演变的自然顺序，让时间帮助你推进表达

2. 空间结构
一种随处可用的结构，让你的表达生动形象

3. 变焦结构
一种让演讲表达呈现多元化，并使焦点突出的结构

4. 钟摆结构
一种能够照顾多方观点，实现双赢结果的结构

5. WWH 结构
一种常规的演绎结构，让演讲逻辑清晰，通俗易懂

6. 收益结构
通用产品销售和产品介绍常用的结构，让人迅速抓住产品收益和优势

图 3-1　演讲常见的 6 种逻辑结构

3.1.1 时间结构

时间结构是一种常用的逻辑结构，在演讲、写文章、制作影视剧作品中经常被用到，如图 3-2 所示。它是按照事情发展的先后顺序来设计演讲结构的，各时间段之间存在因果关系。

常用的时间结构

常用的时间结构有以下 4 种类型。

（1）时间点类型

- 20 世纪 50 年代、20 世纪 80 年代、现在。
- 过去、现在、未来。
- 早上、中午、晚上。
- 昨天、今天、明天。

按照时间演变的自然顺序

图 3-2　时间结构

（2）项目阶段类型

- 阶段一、阶段二、阶段三。
- 短期计划、中期计划、长期计划。
- 初创阶段、发展阶段、引领阶段。

（3）故事发展类型

- 起因、经过、结果。
- 小时候、求学时、毕业后。

（4）操作步骤类型

- 第一步、第二步、第三步。
- 步骤 1、步骤 2、步骤 3。

时间结构使用场合

时间结构通常的使用场合有介绍公司发展历程、介绍个人成长经历、介绍故事线索和介绍技能的操作步骤等。

使用时间结构演讲举例

下面一起来看《我是演说家》第三季全国总冠军熊浩的《家国天下》这篇演讲稿，作者使用的逻辑结构是时间结构。

家国天下（有改动）

89 年前，在那个战火纷飞的时代，有一个小女孩出生在湖南湘江边的一处人家，因为是女儿身，所以教育对她来讲变成了奢望。但亲友们认为这个孩子的资质很好，于是合力供她上学。就这样，她一步一步艰难地往上走，最后大学毕业，成为那个时代难得的女大学生。1949 年，国民党的飞机降落在长沙，为了争取科技人才，国民党劝说她去台北，她拒绝了，她要留在这片土地上。1950年，她响应国家号召，跟队北上，成为第一批和苏联专家共同工作的中国工程师。而在 11 年之后，她再次响应国家号召，举家南迁到大西南地区，支援祖国边疆建设。之后的故事并不完美，她在工厂里工作，直到退休。之后国企改制，她的工资长年发不出来，导致她晚年生活颇为艰辛。在她生命中最后的那段日子里，她有时会抱怨，但抱怨完又快速地恢复平静。我一直记得她的眼睛，一双饱含沧桑，却又散发着一种不一样的光亮的眼睛。

后来我才明白，这个是那一代人的眼睛，他们把一生都奉献给了国家，把自己深深嵌入这个国家成长的年轮。这个女孩，是我的外婆。

……

115 年前，美国哥伦比亚大学收到一笔 12 000 美元的捐款。捐款人有这样一个要求——捐助一个汉学系。这个要求让校方颇为为难，因为校方不知道专门设立这样一个研究机构需要多少人力和财力，也不知道如何设立这样一个研究机构。不仅校方不知道，这位捐款人自己也不知道，他只是坚持要捐助一个汉学系。这位捐款人没有念过书，没有受过很好的教育，他不了解"子曰诗云"，不知道"兰亭隽永"，可对他而言，这个愿望就这样朴实地扎在他的心里，他要让中国文化在北美落地生根。

1901 年 6 月 28 日，他把毕生的积蓄都捐给哥伦比亚大学，于是这所著名学府设立了美国第一个专门从事中国语言、文化、哲学和法律教育的科系，并以他的名字冠名了一位哥伦比亚大学讲座教授。他在一封写给哥伦比亚大学的信中写道："谨此奉上 12 000 美元的捐款，以支持贵校中国学研究的基金。"落款为"A Chinese person"（一个中国人）。

这个人叫丁龙，广东劳工，终身未娶，他被当作"猪仔"卖到美国，在美国贵族家庭当仆人，一生颠沛流离。可是，他心中有一个强烈的愿望，那就是无论自己的生活多艰辛，都要让中国的文化在美国落地生根，让中国圣贤的教诲能够在美国传扬出去。他不知道，他本身就可称得上"圣贤"。对丁龙来说，爱国就是让中国的文化能够四海飘香，能够光华永世……

案例剖析： 在这篇演讲稿中，演讲者讲述了两个故事。第一个是熊浩外婆的故事，时间线是：89 年前—1950 年—11 年后。第二个是广东劳工丁龙的故事，时间线是：115 年前—1901 年 6 月 28 日。这两个人物的故事紧扣演讲主题，都是在表达他们牺牲自己、奉献祖国的爱国主义精神。通过这两个故事，你可以深刻地感受到两位主人公虽然平凡、普通，但他们用自己的方式深深地爱着自己的国家，默默地为国家奉献自己的一生，他们伟大的家国情怀让人肃然起敬。

注意事项：运用时间结构时，无论是讲一个故事，还是讲多个故事，都应该注意所选择的故事要紧扣主题，内容曲折精彩，充满细节，否则就会像小学生写日记一样，变成了记流水账。

3.1.2 空间结构

空间结构是一种整体到部分的结构，3 个分论点之间是平等、并列的关系，如图 3-3 所示。图 3-3 中的元素 1、元素 2、元素 3 可以任意调换顺序，不影响演讲效果。

常用的空间结构

常用的空间结构有 3 种类型，如图 3-4 所示。

（1）地点/方位空间结构

例如，把中国按地区划分为华东、华中、华南、华北等地区；把集团分为北京分部、上海分部、深圳分部等。

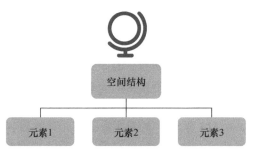

3个分论点之间是平等、并列的关系

图 3-3　空间结构

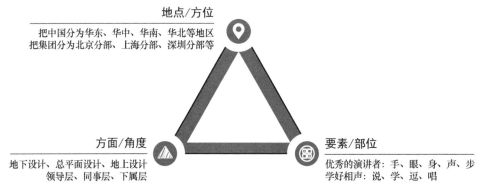

图 3-4　常用的空间结构

（2）方面/角度空间结构

例如，"要学好色彩学，需要知道什么是色调、饱和度和透明度"（方面）；"这个商业综合体项目，分为地下设计、总平面设计和地上设计 3 部分"（方面）；"我们发布这项制度要考虑 3 个角度：领导层、同事层和下属层"（角度）。

（3）要素/部位空间结构

例如，一部手机可分为手机软件和手机硬件两部分（要素）；要想学相声，就要学好"说、学、逗、唱"4 门功课（要素）；要想成为一名优秀的演讲家，就要像戏曲演员一样，练好"手、眼、身、法、步"（部位）。

使用空间结构演讲举例

以下为一名楼盘销售员给顾客做的楼盘介绍，使用的逻辑结构是空间结构。

顾客您好，我给您介绍一下我们这个小区，我们这个小区叫"梅花山庄"，有五大优势。

（1）位置优势：梅花山庄南邻汽车站，北邻布龙路，4 号线和 5 号线双地铁口，可谓四通八达，是重要的交通枢纽。本小区属于规划中的中央生活区，交通、上学、购物、就业十分方便。

（2）环境优势：景观绿化对改善居住环境至关重要。我们坚持设计生态化，施工高标准、管理正规化。各类灌木、乔木交相辉映，翠绿的草坪生机盎然，大小水景和亭台布局得当，一步一景，景随步移，如入生态花园一般。小区绿化面积达到 40%，并且重点以光线、防尘、防噪声、降温来美化和提升小区的环境。

（3）配套优势：小区内外林间步行道（小区内部道路两边的大面积绿化和门前的广场花园）、车库、上下水、雨水排放，以及水、电、气供应等设施配套齐、功能全，使业主生活愉快、舒心、方便。另外，本小区 2 千米内有 5 个幼儿园、4 个中小学、3 个三甲医院、2 个公园，附近有 4 个中小超市。

（4）规划优势：该小区规划理念超前，首期住宅的楼间距为 1：1.2，而一般的社区楼间距是 1：1。相比而言，本小区楼间距比较宽，采光通风好，住户住进来会感觉宽敞、舒适。另外，本小区分别设计了高层和小高层楼房，都带有电梯，规划设计错落有致，大气上档次，满足了大部分客户的需求。

（5）安全优势：小区南门设有监控通道，各入户楼门口和户主房内均安装有可视对讲门铃；小区内人车分流，实现了全天候自动化、数字化监控，以保障各位业主安居乐业。

案例剖析：这是一名楼盘销售员的演讲稿，使用的逻辑结构是典型的空间结构，从位置优势、环境优势、配套优势、规划优势和安全优势 5 个方面分别说明了这个楼盘的特点和优势，逻辑很清晰。

如何设计和表达空间结构

下面看一名应聘者在应聘司机的过程中是如何运用空间结构的。

面试官：你觉得你会如何做好这个岗位的工作？

司　机：我会通过严于律己的方式胜任这个岗位。我会做到"三得三不得"。

第一，听得，说不得。我开车的时候可能会听到老板发出的一些消息或公司的信息，但我只能听，绝对不能说。

第二，吃得，喝不得。我可能会和老板一起去参加一些应酬和饭局，在老板允许的情况下我可以和老板一起吃饭，但绝对不能喝酒。

第三，开得，使不得。我可以开公司的车接老板上下班，但绝对不能公车私用。

面试官：讲得非常不错，你明天就来报到吧！

在这个案例中，这名应聘者所说的"三得三不得"是一个非常优秀的空间结构示例，如图 3-5 所示。一个好的空间结构应该符合"五有原则"。

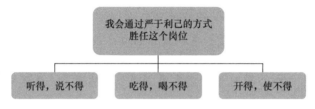

图 3-5　应聘者使用的空间结构

- **有结论**：中心结论先行，分论点也要有结论。
- **有论点**：分论点相互分离，不重叠，不遗漏，符合空间结构。
- **有数量**：分论点数量不宜过多，一般 3 个最好；分论点字数应大致相同，语言结构相同。例如，上面这个案例中分论点的语言结构都是对比结构：听得，说不得；吃得，喝不得；开得，使不得。
- **有论据**：为每个分论点提供可靠的论据，会增强你的说服力。
- **有联系**：结论、分论点和论据之间相互关联，相互论证。

3.1.3　变焦结构

"变焦结构"一词来源于相机的变焦镜头。变焦镜头是在一定范围内变换焦距，从而得到不同宽窄的视角、不同大小的影像和不同景物范围的照相机镜头。变焦镜头在不改变拍摄距离的情况下，可以通过变动焦距来改变拍摄范围，可以由远及近、由近及远，也可以由大到小、由小到大地实现变焦。

设计演讲结构的时候，你可以借用变焦镜头的原理，把受众带到更狭小或更广阔的视野。选择将镜头拉远或拉近，具体取决于你想把受众带向一个什么样的地方，是深入细节还是综观大局。如果是深入细节，那就把镜头拉近，使用由大到小的变焦结构；如果想综观大局，那就把镜头拉远，使用由小到大的变焦结构，如图 3-6 所示，图中还列举了不同的变焦结构适用的场合。

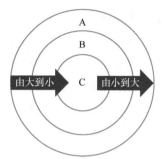

由大变小的变焦结构

适用场合：

1. 着眼于具体解决方案或行动计划

2. 将泛泛的概念或认知具体化

3. 反驳以偏概全的说法

由小变大的变焦结构

适用场合：

1. 扩大到更广阔的视野，强调细节与大局的关系

2. 处理敏感或保密的信息

3. 证明选择（方案）或决定的合理性

图 3-6　不同的变焦结构适用的场合

常用的变焦结构

- 个人、小组、团队。（由小到大）
- 国家、民族、个人。（由大到小）
- 公司、部门、小组。（由大到小）
- 产业、行业、企业。（由大到小）
- 企业管理、人力资源管理、培训管理。（由大到小）

英国有一首著名的民谣：

> 少了一枚铁钉，
> 掉了一只马掌。
> 掉了一只马掌，
> 丢了一匹战马。
> 丢了一匹战马，
> 败了一场战役。
> 败了一场战役，
> 丢了一个国家。

这首民谣讲的是英国国王查理三世与里奇蒙伯爵打仗的故事。查理三世准备与里奇蒙决一死战，为了让自己的战马在奔跑和行动时更稳健，查理三世让马夫给战马钉上马掌。马夫钉完 3 个马掌，还差最后一个，这时他发现少了一个钉子，于是马夫便没有钉第 4 个马掌，敷衍了事。查理三世与里奇蒙展开大战，在激烈的战斗中，查理三世的战马突然掉了一只马掌，查理三世被当场掀翻在地，士兵以为国王被乱箭射中，纷纷开始逃窜，查理三世的王国随之易主。

这首民谣使用的是一种由小到大的变焦结构：铁钉—马掌—战马—战役—国

家，给人一种层层深入、逐渐放大的感觉，从而说明了一个道理：一个小细节可能会影响全局。

运用变焦结构说服他人的 3 步法

- **第 1 步**：具体地说。描述事情或问题发生的过程、细节。
- **第 2 步**：更广泛地说。描述事情或问题带来的收益或引发的后果。
- **第 3 步**：总体来说。描述你对事情或问题的总体看法，以及采取相关措施或解决问题后将带来哪些收益，以及如果不采取相关措施或不解决问题将继续引发哪些持续的、更严重的后果。这是一种由小到大的变焦模式。

当然，除了使用"由小变大"的变焦结构，还可以使用"由大变小"的变焦结构。变焦方向不同，使用场合也不同。

放大变焦结构的使用场合举例

（1）扩大到更广阔的视野，强调细节与大局的关系

假设你是某品牌连锁店的店长，你发现店员在工作时自由散漫，有时甚至偷偷地玩手机。为强调门店为顾客提供优质服务的重要性，你会如何向店员说明这件事情？

具体地说："如果顾客看到你上班的时候玩手机，就会认为我们店的服务水平很差。"

更广泛地说："顾客可能会认为店员的服务质量低下，工作散漫，这意味着门店的产品质量和销售业绩很差。"

总体来说："所以，这种印象可能让公司的品牌形象一落千丈。"

（2）证明方案的合理性

某公司的 IT 经理希望财务总监能够批准引入办公自动化（Office Automation，OA）系统，以提高公司的办公效率。于是 IT 经理向财务总监提交了一份工作汇报，下面看看这篇着眼于方案行动的汇报演讲。

具体地说："我们想引入 OA 系统以优化文件处理流程，加快审批速度。"

更广泛地说："它可以解决我们目前面临的流程审批烦琐、速度慢、影响业务发展等问题。"

总体来说："而且公司当前的规模已经不再是 3 年前的 300 人，而是现在的 3 000 人，所以需要引入先进的办公系统来满足公司日益增长的业务需求。我们可以通过 OA 系统来审阅数据、走表单流程、评估公司业绩目标，并能提升所有报告功能的完整性、准确性、及时性，从而大大提高工作效率。"

（3）处理敏感信息

在上课的时候，经常有学员提出一些挑战性问题。例如，有学员问："老师，你上一堂课能挣多少钱？"对于这种敏感信息，我一般会用放大变焦的变焦结构来处理。

具体地说："我首先要感谢你提出的这个问题，但很抱歉我不能透露报酬信息，因为我和客户签订了保密协议。"

更广泛地说（但是）："但是，我可以告诉你的是，不同的课程、不同的时长，报酬是不一样的。时间越长，报酬越高。"

总体来说："我的报酬是由客户的满意度决定的，我们追求的是共同的目标，那就是用最有价值的课程服务好我们的学员。"

缩小变焦结构的适用场合举例

（1）着眼于具体的解决方案或行动计划

有学员在课堂上问我："老师，请问如何提高看书的速度和质量？"对于这种询问具体方法的问题，可以使用缩小变焦结构来回答。

总体来说："目前市面上有各种教你如何高效阅读的方法，如画思维导图、写读书笔记、杠杆阅读法、影像阅读法、倍速阅读法等。"

更广泛地说（但是）："但是，根据我的实践经验，大部分所谓的高效阅读法都是在帮助你提高阅读速度。虽然从表面上看，你每年确实看了很多书，但没过多久就会对这些书的内容印象全无。所以高效阅读的核心不是每年能读多少本书，而是你运用了多少书中介绍的方法去解决问题，要最追求'质'而非'量'。"

具体来说："那么，有哪些方法可以提高阅读质量呢？你可以使用拆书法，或者把自己视为一个'讲书人'，把你从每本书中学到的知识分享给大家，这样才能达到学以致用的目的。"

这是一个典型的有大到小的变焦结构。从"市面上"到"大部分"再到"你"，即从整体到局部，这就是缩小变焦结构的逻辑。

（2）将泛泛的概念或认知具体化

有个词语叫"经济新常态"，相信很多人都听过，但可能不知道是什么意思。这时，你就可以使用缩小变焦结构，将泛泛的概念或认知具体化。

总体来说："经济新常态，指的是未来经济的发展趋势和规律。新型冠状肺炎疫情发生后，全球经济的新常态将变成……"

更广泛地说（但是）："由于中国疫情防控到位，经济得到快速复苏，中国的经济新常态将变成……"

具体来说："具体来看，中国经济新常态对企业的发展意味着……"

这 3 段话从全球经济新常态到中国经济新常态再到企业发展新常态，范围逐步缩小，让人们很容易理解什么是"经济新常态"。

（3）反驳以偏概全的说法

利用缩小变焦结构，还可以反驳一些以偏概全的说法。例如，公司同事对你说："现在的'90 后'都太自我了，做事完全不考虑别人的感受。"此时你就可以使用缩小变焦结构来反驳对方。

总体来说："确实，在职场上，有些'90 后'表现得很自我，很有个性，不好管理。"

更广泛地说（但是）："但是，'90 后'对工作还是很认真负责的，无论是考虑问题还是考虑别人的感受，他们都想得很周到。"

具体来说："例如我们公司的小邓，做事情就非常认真，而且乐于帮助他人。有一次，公司有位同事上班期间突然肚子疼，他主动把同事送到医院，接着又赶回来加班，一直到深夜才把工作做完，因为他知道要为自己的工作负责。"

这是一个典型的由大到小的变焦结构，可以很好地反驳一些以偏概全的说法。

3.1.4 钟摆结构

钟摆结构来自德国哲学家黑格尔的辩证推理：正、反、合，如图 3-7 所示。钟摆有 3 个特殊位置：极左、中间和极右。其中，极左代表正向的观点；中间代表最想表达的观点；极右代表反向的观点。钟摆结构能让你承认两种相异的观点，然后将受众引向中间立场，从而在僵局中实现行动。

常用的钟摆结构

- 顶层、底层、中间层。
- 太热、太冷、刚好。
- 完全没有、全部都是、有些/部分。
- 低音、高音、中音。
- 最理想、最恶劣、正常情况下。
- 从一方面看、反过来看、折中来看。

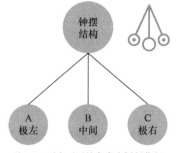

从A、B两个不同的角度去衬托你想强调的C；论点像时钟摆锤一样展开

图 3-7　钟摆结构

例如，毛泽东主席的《论持久战》就是使用了钟摆结构和对比技巧，论证巧

妙。其演讲结构如图 3-8 所示。

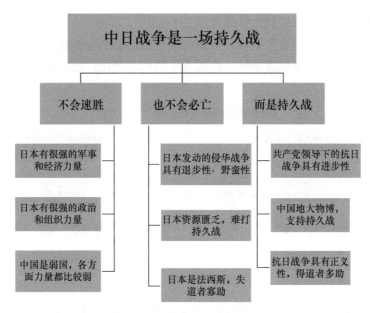

图 3-8　《论持久战》的演讲结构

结论：中日战争是一场持久战。

极左：不会速胜。日本有很强的军事和经济力量、政治和组织力量；中国是弱国，各方面力量都比较弱。

极右：也不会必亡。日本发动的侵华战争具有退步性、野蛮性；日本资源匮乏，难以支撑持久战；日本是法西斯，失道者寡助。

中间：而是持久战。共产党领导下的战争具有进步性；中国地大物博，支持持久战；抗日战争具有正义性，得道者多助。

两种钟摆结构

钟摆结构可以分为两种：激进式钟摆结构和温和式钟摆结构。

（1）激进式钟摆结构

激进式钟摆结构是指推翻两个极端观点，只保留中间立场。在向他人推荐方案时，使用这种结构给人的感觉是比较果断和坚决。当你面对棘手的问题，想迅速给出无可辩驳的回答，并且你的目的是支持现状时，可以使用激进式钟摆结构。

（2）温和式钟摆结构

温和式钟摆结构不是要推翻两个极端观点，而是努力加以调和，给人的感觉是很为对方着想，比激进式钟摆结构更温和。你承认存在不同观点，但努力秉持中间立场，你清楚方案的核心优势可以平衡和满足双方的需求。

使用钟摆结构的核心在于优势对比

假设你要举办一场员工培训，你想向领导建议某个培训场地，那你就可以使用上述两种钟摆结构来说服领导，如图 3-9 所示。记住，使用钟摆结构的核心在于优势对比。

使用钟摆结构的核心在于优势对比

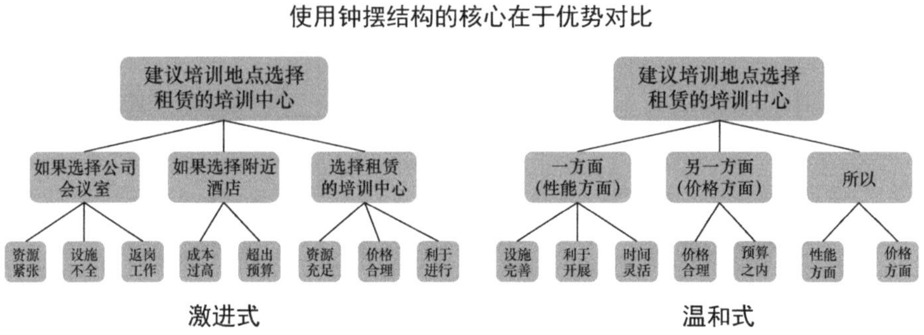

图 3-9 两种钟摆结构举例

激进式钟摆结构：建议培训地点选择租赁的培训中心。如果选择公司会议室，第一，资源紧张，很难预订到会议室；第二，设施不全，投影仪很小，屏幕看起来令人不舒服；第三，在培训过程中学员会返岗工作，干扰培训。如果选择附近酒店，成本过高，超出预算 30%。相比之下，应选择租赁的培训中心，因为该培训中心资源充足、价格合理，并且利于进行。

温和式钟摆结构：建议培训地点选择租赁的培训中心。一方面，从性能来看，该培训中心设施完善，利于开展培训，时间灵活；另一方面，从价格来看，该培训中心价格合理，在公司预算之内。因此，从性能和价格两个方面考虑，建议培训地点选择租赁的培训中心。

> 可以分别用一句打油诗来总结两种钟摆结构的精髓。
>
> 激进式：世上只有三条路，堵死两条剩一条。
>
> 温和式：你也对，他也对，因此我们开个会。

3.1.5 WWH 结构

WWH 结构是一种在演讲中最常见的演绎结构，有 3 种形式：What-Why-How 结构、Why-What-How 结构和 Why-How-What 结构。

What-Why- How 结构

- **What：问题/现象**。描述一个具体的问题或不良现象，也可以描述一个新概念或新方法。
- **Why：原因**。尽可能把所有原因都列举出来并分类，如分为内部原因、外部原因和个人原因等。
- **How：解决方案**。针对问题和原因，给出解决方案。

注意，现象和原因最好通过调查和分析得出，不要仅凭自己的想象得出，否则会毫无说服力。同样，措施和解决方案也是演讲者根据需求进行调查之后，结合自己的专业得出的。

举个例子。最近某门店销售业绩严重下滑（问题/现象），原因是销售员能力不足（原因），对产品知识的掌握不够，因此需要抓紧对员工进行业务培训（解决方案）。这句话就使用了 WWH 结构，如图 3-10 所示。

图 3-10　What-Why- How 结构的应用

在电视节目《创业中国人》中，"激眠"品牌创始人杨立峰的项目路演就使用了 What-Why-How 结构：问题—原因—解决方案。他凭借这场演讲获得了 500 万元的项目融资。

大家好，我是酒店"主题房"项目的创始人杨立峰，我已经在酒店行业干了快 25 年了，今天我就跟大家分享一下中国酒店的变迁史。相信大家都住过酒店，无论是出差旅游还是走亲访友，只要是去外地，一般都需要在酒店落脚过夜。但是不知道大家有没有发现一个问题或现象：大部分酒店的客房配置都只有两种——大床房和双床房。为什么？因为酒店最开始其实是一个旅游产品，最大的客源来自旅行社。为了方便旅行社，酒店提供的都是标准化服务，由此产生了这两种客房配置。而现在大部分酒店都以散客为主，这些散客的个性化需求就没有办法得到满足。

我跟大家分享一组我们行业的数据：目前全国有 81 万多家酒店，2 000 多万间客房；2018 年，中国酒店行业的年增长率只有 1%。这说明了酒店行业供大于求，酒店行业的发展几乎停滞。看到这些，作为酒店行业 20 多年的从业者，我的内心其实是非常不舒服的，因为这些数据真实地反映了酒店人的生存状况，市场供大于求，产品同质化严重，大家都没有什么优势，所以只能互相打"价格战"，从而陷入了恶性竞争。

作为酒店行业的一分子，我一直在想，我应该做些什么才能改变酒店行业的现状？经过多次调研和分析，我敏锐地洞察到这看似是酒店行业的一场危机，其实也蕴藏着一个巨大的商业机会，那就是中国酒店业的存量市场改造。以前我们去酒店可能只是为了住宿，而现在的主力消费群体"80后""90后""00后"去酒店是为了约会、开派对，以休闲娱乐为主，由此市场上对主题酒店和主题客房的需求就大大增加了。但是真正有实力进行主题化升级改造的酒店还是少数。那么，酒店应该怎样改造，应该做成什么样子？

我们做的第一件事就是把客人标签化，对于所有来酒店住宿的客人，我们都会分析他们的目的和需求，然后按照人群属性和兴趣爱好将客人分类。例如，情侣客人来酒店住宿的主要目的不光是睡个好觉，更是为了来一次浪漫有趣的约会，因此客房的场景和氛围就显得非常重要；商务客人来酒店住宿的目的与情侣客人正好相反，他们需要睡个好觉，所以我们推出了助眠按摩深睡房，给他们一整晚的深度睡眠，让他们第二天元气满满地去应对紧张的工作；针对带孩子的客人，我们设计了亲子房，以童趣和游戏为主，让孩子住得更开心；针对一些喜欢看电影的客人，我们设计了影院房，配备了大屏幕、投影仪和海量片源，使一间普通的客房变成了一个私人影院。

如果用传统的装修、施工方法来改造这些主题客房，不但工程量大、成本高，而且影响酒店的正常经营，所以我们今年推出了"酒店+"的概念。我们不重新装修，而是把智能化设备放在酒店的一间普通客房里，让它变成主题客房。我们认为，真正的主题酒店并不是要在装修设计风格体现某个主题，而是从功能上体现出某个主题。为了把"酒店+"的概念和我们的改造方案快速推广到整个酒店行业市场，帮助更多的酒店早日走出经营困境，从一开始我们就决定——我们与酒店的合作方式是免费的，不收酒店一分钱。我们称之为"结果付费"，也就是说，只有客房实现收入了，酒店才跟我们结算；如果客房没有实现收入，那么我们不收酒店一分钱。我们会根据酒店的客源结构和目前的经营状况去匹配不同的主题客房……

下面分析一下这份演讲稿是如何使用 What-Why-How 结构的。

What（问题/现象）：酒店只有两种房型——大床房和双床房，无法满足顾客的个性化需求。

Why（原因）：市场供大于求，产品同质化严重，互相打"价格战"，陷入恶性竞争。

How（解决方案）：把客人标签化，根据酒店的客源结构和经营状况去匹配不同的主题客房，推出"酒店+"的概念，满足客人的个性化需求。

> What-Why- How 结构适合以分析问题、提出解决方案为目的的演讲。

Why-What-How 结构

- **Why（为什么）**：为什么做这件事很重要？这样做的好处是什么？不这样做的坏处是什么？
- **What（是什么）**：这是一件什么样的事？包含哪些事项？具体介绍一下。
- **How（如何做）**：如何才能做成这件事？详细介绍一下具体步骤。

下面以"如何向领导申请加薪"为例讲述如何使用 Why-What-How 结构，如图 3-11 所示。

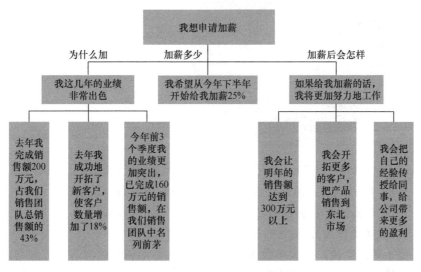

图 3-11　Why-What-How 结构的应用

结论：老板您好，我想申请加薪。

Why（为什么）：我这几年的业绩非常出色。第一，去年我完成销售额 200 万元，占我们销售团队总销售额的 43%；第二，去年我成功地开拓了新客户，使客户数量增加了 18%；第三，今年前 3 个季度我的业绩更加突出，已完成 160 万元的销售额，在我们销售团队中名列前茅。

What（是什么）：我希望从今年下半年开始给我加薪 25%。

How（如何做）：第一，我会让明年的销售额达到 300 万元以上；第二，我会开拓更多的客户，把产品销售到东北市场；第三，我会把自己的经验传授给同事，给公司带来更多的盈利。

重申结论：所以，我希望能申请到今年下半年的加薪。

> Why-What-How 结构适用于提案汇报、介绍新产品/新服务/新思想/新课程场合。在使用该结构时，要先凸显某件事情的价值和意义，以吸引对方的关注，再介绍这件事情是什么和怎么做。

Why-How-What 结构

Why-How-What 结构也称**"黄金圈法则"**，由西蒙·斯涅克在他的《从"为什么"开始》一书中提出。这个黄金圈由 3 个同心圆组成，如图 3-12 所示。

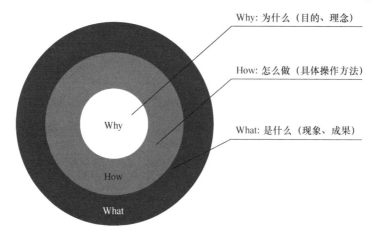

图 3-12　Why- How -What 结构：黄金圈法则

* **Why（为什么）**：做这件事的目的、动机、出发点、价值。
* **How（怎么做）**：做这件事所要的时间、空间、步骤。
* **What（是什么）**：做这件事需要实现的目标。

西蒙·斯涅克说，对大多数人而言，思考、行动和表达沟通的方向是由外向内的，即使用"是什么—怎么做—为什么"这样的表达路径。很显然，这是一个从最清晰的层面到最模糊的层面的过程。然而，那些著名的企业家和公司，不管在哪种情境下，他们思考、行动和表达沟通的方向与大多数人是完全相反的，他们遵循由内而外的方向，即"为什么—怎么做—是什么"。

最成功的例子是苹果公司的产品发布会。一般商家会在产品发布会上说："我们生产高性能的手机和电脑，采用完美的设计和制造工艺以确保最佳用户体验，买一台吗？"这样的销售方式非常常见，然而大多数时候并没什么作用。

下面看看苹果公司是怎么做的。

Why（为什么）：我们一直坚信，我们所做的每件事情都非同凡响，生而不同。

How（怎么做）：我们一直在挑战传统，打破常规。所以我们在产品设计、工业制造和用户体验上耗费了无数的精力，以使我们的用户获得极致体验。

What（是什么）：我们所有的产品，包括电脑、手机、手表，都遵循了这一原则。买一台 iPhone/Mac/iWatch 吗？

事实上，上述两种传递信息的路径只是把信息传递的顺序颠倒了一下，却收到了截然不同的效果。事实证明，人们对你所做的事情本身并不是很感兴趣，人们真正感兴趣的是你为什么要做这件事。你做这件事情所体现出来的信仰和价值观才是人们真正愿意付费的东西。

> Why-How-What 结构更适合以销售产品和激励团队为目的的演讲。

3.1.6　收益结构

收益结构通常适用于推荐产品、方案、服务项目等场合，目的是说服他人，给予对方好处或提醒对方可能产生的坏处。如果你的演讲主题是方案、意见、产品或服务，你就可以告知对方这类事物的 3 个作用，从而建立很好的推力，说服对方。收益结构有两种形式，一种叫"正向收益结构"，另一种叫"反向收益结构"。

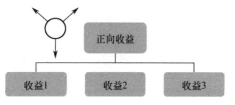

图 3-13　正向收益结构

正向收益结构

正向收益结构就是把 3 个最突出的利益或好处直接告诉对方，如图 3-13 所示。

很多销售员在介绍产品的时候，喜欢兜售产品的特性，而忽视了告诉顾客产品能带来的收益或利益。看看下面两种产品介绍方式，你更喜欢哪一种？

方式 1：

选购我们品牌的车吧，我们的车油耗少，动力强，服务也好。

方式 2：

选购我们品牌的车吧。我们：
能够让你更省钱，因为它油耗少；
能够让你提速更快，因为它动力强劲；
能够让你更省心，因为它服务好，有 24 小时人工服务。

很明显，方式 2 更能打动顾客，因为方式 2 站在客顾客的角度，描述了产品实实在在可以帮助顾客解决哪些难题，而不是像方式 1 那样强硬地推销产品。

再来看一个例子。有位大爷去营业厅办理手机卡，分别遇到两位营业员，下面看看这两位营业员的销售方式有何不同。

营业员 A 的销售方式

大爷：给我办张 2G 手机卡！

营业员 A：办张 5G 的吧，5G 的网速快呀！

大爷：我平时就打电话用，我就办张 2G 的吧。

营业员 A：办 5G 的吧，5G 的网速快，现在都是 5G 时代！

大爷：我就要办张 2G 的，和家人都商量好了！你这个营业员怎么回事？！（生气）

营业员 B 的销售方式

大爷：给我办张 2G 手机卡！

营业员 B：大爷我跟您说，2G 手机卡只能让您给大婶发发信息，3G 手机卡能让您打开大婶发给您的图片，4G 手机卡能让您看大婶跳广场舞，5G 手机卡就更厉害了，能让您跟大婶一块跳广场舞！

大爷：那办个 5G 卡！（爽快地答应了。）

很明显，营业员 B 技高一筹，他不像营业员 A 那样只会兜售产品特性，生硬地介绍 5G 的概念，而是站在顾客的角度，使用利益（收益）对比技巧，把 2G、3G、4G 和 5G 的好处对比给大爷看。通过利益对比，大爷一听就懂，果断地选择了 5G 手机卡。

> 正收益结构通常适用于呈现新产品、新思想、新方案，推行新制度或新服务等场合。

正收益结构使用技巧如下。

技巧 1：说出能给受众带来的 3 个有吸引力的收益。 先不要兜售产品特性，因为对方可能听不懂，或者听得不耐烦，从而很有可能离开，尤其是在快销产品行业，你需要在很短的时间内引起顾客的兴趣。因此，要先告知对方几项收益或利益，即这个产品能够如何帮助顾客。

技巧 2：要使用"你"、"你们"或"你们的"。 这样能够直接与受众建立联系。无论是在对话还是在演讲中，所有人最关心的永远都是自己。回忆一下最近所有人和你说的话，你都记得哪些？我相信很多都是和"你"有关，如家人对你说的"你穿这件衣服真好看"，同事对你说的"你现在忙不忙？想请你帮个忙"，领导对你说的"这个 PPT 方案你来做一下"。为什么"你"让人忘不了，因为大家都是人，都有七情六欲，谁会不关心自己的切身利益呢？因此，在描述利益时，把"你"加进去，受众会更愿意听。当然，在对领导或长辈演讲的时候，应慎用"你"或"你们"，而要使用"我们"。

技巧 3：描述收益的时候使用"其次—最后—首先"的语句结构。也就是说，从产品的第二佳收益开始描述，然后描述最弱的收益，最后描述最佳收益，逐步发展到高潮。如果先说最弱的收益，有可能引发不了对方的兴趣；如果先说最佳收益，对方听到最后可能会有失落感，因为在你的描述中，收益越来越弱。

> 正向收益结构公式：
> 能够让你（好处 1）……是因为……（优势 1）
> 能够让你（好处 2）……是因为……（优势 2）
> 能够让你（好处 3）……是因为……（优势 3）

反向收益结构

有时候你会发现，你描述的收益不足以打动对方。在这种情况下，你应该如何让对方做出行为上的改变或做出决策呢？可以使用反向收益结构，如图 3-14 所示。

> 反向收益结构适用于警告受众防备某种产品、服务、方案、制度或建议等。

图 3-14 反向收益结构

反向收益结构使用技巧如下。

技巧 1：说出给受众带来的 3 个坏处。告诉受众，如果不做某件事情，将会给对方带来哪些危害。

技巧 2：使用"你们"或"你们的"，与受众建立联系。

技巧 3：把最大的坏处留到最后说。这样会让受众觉得后果越来越严重，危害程度越来越大，从而更容易地说服受众。

> 反向收益结构公式：
> 如果你不做……就有可能带来……（后果 1）
> 如果你不做……就有可能带来……（后果 2）
> 如果你不做……就有可能带来……（后果 3）

举个例子。假设你要说服你的朋友和你一起来大城市发展，你就可以用反向收益结构来表达你的观点。

你如果不来大城市工作，就可能面临相对较低的工资收入，现在我们还这么年轻，正是打拼奋斗的时候；

你如果不来大城市工作，就可能很难找到一份合适并且你喜欢的工作，毕竟咱们老家就业机会和平台比较少；

你如果不来大城市工作，就可能会经常被你爸妈催婚和安排相亲，你看我们那个大学同学小明就经常被他妈拉去相亲，而在大城市，你会有更多的自主选择权。

无论是从工资收入、就业机会还是从恋爱自由的角度来看，我都建议你来大城市发展。

需要注意的一点是，在使用反向收益结构时，最好不要表达得过于强硬和死板，否则容易引起对方的逆反心理。要尽量站在对方的角度讲细节，讲故事，讲对方遇到的问题，让对方觉得你是在很认真地为他考虑，这样才能达到说服目的。

要知道，改变他人行为或习惯通常有两种方法，一种是"做了就有利"，另一种是"不做就有害"。趋利避害是人的本性，收益结构就是基于这个原理发挥作用的。

以上就是演讲时常用的 6 种逻辑结构，在不同的场合可以选择不同的结构来轻松应对演讲。

场景练习

请针对以下不同的主题，选择合适的演讲结构进行演练：

- 如何锻炼演讲口才；
- 如何培养一个良好的习惯；
- 介绍一下你的家乡；
- 如何高效地学习；
- 如何面对父母的催婚；
- 谈谈如何构建一个和谐的家庭；
- 谈谈现在年轻人的"懒婚"现象；
- 谈谈青少年早恋/高价彩礼的风俗；
- 你获得了年度优秀员工，作为代表上台发言；
- 说服领导这次部门团建选去农家乐，而不是漂流，也不是搞拓展。

3.2 用故事结构感性影响受众

谁会讲故事，谁就拥有了全世界。

——柏拉图

3.2.1 为什么要讲故事

卖故事比卖产品更有优势

先来读一读下面两个案例吧！

两家鞋店

4 年前，我在深圳一条街上看到这样一个奇怪的场景：

街边有两家卖鞋子的店，两家店是对门，老板都是女性，卖的鞋子无论价格还是档次都差不多，但第一家店生意兴隆，人来人往，第二家店业绩惨淡，无人问津。

为什么两家店的业绩相差如此之大？原因就在于这两家店的广告语不一样。第一家店打的广告是："虽然老板跑路，但我也要为孩子撑起一片天！"而第二家店打的广告是："优惠大酬宾，最后三天！"

这两家店一个是在卖故事，一个是在买产品。第一家店的广告讲的是一个母亲虽然遇到不良商家跑路，店铺经营困难，但依然努力工作、照顾孩子的故事。而第二家店的广告是在单纯地卖产品和讲道理，就是简单地表达"我们鞋子价格优惠，快来买吧"。

从这个案例中，我明白了会讲故事的重要性。

一家网红咖啡店

在上海永康路上，有一家特别的咖啡店，还没有正式营业时就已经火爆网络，成为名副其实的"网红店"，每天都有人排着长队来买咖啡。在这家咖啡店，你看不到打扮俊美的店员，看不到精致的咖啡烘焙机，你甚至有可能连服务员的长相都看不到。你能看到的是一只毛茸茸的"熊爪"，店员通过"熊爪"将做好的咖啡从墙壁上的"山洞"里递出，顾客在等待咖啡时，还可以和"熊爪"互动，所以这家店被网友亲切地称为"熊掌咖啡店"。为什么顾客这么喜欢这家店，就算排长队也要喝他们家的咖啡？真的是因为这家咖啡店的咖啡特别好喝吗？

原来，这家咖啡店的背后有一个暖心的故事。这家咖啡店本身是个公益项目，任意一款咖啡售价均为 20 元，没有所谓的"中杯"和"大杯"的套路。店长是一位聋哑人，在咖啡冲调比赛中得过奖，而用"熊爪"递咖啡的店员是一位面部烧伤者。两人都是上海市残联技能培训班的学员，他们通过这种特别的方式，为顾客带去暖心的服务。当顾客逐渐了解了墙洞后面的故事，以及这家咖啡店为帮助生理残障人士就业的初衷后，就开始口口相传，来这里"打卡"的人越来越多。所以，顾客来这家咖啡店消费的真正目的不是喝咖啡，而是为了支持墙洞背后暖心的故事，那个可以带给人温暖和爱的故事。

我曾经为一些游乐城老板做演讲辅导，有些老板和我说："邓老师，我们的游乐城占地面积非常大，设施非常齐全，预计用不了多久我们的利润就能超过迪士尼乐园。"我听完只是微微一笑。事实上，这些老板就算把游乐城建得再大，设施做得再好，也很可能超越不了迪士尼乐园，因为迪士尼乐园卖的是梦想和故事，而他们卖的是设备和机器，双方没有可比性，不在一个量级。

类似的例子还有很多。例如，看到褚时健种褚橙、卖褚橙，有些人心想："褚时健不就是开了一家卖橙子的公司吗？我家的橙子比褚橙还大还甜，用不了多久我家的橙子销量也可以超越褚橙。"这些人不知道的是，褚时健卖的不是橙子，而是故事，那一句"人生总有起落，精神终可传承"不知道鼓励了多少人。褚时健的故事让大家知道：无论什么时候开始都不算晚，不管处在多么恶劣的环境下，每个人都有"翻身"的机会。因此，褚时健卖的褚橙，赢在他的故事在营销上。

故事是大脑的情感伴侣

故事容易让人产生情感上的共鸣，更容易让人产生安全感或快感。心理学研究表明，人一旦产生情绪上的变化，大脑就会分泌多巴胺、内啡肽与催产素，这3种物质是人类快乐的源泉，如图3-15所示。

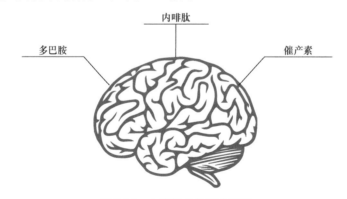

图3-15 人类快乐的三大源泉

- 多巴胺是大脑中的一种神经传导物质，对人的情绪影响很大，是人类的奖赏、激励和快乐中心。当你的某个需求得到满足时，大脑中通常会分泌这种物质。当某件事能给你带来快乐时，大脑就会激励和促使你再经历一次，从而形成一个多巴胺回路。成瘾的机制与此类似。例如，有些人第一次玩游戏，受到刺激后感觉很好玩，大脑就会激励和促使他继续玩，最终演变成玩游戏"上瘾"。
- 内啡肽是由大脑垂体分泌的一种大分子肽类物质。内啡肽属于"先苦后甜"型物质，因此被称为"内咖啡"。一般当人的身体经历疼痛后，大脑会分泌这种物质。例如，当你大量运动之后，身体会很酸痛，但因为大脑分泌了"内咖啡"，反而会让你感觉很酸爽。

● 催产素由人的大脑下丘脑的室旁核合成，通常被称为"爱的化学物质"。催产素并非女性专利，男性也会分泌，常由信任和身体接触产生。除了恋人之间，在其他社交中只要能建立信任关系，大脑也会分泌催产素。一个好故事会让人们产生信任关系，从而刺激大脑分泌催产素。

根据脑科学可以得出结论，情感变化会使大脑分泌多巴胺、内啡肽与催产素这 3 种让人感到快乐的物质。而故事会让人产生情感变化和情感共鸣，所以故事会让人的大脑分泌这 3 种物质，这就是"男女老少都喜欢听故事"的原因。

故事是最古老的影响力工具

故事不是用来娱乐消遣的八卦，而是用来打动人心的沟通工具。一个好的故事能够让受众获得一种身临其境的奇妙体验。一个好的故事能够让受众和演讲者一起呼吸、一起跳跃，感同身受。千百年来，唯有故事能够口口相传，让人记忆不断。岁月更迭，时光斗转，大家依然记得盘古开天、女娲炼石、夸父逐日的神话故事；依然记得岳飞精忠报国、郑成功收复台湾的爱国故事；依然记得梁祝化蝶、牛郎织女的爱情故事。故事是人类最古老的影响力工具，也是最有说服力的沟通工具。在很久很久以前，人类的祖先就通过故事来建立族群的影响力和领导力。

在古代，白天男人出去狩猎，女人采摘野果。当夜幕降临，忙碌了一整天的男男女女就会回到洞穴，他们点上一堆篝火，围在一起。族群中的老人开始给大家讲述黄帝大战蚩尤的故事，讲述部落族人的故事，讲述部落的神怪传说。老人讲得绘声绘色，人们听得津津有味，慢慢地就这个老人产生了信任，最终，这个老人成为族群的首领，成为最有影响力的人。故事让远古的人们抵御了凶猛的野兽，抵御了一个个酷暑和严冬。故事能带给人们温暖、安全和力量，而会讲故事的人通常更容易成为整个族群的领导者，这种人也往往被人称为"智者"。这就是故事的力量。

把时光切换到现在，你是不是还是保留着这种习惯？当你工作了一整天时，下班后做些什么事情会让你感觉最惬意、最舒服？我想有一种情况肯定会让你觉得最舒服，那就是和三五个朋友一起坐在街边"撸串"。你们喝着小酒、吃着烧烤，一起聊工作、聊生活、谈人生、谈理想，一起谈笑风生、把酒言欢。在这个时候，你会感觉很安全感。你以为是喝酒让你有了安全感吗？其实不是，是和朋友们一起分享各自的故事让你有了安全感和信任感，让你越聊越嗨，沉浸其中。

3.2.2 故事的应用场景

在现实生活中，故事的应用场景非常多，如影视剧作品、广告营销、网络游戏、职场、招商路演、产品发布等，几乎所有商业领域都在运用故事思维，如图 3-16 所示。

影视剧作品通过精彩的故事情节，让观众沉醉其中，想一直看下去。你会将自己代入影视剧中的人物，和剧中人一起经历他们的悲欢离合。

广告营销和产品发布通过讲述产品故事打动顾客，从而卖出更多的产品，提升业绩。

网络游戏通过故事串联一个又一个游戏场景，让你变成故事中的主角，一路升级打怪，一路收获奖赏和快感，沉迷其中，无法自拔。

招商路演通过讲述创始人的创业故事和创业初心，让投资人或合作伙伴理解自己的商业模式，从而打动他们，获得融资和合作。

在**职场**更需要学会讲故事。想想看，你能不能在 3 分钟之内打动面试官？你能不能在 5 分钟内打动你的合作伙伴、投资人或消费者？所以说，讲好故事很重要。

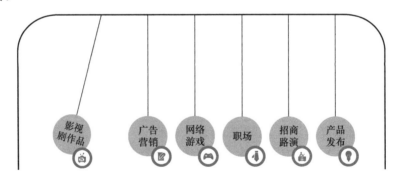

图 3-16　故事的常见应用场景

除了上述几个场景，还有一个重要的场景也需要讲故事，那就是**公众演讲**。通过讲故事，演讲者可以迅速与受众拉近距离，建立安全感。

古希腊著名哲学家柏拉图说过："谁会讲故事，谁就拥有了全世界。"罗辑思维的罗振宇也说过："笨拙的人讲道理，而聪明的人会讲故事。"这些都充分说明了讲故事的重要性。

3.2.3 要学会讲哪几种故事

《故事思维》的作者西蒙思认为，讲好 6 类故事，可以有效地提升你的影响力。6 种常见的故事类型如图 3-17 所示。

每个人都应该学会讲6种故事

| "我是谁" 的故事 | "我为何在此" 的故事 | "教导" 的故事 | "愿景" 的故事 | "为什么" 的故事 | "我理解你" 的故事 |

图 3-17　6 种常见的故事类型

"我是谁" 的故事

这里所说的 "我是谁" 的故事，不是单纯地告诉大家你叫什么名字、来自哪里、喜欢什么，而是通过自己亲身经历的故事来凸显自己身上的特质和价值。

假设你正在应聘一家公司的某个岗位，面试官让你介绍一下自己。你该如何介绍自己才能打动对方？

假设你正在参加一场相亲活动，主持人请每位嘉宾介绍一下自己。你该如何介绍自己才能引起异性对你的好感？

假设你正在参加一场公司内部的竞聘演讲，现场来了很多你的同事和领导。你会如何介绍自己，让大家觉得你能够胜任这个职位？

假设你正在和对方谈判，你会如何介绍自己赢得对方的好感和信任？

"我是谁" 的故事需要演讲者展现自己身上独有的特质来影响受众，如展现自己有人情味的一面、有能力的一面、智慧的一面……你可以讲述一个有具体时间、地点、事件的故事来证明你拥有某些特质，证明你值得大家信赖。要想让别人相信你，你首先要告诉对方自己是一个怎样的人。

北京卫视有一档节目叫《向前一步》，是一档在人和公共领域等之间架起沟通桥梁的节目，旨在通过城市管理者与普通百姓之间平等的对话与沟通，帮助分歧双方达成一致，解决复杂的权益纠纷问题，如拆迁、垃圾分类、停车困难、扰民等问题。

在其中一期节目中，有这样一个案例。北京有个公园叫团结湖公园，每天从早到晚都有很多大爷、大妈在公园里锻炼。据统计，人数最多时有 33 个老年文艺团体组织，如合唱团、声乐团、舞蹈团、喊叫派等。每天从早上 6 点到晚上 10 点，整个公园里都闹哄哄的，弄得公园周边的居民苦不堪言。小区居民多次投诉到派出所，都没能解决问题。北京卫视希望借这期节目调解这些大爷大妈与公园附近居民之间的矛盾。

王大爷是 "喊叫派" 的公园文体代表，他喜欢通过每天早上和晚上吼两嗓子的方式来锻炼身体。居民代表的诉求是希望王大爷能够放弃 "喊叫" 这个锻炼方法，因为有的人家里有患冠心病的老人，突然的喊叫很容易吓到这类老人。而王大爷的诉求是希望通过喊叫来发泄自己的情绪和锻炼身体。他认为公园就是让老百姓开心的地方，是人人可以玩乐的地方，如果附近居民嫌吵可以搬走，或者关闭窗户，喊叫是他的自由。

这时，人群中站起来一位大爷，他叫黄振德，是 1958 年修建团结湖公园的参与者。黄大爷用一段相当精彩的演讲说服了王大爷。下面让我们看看黄大爷的这段演讲（略有改动）。

我还不知道该叫你老弟，还是该叫你老兄？

（王大爷：我 72 岁。）

我 81 岁，那你得称我老哥。（王大爷：那是要叫大哥）咱俩虽然没打过交道，但是在公园起码相识 10 年。我从 1981 年就住在这儿，快 40 年了。我 1958 年当学生的时候，团结湖这里要开设一个公园。红领巾（地点名称）要设个公园，青年湖（地点名称）要设一个公园，这都是规划。为了响应这个规划，我们学生就来义务劳动。平地、种树……我参加了不止一次，也算为团结湖公园做过贡献。

我很爱这个公园。每年春夏秋冬，我都要拍很多照片。我希望能让公园更好地为大家服务，也希望大家爱护这个公园，为让这个公园建设得更好出点力。我天天遛公园，这位（指王大爷）也是天天遛公园，我很佩服他坚持锻炼的毅力和精神。

说句实话，咱们老年人锻炼身体也是必要的，不是说为了长寿，而是说咱国家越来越好了，咱想多看几天，对不对？

锻炼身体是对的，但是这个"喊"是必要的吗？非得这么喊你身体才能好吗？我看你背了很多装备，有哑铃、垫子，还有单轮，还帮助别人锻炼，所以你也受到了很多人的欢迎，人缘很好。

但是，就为了喊一嗓子，你让人家生病的老妈从这里搬走，这样合适吗？咱们换位思考一下，都这么大岁数了，有必要这么折腾吗？是不是？没必要。放弃这个，行不行，老弟？（王大爷：应该成，成。）

最终，王大爷同意放弃晨练的"喊叫"行为。要知道，这个习惯王大爷坚持了很多年，竟然一下就被黄大爷说服了，可见这段演讲多么具有说服力！下面分析一下黄大爷的演讲秘诀。

秘诀 1：开场要拉近与受众的距离，建立安全感。黄大爷先以兄弟相称，拉近了与王大爷之间的距离，让对方产生好感。

秘诀 2：讲述一个"我是谁"的故事，建立信任感。黄大爷讲述了自己"义务建设团结湖公园"的故事，让大家了解到他为建设公园奉献了自己的青春。黄大爷还表达了对这个公园的喜欢，以及希望公园变得更加美好的初衷，让受众发自内心地觉得应该尊敬这个老人。

秘诀 3："先给糖再喂药"。 要想对方接受你的批评，先要夸赞一下对方做得好的地方、值得肯定的地方，然后给出合情合理的批评意见。这样做能让对方既不失颜面又欣然接受。例如，黄大爷先肯定了王大爷坚持锻炼的毅力和精神，然后提出了他的扰民行为这一事实，这让王大爷很容易就接受了批评。

秘诀 4：让对方反思。 不直接批评对方，而是站在多个角度让对方反思自己做得是否正确。黄大爷在整个演讲过程中并没有直接说王大爷这样做是错的，而是从王大爷的角度、从居民的角度罗列了一些扰民的事实，从情理上让对方反思自己的行为是否正确。

秘诀 5：结尾要回到演讲目标。 让对方做出决定。在本案例汇总，王大爷当众承诺放弃"喊叫"的锻炼方式。

> "我是谁"的故事通常的适用于面试、谈判、自我介绍、竞聘演讲等建立信任的演讲场合。

"我为何在此"的故事

很多时候，人们参加活动、会议论坛或演讲，拜访客户，都是带有一定的目的的，有时候是为了拓展人脉，有时候是为了争取资源和时间，有时候是为了卖出产品、赚取更多的钱。这些都无可厚非，但是，在实现这些目的的过程中，你不能直接跟对方要，而是要告诉对方"我为什么要实现这个目的"，讲一个"我为何在此"的故事。

例如，你的公司需要得到某个投资人的融资，以渡过难关或发展壮大。此时，你不妨讲一个"我为何在此"的故事来影响对方。正如乔布斯在产品发布会说的，"我不是来卖产品的，而是来'改变世界'的，通过苹果公司的科技创新来改变世界"。

> "我为何在此"的故事通常适用于招商、路演、产品发布等演讲场合。

"教导"的故事

假设你是一名领导，当下属工作遇到困难时，你会如何辅导对方？

假设你是一名培训师，你需要教授他人知识和技能，你会如何教？

假设你有一技之长，如会演讲、会写作、会做 PPT 等，当别人来请教你时，你是直接帮他们解决问题，还是教会他们如何处理问题？你是授人以鱼，还是授人以渔？

假设你的工作业绩很突出，领导让你在同事面前分享一下你的工作经验，你会如何分享，才会让大家觉得干货满满？

假设你是"熊孩子"的家长，孩子作业总是做不好，你想辅导他，可是一到辅导作业的时候你就头疼，因为教来教去孩子还是不会，总是在同一个地方跌倒。你应该怎么办？

无论在工作中还是在生活中，你或多或少都会遇到向他人传授经验或方法的情形。这个时候，你不妨讲一个"教导"的故事，让对方能够从你这里学会"避险大法"和"填坑大法"。

"愿景"的故事

假设你是一家互联网创业公司的老板，你用了两年的时间组建了一支团队。你的事业刚刚有了点起色，但很多员工开始觉得待在这家小公司没有前途，因此想离职。此时你会如何稳定团队，树立大家对你的信心和对公司未来的信心？

假设你是一个微商团队的创始人，你想组建一支"铁军"团队，让大家跟着你一起干，因为你知道你的产品很好，一定可以帮助大家赚到钱。你会如何说服更多的人加入你的团队？

假设你经营一家初创企业，你的产品和项目很好，但苦于没有资金支持，导致企业很难经营下去。你迫切希望找到合伙人或投资者，帮助你渡过难关。你会如何介绍你创业的初心和愿景？

在团队管理、项目执行、活动策划、实现业绩目标的过程中，总会遇到一些磕磕绊绊或新的挑战，总有一些人想打退堂鼓，想放弃。这时，你不妨讲一个有关未来的、令人振奋的故事来激励大家，让大家觉得困难只是暂时的，只要熬过去，就会有光明的未来。

当一个团队有了明确的愿景后，大家就有了目标和动力，一切挑战都将变得更有意义。但要注意，不能讲夸大事实的愿景故事，否则大家会觉得你是在"画饼"。

> "愿景"的故事通常适用于讲团队目标、个人梦想、团队愿景的场合，用来统一目标、统一思想和统一行动，激发团队斗志。

"为什么"的故事

假设你是一名社区工作者，你的工作是向不同的人宣传垃圾分类的价值，传播垃圾分类的理念。你身体力行地做这件事，你认为这是一件保护环境和造福后代子孙的事。你会如何说服大家跟你一起推动垃圾分类？

假设你是当地的一名义工，你希望更多人加入这个公益组织，因为你知道如果每个人都为这个社会贡献出一点力量、一点爱心，去帮助需要帮助的人，那这个社会将变得无比温暖和美好。你会如何宣扬做义工的理念？

假设你是一名大学生村官和党员，家乡面临年轻人流失的困境，你希望更多的年轻人能够留在家乡，为家乡的建设奉献自己的一份力量，因为你知道只靠你一个人的力量很难做好家乡的建设，需要更多的新鲜血液和力量的加入。你会如何说服年轻人留下来？

类似的场景还有很多，这种演讲是为了宣扬一种价值观和主张。你需要告诉人们你为什么要去做这件事，做这件事的价值和意义在哪里。你需要通过亲身经历的故事去为大家做"示范"，解释这种价值观的意义，从而转变大人们的观念，约束人们的行为。在这种场景下，如果你只会讲道理，会让人觉得你很虚伪和唠叨。你需要讲得具体一些，通过讲故事去宣扬一种责任、服务、个人使命或团队使命。

"我理解你"的故事

假设你是父母眼中的"大龄单身青年"，甚至是"问题青年"，父母对你不着急结婚的行为很不理解，一直以来你对父母的催婚和逼婚也很不满。你多次尝试给他们讲道理，但都没有用。那你不妨给他们讲一个"我理解你"的故事，让他们明白你的苦衷和你们之间的矛盾，以及问题的根源在哪里。

> "我理解你"的故事通常运用于相互之间发生了矛盾和冲突，而只靠讲道理解决不了问题的场合。

3.2.4　如何讲好故事

挖掘自己的故事的 4 种方法

很多人觉得：我的一生很平凡，没有什么特别的事情，怎么能讲出好故事呢？其实不然，每个人身上都有故事。为什么这么说？因为只要是人，就有情感，虽然不是每个人的人生都会大起大落，但多多少少都会遇到一些困难、问题和挫折，都会有开心、悲伤和忧愁的时候。这些经历其实就是一个个故事。所以问题不在于你有没有故事，而在于你会不会细心挖掘自己的故事。那么，该如何挖掘自己的故事呢？有 4 种方法，分别介绍如下。

（1）4 种挖掘自己的故事的方法

方法 1：为自己上一堂课。如果时光倒流，你回到过去，你最想为自己上一堂什么样的课？你最想对以前的那个自己说什么？每个人在成长过程中，都可能会有一些做错的事情、遗憾的事情、后悔的事情，这些事往往会给你带来一些体会和反思，这就是你给自己上的一堂课。

方法 2：决定性时刻。请回想一下，给你的人生方向带来最大改变的决定性时刻是哪一刻？是高考时还是择业时？过往的不同决策和选择会成就现在的不同的你。

方法 3：克服自己的弱点。请回想一下，是哪些早期的弱点让你失去了激情？你又是如何克服这些弱点的？遇到问题时，你是否曾经表现得胆小、怯懦，并选择逃避问题？最后你又是怎样重新面对这些问题的？

方法 4：通过故事事件曲线找到自己的故事。你可以在纸上画一个坐标图，横坐标代表你当前的年龄，纵坐标代表你在人生中经历的高潮和低谷。然后依次连接每个高潮和低谷，形成一条曲线，即故事事件曲线，如图 3-18 所示。在高潮和低谷的地方，看看你从出生到现在有哪些重要事件让你记忆犹新。再思考一下在这些事件中，与你确定的演讲主题最契合的是哪个。

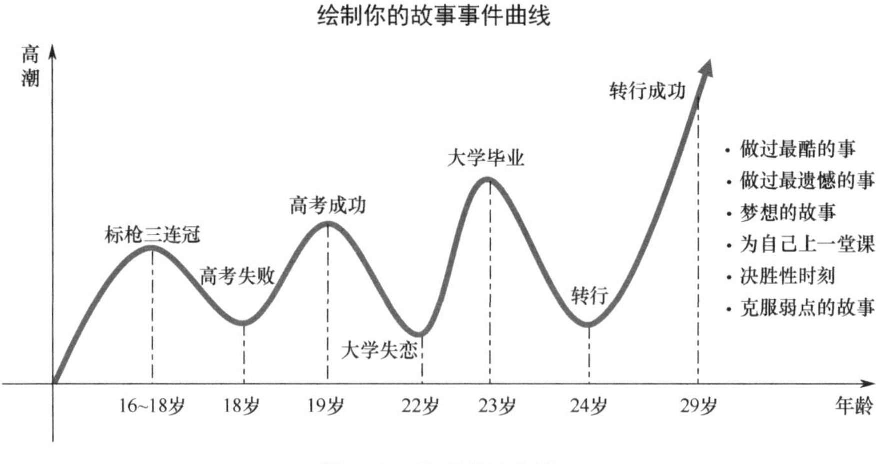

图 3-18　故事事件曲线

例如，假设你现在 29 岁，在你的人生经历中，记忆深刻的重要事件有 6 个，分别是：16～18 岁，你获得高中运动会标枪项目三连冠，这是个高潮事件；18 岁，你高考失败，连三本都没考上，这是个低谷事件；19 岁，你复读一年，考上了理想的大学，这是个高潮事件；22 岁，你失恋了，这是个低谷事件；23 岁，你大学毕业了，意气风发，这是个高潮时间；24 岁，你开始转行，经历了一路坎坷，这是个低谷事件；29 岁，你终于获得事业成功，这是个高潮事件……

将每个高潮和低谷点连起来，形成你的故事事件曲线，在这个曲线中找到一个故事去匹配你的演讲主题。你可以选一个或三个故事来匹配你的演讲主题。如果你实在找不到自己的故事，也可以用他人的故事或听过的故事来匹配你的演讲主题，为你的演讲主题提供论据素材。

（2）提炼故事的思想和收益

自我层面。找到你最想讲的一个故事之后，思考一下这个故事给你的启发是什么，你最想传递给受众的观念是什么。再思考一下这个启发能不能**提炼**成 14 个字以内的一个短句。启发其实就是故事想表达的核心观点，也就是你要传达的中心思想。当然，你也可以从反方向找故事，先思考你的演讲主题，再根据演讲主题来**寻找**恰当的故事去论证你的观点，如图 3-19 所示。

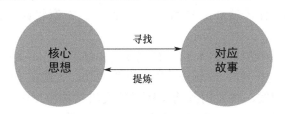

图 3-19　故事的两个挖掘方向

受众层面。继续思考，这个故事能带给受众带来什么启发和收益？受众能从你的故事中学到什么？提炼好中心思想和收益后，把它们融入你要讲的故事中。

设计故事结构

有了故事主题和故事方向之后，接下来就要思考如何搭建故事的框架结构，以及如何使这个故事变得更加精彩。

（1）精彩故事的三条线

一个精彩的故事一般有三条线，如图 3-20 所示。

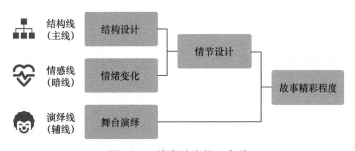

图 3-20　精彩故事的三条线

- **结构线**。结构线指的是故事的结构设计，通俗来讲就是故事的叙述线，交代故事的"起、承、转、合"，决定故事的发展方向和故事的完整性。结构线的作用是帮助受众理解故事的情节发展，因此结构线是故事最重要的一条线，也叫故事的主线。
- **情感线**。情感线指的是随着故事的发展，故事中的主人公由于矛盾和冲突的升级而引发的情绪的变化、心理活动的变化和思维意识的变化。情感线就像一股暗流，因此也叫"暗线"。这条暗线在故事中不停地涌动，影响主人公的情绪。很多时候，你讲的故事之所以不够精彩，很可能是因为你的故事中没有一个很好的情感线。只有情感才更容易引发受众的共鸣。第 4 章将详细介绍演讲中的情感线。

- **演绎线。**演绎线也叫故事的表达线，是故事的"辅线"。演讲者通过语言、肢体动作等演绎故事的发展过程。第 7 章将详细介绍演讲中的演绎线。

下面重点讲一下结构线。一部电视剧或电影好不好看，关键在于编剧对故事情节的设计。演讲也一样，一场演讲能否获得成功，关键在于演讲者如何设计结构线。要设计结构线，就要用到前文所说的飞机结构模型中的"故事飞轮"结构。在使用逻辑结构演讲时，建议把演讲的主体拆分为 A、B、C 3 个部分。在使用故事结构演讲时，有两种常用的结构线，如图 3-21 所示。如果只讲述一个故事，可以把这个故事设计成 A、B、C 等多个部分，一步一步地推进演讲；当然也可以在一场演讲中讲 A、B、C 3 个甚至更多故事。例如，乔布斯在斯坦福大学毕业生演讲中发表的著名演讲《求知若饥，虚心若愚》，就由 3 个故事组成。

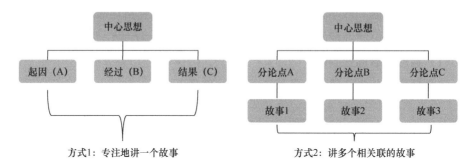

图 3-21　两种常用的结构线

当讲多个故事的时候，一定要注意每个故事都要与主题相关，各故事之间相互联系，不能是散乱的。那么，在演讲中可以使用哪些故事结构呢？可以使用三幕故事结构、"梦想之旅"故事结构和"英雄之旅"故事结构。

（2）简单的三幕故事结构

上小学的时候，语文老师肯定教过你写故事要包含**起因、经过和结果**，也叫背景、阻碍和结局，如图 3-22 所示。

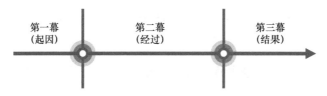

图 3-22　故事的三幕结构

- **起因（背景）**：交代故事发生的背景和触发事件。在这一部分，你需要交代故事中的主人公的背景状态，为何会发生这件事。
- **经过（阻碍）**：故事中的主人公会遇到哪些阻碍？阻碍也叫故事的"冲突"，冲突是一个故事的"灵魂"。试想，如果《还珠格格》中没有容嬷嬷毒害小燕子和紫薇，《新白娘子传奇》中没有法海阻挠白素贞和许仙的婚姻，《西游记》中没有妖怪阻挡唐僧师徒取经，接下来的故事还会那么精彩吗？你还愿意继续往下看吗？大部分人都喜欢看一波三折的故事，一个没有冲突和阻碍的故事是一个没有灵魂的故事。举个例子，"一个'富二代'用一年的时间在北京买了房"和"一个身无分文的'北漂'青年用一年的时间在北京买了房"，这两个故事你更想听哪一个？显然是第二个，因为第二个故事中的冲突和阻碍肯定比第一个大，故事肯定更精彩。
- **结果（结局）**：故事中的主人公是否能克服阻碍？最终故事的结果是怎样的？

故事冲突的 5 个层次

美国著名心理学家马斯洛认为，人的需求有生理的需要、安全的需求、归属与爱的需求（社会需求）、尊重的需求、自我实现的需求 5 个等级，如图 3-23 所示。这 5 个等级的需求构成了冲突的 5 个层次。

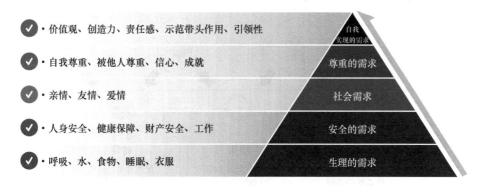

图 3-23　马斯洛需求五层次理论

生理层次的冲突：故事中的主人公缺少食物、水，挨饿、受冻等，艰难地生存。

安全层次的冲突：故事中的主人公遇到生命危险、得了重病、钱包被偷、失业等。

社会层次的冲突：故事中的主人公父母离异，不被家人理解、支持，身处异乡、无依无靠，和朋友闹矛盾，被朋友出卖和背叛，与对象分手，求爱被拒绝等。

尊重层次的冲突：故事中的主人公自卑、怯懦，被领导穿小鞋，工作没有成就感等。

自我实现层次的冲突：故事中的主人公梦想破灭，工作没有获得晋升，做事没有成就感，违背自己的价值观，面临两难抉择，内心挣扎、痛苦和纠结等。

在一个故事中，通常是多个层次的冲突叠加在一起，从而推动故事向前发展。

起因是故事的开头，经过是故事的中段，结果是故事的结尾，这是最简单的三幕故事结构。所有的小说、影视故事都符合三幕结构。但这个结构只是大致描述了一个故事的轮廓和要点，细节还不够具体，你很难按照这个结构写出一个精彩的故事。那么，一个精彩的故事结构是怎样的呢？

（3）"梦想之旅"故事结构

这是一个让无数影视剧编剧、小说作家、漫画家、游戏开发师奉为瑰宝的故事结构。我从**"梦想之旅"故事结构**中提炼出了一个**"梦想之旅 7 步法"**公式，如图 3-24 所示。通过问自己 7 个问题，你就能写出一个精彩的故事。

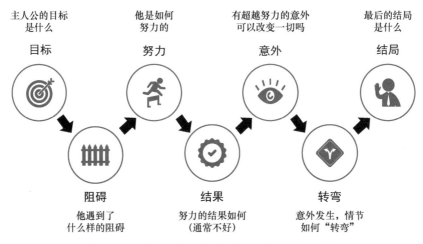

图 3-24　"梦想之旅"故事结构：梦想之旅 7 步法

- **目标**：主人公最初的目标是什么？
- **阻碍**：在实现目标的过程中，他遇到了什么样的阻碍？
- **努力**：为了克服阻碍，他是如何努力的？
- **结果**：努力的结果如何？（结果通常不好，或者结果由好变成不好）
- **意外**：如果结果不理想，通常努力是无效的，那么有超越努力的意外可以改变一切吗？
- **转弯**：意外发生，情节如何"转弯"？
- **结局**：最后的结局是什么？

为了方便大家理解这 7 个步骤，下面以"袁隆平的故事"为例详述这 7 个步骤的运用。

第 1 步：目标

因为从小就对农学有着浓厚的兴趣，袁隆平在考大学时选择了"农学"专业。毕业后，他被分配到安江农校任教。1960 年，大饥荒来了。在 3 年困难时期，全国人都吃不饱饭。袁隆平曾亲眼看到 5 个人倒在路边、田里、桥下。一幕幕惨状刺激着袁隆平，他心想：这么大一个国家，如果连粮食都得不到保障，那还谈什么富强？这次饥荒让袁隆平立下了一个远大的、终身的志向：一定要解决中国人的粮食问题。从此之后，他便开始研究如何实现水稻增产。

第 2 步：阻碍

1961 年 7 月的一天，袁隆平到农校的试验田选种。无意间，他发现了一株"鹤立鸡群"的水稻，穗大，颗粒饱满。袁隆平随手一数，竟有 230 粒之多！袁隆平心想：如果能将这一株保存下来育种，那不就可以增产更多粮食了吗？次年春天，他将种子播下，结果大失所望，收成欠佳。当时，遗传学界一直否定水稻的杂交优势。

第 3 步：努力

袁隆平不肯放弃，他到处拜访专家，翻找各种资料，最终确定这种生长优势是可以被人工利用的。而要想利用这一优势，首先要找到"天然的雄性不育水稻"。1964 年的夏天，袁隆平开始了漫长的寻稻之旅。在短短半个月中，袁隆平观察了近 14 万株水稻。当袁隆平找到第一株"天然的雄性不育水稻"时，更加坚定了自己的信念。连续两年，在观察了几十万株水稻后，袁隆平和他的妻子、学生一起，终于找到了 6 株雄性不育水稻，成功培育了"雄性不育系"水稻。

第 4 步：结果

随后，袁隆平成立了研究小组。经过反复培植，700 株"雄性不育系"水稻秧苗进入安江试验田。袁隆平每天都盼着整个团队的汗水结成果实，可谁也没想到，1968 年 5 月 18 日的夜里，突然发生了人为毁苗事件。当时下了一场大雨，袁隆平怕秧苗受损，第二天一早就去了试验田，结果到场一看，所有秧苗都被人拔掉了！

第 5 步：意外

就在绝望之际，袁隆平发现一口水井里有 5 棵浮起的秧苗，他立马纵身跳下，将它们打捞上来。1968 年，袁隆平带着两名学生南北辗转，从河北到海南，整整 7 个春节未曾回家，开始了极为耗时的育种试验。最终，在海南，他们找到了一株完美的"雄性不育系"野稻。袁隆平将其命名为"野败"。这株野稻成为所有杂交稻的母本。

第 6 步：转弯

1972 年，经过不断配种，袁隆平和他带领的团队终于栽培出了一批长势喜人的杂交水稻。可到了收稻子那天，大家都傻眼了：整批杂交水稻，稻谷没多少，稻草倒是长得很高。但袁隆平认为，有困难是再正常不过的事情了，天底下哪有那么容易成功的事？如果都那么容易成功，还要人去做什么？面对失败，袁隆平并没有多说什么，也不理会外界的质疑，而是继续埋头配种。

第 7 步：结局

一年后，杂交优势在新种子上完全体现了出来。袁隆平的努力没有白费，使用了新种子的每亩稻田产量都增加了 50～100 千克。1976 年，全国大面积试种杂交水稻，208 万亩杂交水稻增产幅度全部在 20％以上。袁隆平不立山头，不搞科研霸权，四处开课推广杂交技术，到 1988 年，全国有一半的稻田都栽种了杂交稻。10 年间，全国累计种植由袁隆平培育出的杂交水稻面积达 10.5 亿亩，为我国水稻增产增收做出了非常大的贡献。

袁隆平因此获得了我国第一个特等发明奖。他用杂交水稻技术养活了近两亿人口。袁老的希望是"禾下乘凉梦"，让全世界的人都能摆脱饥饿。他对科学不懈探索和对全人类无私奉献的精神值得每个人学习。

下面再以印度电影《摔跤吧，爸爸》的故事情节为例说明这 7 个步骤的运用。

第 1 步：目标

马哈维亚·辛格·珀尕为生活所迫，放弃了摔跤的梦想，他希望妻子为他生个儿子，帮他完成梦想：为印度赢得世界级金牌。

第 2 步：阻碍

没想到马哈维亚妻子一连生了 4 个女儿，辛格十分失望，村民们也对连生 4 个女儿的他冷嘲热讽。可是，一次偶然的机会，辛格发现他的两个女儿联手教训了邻居家的调皮儿子。辛格顿时认为上帝在关上一扇门的同时，也为他打开了一扇窗：自己的女儿们是有运动天赋的，为什么不训练女儿们呢？于是，他决定训练两个女儿摔跤。但家人和朋友都反对他："女儿长大了是要嫁人的。""女生摔跤怎么能赢得过男生呢？"

第 3 步：努力

辛格不顾周围人的反对，他认为"金牌还是金牌，男女谁拿都一样"。于是他逼着女儿每天 5 点起来锻炼。

第 4 步：结果

辛苦的训练让两个女儿不开心了，因为摔跤，她们不能穿漂亮的裙子，还要告别长发，留起短发，每天接受魔鬼训练，汗流浃背，又累又苦，眼泪只能往心里咽。女儿们很委屈，她们心想："到底是什么样的父亲，才会逼着自己的女儿成为摔跤手，让她们 5 点起床跑步，像奴隶一样拼命，让她们和男孩打斗，如果她们抗议，就削去她们的头发？上帝不会给任何人分配这样一个父亲。"两个女儿对父亲的魔鬼训练非常抵触，她们开始逃跑。

第 5 步：意外

有一天，两个女儿参加了一场同龄女孩的婚礼。在印度，法律规定，女性 14 岁就可以结婚。可是，14 岁是一个女孩刚刚发育的年纪，正值少女的天真烂漫时期，但许多印度少女在这个年纪被迫出嫁。电影里，14 岁的新娘羡慕地对辛格的两个女儿说："我倒是希望能有你们这样的父亲，能为我的未来着想，而不是从小就只让我做家务和烧饭，等我刚满 14 岁就匆匆地将我嫁给一个从未见过面的男人，仿佛我从来没有存在过一样，接下来我就要一辈子与扫帚、炉灶相伴了。"

第 6 步：转弯

两个女儿一下子明白了父亲的良苦用心，原来父亲为了她们，背负了全世界的冷嘲热讽。她们不想拥有那个嫁人的 14 岁伙伴的命运，于是，从那一刻起，成为冠军已经不再只是父亲的梦想了，更是两个女儿为改变自己命运的觉醒！她们开始拼命地训练，大胆地向男摔跤手挑战，参加各种比赛。

第 7 步：结局

最终，辛格的两个女儿都获得了世界冠军，成为国际一流的摔跤手运动员，辛格也实现了自己的毕生梦想。

接下来这篇演讲稿是我在上海参加"我是演讲家"全国总决赛的演讲稿，采用的演讲结构就是"梦想之旅 7 步法"。最终，我凭借这篇演讲稿获得了冠军。总决赛的演讲主题是"演华夏风采，讲中国未来"，所以我选择的演讲主题是"深漂"（演讲稿内容略有改动）。

我在深圳，莫问归期

5 年前，我第一次来到大深圳，朋友带我去的第一个地方是市民中心，相当于上海的外滩。市民中心繁华热闹，什么高楼大厦、吃喝玩乐应有尽有。朋友带我爬上了莲花山登高望远，对我说："世超，你知道吗，市民中心是深圳的标志性建筑，像一只大鹏鸟，寓意展翅高飞，追逐梦想，像你这样有梦想、有能力的人应该来深圳发展啊。"我当时还开玩笑："这是朕的江山啊，一定要来。"不到1个月，我就辞掉了小城镇的工作，来到了深圳，开启了我的"深漂"之旅。

如果一个人一来深圳就傻了，那一定是被房价吓得。在深圳，买房贵，租房也贵。不过幸好我找到了一家提供住宿的公司，还是小单间。我来到宿舍，推门一看，惊呆了。一个不到10平方米的房间堆满了垃圾，靠墙是一张床，房间里还有一个狗笼，狗笼里还有一些狗狗的大便，整个房间弥漫着一股难闻的味道。我捂着鼻子、踮着脚尖走了进去，看见桌子上有一些未吃完的药，书架上有几本公务员考试宝典。我实在受不了了，冲出房间，关上门。同事说这是刚辞职的小谭留下的东西，平时他很少出门，也不爱说话。我很惊讶，这哥们儿是怎么活下来的？我很愤怒，这家伙走之前为什么不清理一下？突然，我又有点难过，我会不会有一天也变成这样，把自己活成一座孤岛？

那一刻，我暗暗发誓一定要在深圳混出个人样。我买来两瓶消毒液把房间清扫干净，就这样开始了我在深圳的生活。

我在这家公司做培训。为了熟悉业务，开发出好课程，我去一线做了3个月的销售工作，3个月后又转回培训岗。接着我把所有销售员的课程重新开发了一遍，半年间，我给全国15家分公司做了培训，许多学员对我说："邓老师，你的课讲得比菲菲老师要好。"听到这样的评价，我很开心，因为菲菲是我的领导，我俩负责不同区域的培训。但后面的3个月里，我越来越不开心，因为领导看我各种不爽，各种刁难。有次培训方案没做好，她指责我说："你是不是傻？这都做不好，不行你就走人！"

我似乎被人"穿小鞋"了，于是我辞职了。从宿舍搬出来后，我才真正体会到在深圳生活有多难。我在城中村租了一个10平方米的小房间，押一付三，花掉了我一半的积蓄。我1个月内面试了8家公司，结果都失败了。我很沮丧、很无助，我恨这座城市。我把自己关在屋里，天天打游戏，饿了就点外卖，困了就睡觉，不知白天黑夜。有一天我正打着游戏，我妈打来了电话，说："儿子，工作怎么样？如果过得太辛苦，咱就回家，妈给你做你最爱吃的红烧肉。"听到我妈的话，我的眼泪"唰"地一下就出来了，我强忍着泪水说："没事，妈，我过得很好。"挂断电话后，我收到了一条提示我到账1万元的短信。我痛哭起来，环顾整个房间，快餐盒已堆积如山，我忽然发现我就是那个"小谭"，我就是那座孤岛。我想我不能再这样下去了，我不能辜负爱我的人和我爱的人，更不能辜负我的青春和梦想。我关掉了游戏，重新写起了简历，重新踏上职场。

3年后，通过努力，我从城中村那间10平方米的出租屋搬到了市民中心旁边30平方米的出租屋，每天都能看着这只大鹏鸟飞翔的模样。5年后，我在深圳买了房，有了自己的家。有人问我，在深圳这么苦，为什么不回老家发展？我想说，深圳是一座你跟别人谈梦想，别人也不会嘲笑你的城市，它能点燃我的斗志，鞭策我的安逸。

无论我们是"深漂""北漂""广漂"还是"上漂"，无论我们是在大城市还是在小城镇，我们都是一群青春追梦人。我们虽然没有房，换过一个又一个出租屋，但这是筑梦的空间；我们虽然没有车，天天挤地铁，但这是青春的速度；我们虽然吃不到老妈烧的菜，只能点中华"四大名菜"——黄焖鸡、汤粉王、猪脚饭、沙县小吃，但这是奋斗的味道。

北上广深不相信眼泪，不相信享乐，不相信怯懦，但相信勇敢，相信努力，相信梦想。与其说我们把青春献给了深圳这座城市，不如说这座城市赋予了我们青春。我在深圳，我爱深圳，只问前程，莫问归期，谢谢。

要观看完整的演讲视频，请关注抖音号"超燃演说"。

演讲剖析：经过仔细分析，你会发现，《我在深圳，莫问归期》这篇演讲稿和"梦想之旅 7 步法"高度吻合，因为我就是按照这个套路来设计演讲稿的。

- **目标**：离开小城镇，为了梦想，开启自己的"深漂之旅"；
- **阻碍**：房价高，租房难，看到宿舍内一片狼藉，担心自己也变成小谭；
- **努力**：发誓要混出个人样，去一线做了 3 个月的销售工作，努力开发课程；
- **结果**：领导给我"穿小鞋"，辞职失业，消极颓废，在家打游戏；
- **意外**：老妈打来一个电话，给我转了 1 万元；
- **转弯**：重新振作起来，努力寻找工作，不再消极颓废；
- **结局**：重新思考为什么要留在这座城市，坚定了"深漂"的梦想。

通过"梦想之旅 7 步法"，你很容就能梳理和设计自己的演讲故事，让故事情节跌宕起伏，令人回味。也许你会问：在写演讲稿或讲故事时，是不是一定要严格按照上面 7 个步骤来写，可不可以调换顺序？我的回答是，不但可以，而且这 7 个步骤可以随意调换顺序，就像讲故事的时候可以采取"顺序""倒叙""插叙"的叙述手法一样。所以，从理论上说，使用"梦想之旅 7 步法"讲故事的叙述方法有 7×6×5×4×3×2×1=5 040 种。如果你想让自己的故事震撼精彩、打动人心，那就不妨试试"梦想之旅"故事结构，让你在 5 分钟内就能讲述一个精彩的故事。

（4）梦想之旅新玩法：努力者和意外者公式

上文介绍的"梦想之旅 7 步法"可以让你快速梳理一个故事。有的人可能觉得这个故事结构使用起来有一定的难度，是否有更简单的故事结构？有，那就是把"梦想之旅 7 步法"从中间拆成两个故事结构，一个叫**努力者公**

式"，另一个叫**"意外者公式"**，如图 3-25 所示。使用这两个公式，同样可以帮助你把故事讲得更精彩。

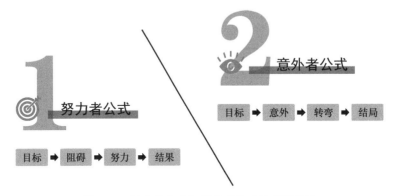

图 3-25　努力者公式与意外者公式的故事结构

努力者公式的故事结构：目标→阻碍→努力→结果。

意外者公式的故事结构：目标→意外→转弯→结局。

这两个公式是什么意思呢？下面我以"挖井取水"为例来说明。在努力者公式下，一个人要挖井取水，他会在一个地方使劲挖、一直挖，就算挖到石头这样的障碍也会坚持，直到挖到水源为止，强调的是主人公对目标的坚持和执着。在意外者公式下，一个人要挖井取水，如果在一个地方没挖到水，他会换一个地方挖，本来打算挖井，结果挖着挖着却有了意外的收获，如挖到钻石、金子或其他宝藏。努力者是垂直思考，意外者是水平思考，两者的区别如图 3-26 所示。

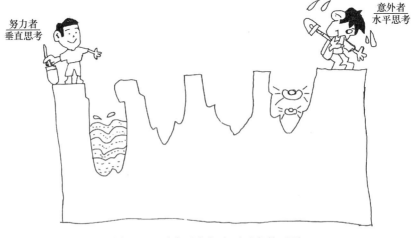

图 3-26　垂直思考与水平思考的区别

为了帮助你进一步理解这两个公式的不同，我以"我的爱情故事"演讲为例，阐述如何使用这两个公式，你可以体会一下这两个爱情故事版本的不同之处。

使用努力者公式的"我的爱情故事"

第 1 步：目标

6 年前，我还在读大二，当时我暗恋一个文史学院的女生，她叫小唐。我想追求她，但又不知道怎么开始。我的室友告诉我，女生都喜欢弹吉他的男生。

第 2 步：阻碍

可是我一个"理工男"，也没有什么音乐基础，虽然自我感觉唱歌还不错，可从来都没弹过吉他，不会啊，怎么办？室友告诉我："你可以自学啊。"

第 3 步：努力

为了追求她，我开始每天自学吉他，从网上下载视频、找曲谱。每天只要不上课，我就待在宿舍摸索着练习，从《小星星》开始，一首、两首、三首……通过 3 个月的努力，我终于可以娴熟地弹唱好几首歌了。学会后，我每天"潜伏"在小唐必经的路上，帅气地给她自弹自唱。

第 4 步：结果

刚开始小唐不理睬我，慢慢地，每次遇到我弹唱的时候，她都会停下脚步，关注我。终于有一天，我鼓起勇气向她表白了，我说："我喜欢你，做我女朋友好不好？"她欣然答应了。就这样，我们在一起了。

使用意外者公式的"我的爱情故事"

第 1 步：目标

6 年前，我还在读大二，当时我暗恋一个文史学院的女生，她叫小唐。我想追求她，但又不知道怎么开始。室友告诉我说："要想追到女孩子，要么你长得帅，要么你有才，你看看你有啥。"我很帅……那是不可能的。但是我有才啊，我最自信的是弹得一手好吉他，而且能弹能唱。于是我每天都去小唐放学的路上"蹲点"，等她一出现我就边弹边唱给她听。

第 2 步：意外

开始小唐不怎么搭理我，两个月之后，小唐终于开始停下脚步来听我唱歌了，我非常开心。3 个月之后，她居然开口跟我说话了，我超级开心。只见她认真地说："其实我很早就注意到你了，你歌唱得不错，我一直有些话想对你说。"我心里偷偷一乐，看来是要成功了。接着她说："其实我闺蜜很喜欢你，我想把她介绍给你！"听完这番话，我一下子蒙了，我是谁？我在哪儿？……只见小唐把她的闺蜜从人群中拉出来，她闺蜜冲我笑了一笑，害羞得不敢看我。我用余光扫了一下她闺蜜，也不好意思正眼看她。小唐接着对我说："其实我有男朋友了，我希望我闺蜜也能早日找到一个像你这样有才华的男朋友。她人很好，她叫小佳，你愿意和她相互了解一下吗？"

第3步：转弯

当小唐说出她有男朋友的那一刻，我知道这事彻底凉了。正在这时，人群中突然响起一阵热烈的掌声，有人在高喊："在一起！在一起！"我再次抬头仔细看了一下小佳，感觉这姑娘挺文静的，长得也不错。为了不让双方尴尬，我答应了。

第4步：结局

人群中再次响起热烈的掌声，接着我就为小佳弹唱了一首吴克群的《为你写诗》。我一边唱一边看向小佳，她更加不好意思了。后来，我们俩真的在一起了。

"梦想之旅 7 步法"及拆分后的"努力者公式"和"意外者公式"，三者运用起来相对比较简单。如果你想让自己的故事更加精彩，可以使用一种更复杂的故事结构，也可以说是"梦想之旅 7 步法"的升级版——英雄之旅故事结构。

（5）"英雄之旅"故事结构

一说到精彩的故事，不得不提那些经典的好莱坞大片。从《星球大战》到《黑客帝国》，从《哈利·波特》到《蜘蛛侠》，从《阿甘正传》到《肖申克的救赎》，从《毒液》到《海王》……为什么观众如此痴迷这些大片，尤其是好莱坞大片？除了明星、特效、演员、场景，更重要的是这些电影都采用了"英雄之旅"故事结构，这些英雄人物的行为唤起了人们对英雄的崇拜和渴望，唤醒了他们内心燃烧的"小宇宙"。

"英雄之旅"故事结构具体来讲就是，一个平凡的人原本过着平静又安逸的生活，突然有一天他遇到一个触发性事件，打破了这种平静。从此，平凡的人不得不走上一条冒险之旅，进入一个新世界。在旅途中他会遇到各种敌人、盟友和导师，在导师和盟友的帮助下，他最终克服重重磨难，实现了从平凡人到英雄的转变。

这个结构由神话学家约瑟夫·坎贝尔在《千面英雄》一书中提出。坎贝尔花了一生的时间研究古今中外不同民族的传说，甚至还研究了老子、孔子、耶稣、佛陀等许多传奇人物的一生。坎贝尔发现，从西方的亚当、夏娃、诸神之战，到东方的女娲、伏羲、封神榜，所有这些神话故事或传说中的主人公几乎都拥有相同的人生轨迹，他们无一例外都经历了**一次旅程、两个世界、两扇门、三幕剧、12 个环节**。坎贝尔称之为"英雄之旅"。

一次旅程：认识自己、发现自己、活出自己的旅程。

两个世界：主角从平凡的世界走向历险的世界。

两扇门：主角从平凡的世界推开冒险之门，从冒险的世界推开决战之门。

- 第 1 扇门：主角原本待在一个平凡的世界，他怯懦、逃避、纠结，过着普通的生活。他在这个世界可能会遇到一些问题，但不会带来重大的影响。此时需要设定一个"触发事件"，让主角推开这扇门，进入冒险的世界。常见的触发事件有：

  - 别人的嘲讽、打击；
  - 亲人的离世；
  - 半夜接到一个电话；
  - 发生了车祸；
  - 中了彩票；
  - 收到了一封信；
  - 目睹了一件永生难忘的事情；
  - 上司的打击；

    ......

- 第 2 扇门：在冒险的世界，主角经历了一系列挑战、危机、考验和冲突后，内心再次变得怯懦、逃避和纠结，害怕继续面对接下来的路。此时主角必须开始总结经验，发现自我，否则会被冒险的世界吞噬。主角需要重振勇气，推开第 2 扇门，准备和"大魔王"展开一场殊死搏斗。主角打开这扇门后无法折返到原来的世界，因为故事必须在这里结束。

三幕剧：出发—决战—归来。一般来说，两扇门是三幕剧之间的分割点，如图 3-27 所示。

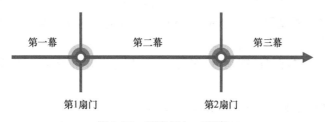

图 3-27　两扇门与三幕剧

12 个环节：如图 3-28 所示。其中环节 1～5 属于第一幕——出发；环节 6～9 属于第二幕——决战；环节 10～12 属于第三幕——归来。

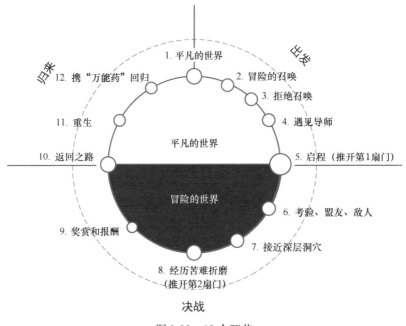

图 3-28　12 个环节

- **环节 1：平凡的世界。**主人公是一个平凡的人，生活在平凡的世界，生活平静却隐藏危机。
- **环节 2：冒险的召唤。**接着主人公面临冒险的挑战。他遭遇了生活变故，或者听到了内心的声音，准备冒险。冒险是故事的催化剂，促使主人走出平凡的世界。
- **环节 3：拒绝召唤。**主人公遇到挑战，但他不相信这是真的，他一直犹豫、拒绝。直到事情变糟糕之后，他的想法才会有所改变。
- **环节 4：遇见导师。**这时，一位智者/启蒙人出现，给予主人公建议和帮助，鼓励他接受挑战。
- **环节 5：启程（推开第 1 扇门）。**主人公离开舒适区，正式踏上未知的征程。
- **环节 6：考验、盟友、敌人。**一路上，考验（朋友和敌人）接踵而至，这些考验非常困难，却不会对主人公的生命构成威胁。通过积累信息和经验，主人公在新世界获得成长。
- **环节 7：接近深层洞穴。**不久之后，主人公得知，最危险的敌人正在靠近，他要和新伙伴一起面对。
- **环节 8：经历苦难折磨（推开第 2 扇门）。**终于，决战之日到来。主人公必须直面强大的敌人和自己内心的恐惧，与敌人展开殊死搏斗。

- **环节 9：奖赏和报酬。**主人公战胜了敌人，挽救了局面，或者成功逃离了困境，获得了相应的奖赏和报酬，成为大家心目中的英雄。
- **环节 10：返回之路。**一切危机解除之后，主人公主动做出选择，离开冒险的世界，带着一路上的收获，踏上了归程。
- **环节 11：重生。**在冒险的世界经历的一切让主人公获得了新生。
- **环节 12：携"万能药"回归。**最后，主人公带着爱、自由、知识或财富等满载而归。主人公会把他得到的宝藏分享给他人，改善他们的生活。他自己的生活则回归平静，或者准备迎接人生中新的篇章。

看到这里，也许你会有疑问：这和我有什么关系？当然有关系，因为这里的主人公不是别人，正是你自己，是平凡世界里的每个人。虽然一千个人有一千种想法，但每个人的内心深处都渴望认识自己、发现自己、活出自己。"千面英雄"，实则是"千面归一"，这也就是为什么坎贝尔把他的书取名为《千面英雄》。很多作家都开始认识到叙事理论的重要性，并且在写作实践中有意识地应用"英雄之旅"的理论。无论是编剧还是导演，都把"英雄之旅"故事结构作为写好故事的指导工具。国内很多优秀的影视剧作品也会使用"英雄之旅"故事结构。

以 2017 年播放的一部电视连续剧《我的前半生》为例，相信很多人都看过这部电视剧。这部电视剧主要讲述了女主角罗子君（马伊琍饰演）遭遇丈夫出轨而选择离婚。在遭遇情感失败后，她并没有放弃自己，而是在好友的帮助下一步步地在感情和职场上重建信念。整部剧展现了罗子君从人生低谷到开启属于自己人生新篇章的过程，是一个很有戏剧性的励志成长故事。下面就和我一起看看这部电视剧是如何使用"英雄之旅"故事结构的吧！

环节 1：平凡的世界。女主人公罗子君是一个养尊处优的家庭主妇，在丈夫陈俊生的呵护下，她几乎什么事情也不用干，洗衣服、做饭这些家务活都是由家里的保姆一手包办的，她的任务就是买买买，反正她老公疼爱她，而且也很能赚钱。

环节 2：冒险的召唤。罗子君的好友唐晶警告她，可不能天天这样无所事事，女人还是要学会自立自强一点比较好，否则长期脱离职场，容易和自己的丈夫产生代沟，从而产生婚姻矛盾。

环节 3：拒绝召唤。罗子君怎么也不相信自己的丈夫会出轨，因为她觉得丈夫只疼爱她一个人，结果她发现丈夫真的出轨了女同事凌玲，导致两人婚姻破裂。

环节 4：遇见导师。好友唐晶和贺涵热心地开导罗子君，并积极地帮她找一份能够养活自己的工作。

环节 5：启程（推开第 1 扇门）。罗子君放下离婚的包袱，走出第一步，重新踏入职场，在一家鞋店找到了一份销售工作。

环节 6：考验、盟友、敌人。罗子君上岗后开始在鞋店卖鞋子。有一天，店里来了一位客人，是之前和自己交往的阔太太，结果被阔太太嘲讽了一番。更尴尬的是，她竟然遇到了抢夺自己老公、破坏自己家庭的女人凌玲。凌玲现在已经和陈俊生结了婚，她在陈俊生面前狠狠地嘲讽和羞辱了罗子君一番，这让罗子君感到万分沮丧和痛苦。

环节 7：接近深层洞穴。 在工作中，罗子君遇到了非常关心和照顾她的老金。老金为人忠厚老实，每天都接送她上下班，慢慢地，罗子君对老金产生了一些好感。但在相处了一段时间之后，罗子君发现自己和老金有很多观念都不一样，于是和老金分手。两次情感打击让她心力交瘁。

环节 8：经历苦难折磨。 罗子君换了一家公司，在新公司做市场调研工作，不料遇到一个不怀好意的领导段晓天。段晓天总是骚扰罗子君，上司也总是给她"穿小鞋"。罗子君努力完成工作，最后却发现自己的工作根本不被重视，她的调研工作在公司看来只是走个过场而已。这一天雷雨交加，罗子君下班后着急赶回家照顾儿子。她到马路边打车，却很久都没有车来。大雨滂沱，夜色漆黑，罗子君狼狈地站在漫天雨帘之中，全身湿透，几乎就要崩溃了。幸好最终好友贺涵赶过来接她，她再也忍不住了，开始放声大哭。

环节 9：奖赏和报酬。 在公司几经磨炼之后，再加上贺涵的开导，罗子君学到了很多职场上的技能和经验，这让她在工作中表现突出，重新获得了上司的赏识，也获得了罗晶和贺函的认可。

环节 10：返回之路。 罗子君逐渐适应了职场，开始积极面对自己的工作和生活。

环节 11：重生。 罗子君很感谢前夫陈俊生，经历了婚姻失败和重回职场之后，罗子君觉得自己获得了新生，自己的前半生不再浑浑噩噩。

环节 12：携"万能药"回归。 一次次的职场和生活磨难，让罗子君成长为职场中的精英和生活中的强者。

"英雄之旅"故事结构的 12 环节都有一些标志性事件和角色，预示着未来可能发生的事情和结果。与其说英雄之旅是一个写故事的结构，不如说它是每个人的人生成长写照，因为每个人都可以在这些环节中看到自己成长的影子。如果你能熟练地掌握"英雄之旅"故事结构，就能很快使用它去做演讲、写作、编剧，甚至进行品牌故事营销。

2016 年，华为的一则海外品牌广告宣传片 *Dream It Possible* 播放之后，感动了无数网友，并迅速在国内外社交网络蹿红。这个短片由华为联手好莱坞影视制作公司 Wondros 共同打造，生动地讲述了小女孩安娜追求钢琴梦想 15 年的成长历程，采用的是"英雄之旅"故事结构简化版。

环节 1：平凡的世界。 在爷爷的影响下，女孩从小就十分喜欢音乐和钢琴，她跟着爷爷学弹钢琴，弹奏水平一天天进步。

环节 2：冒险的召唤。 女孩长大后，收到了心仪的音乐学院的录取通知书，不得不离开温馨的家，前往学校学习。

环节 3：启程（推开第 1 扇门）。 在离开家的时候，家人送给女孩一台华为手机，希望她能经常和家人保持联系。

环节 4：考验、盟友、敌人。 来到学校后，女孩很开心，马上给家里报了平安。可是没想到女孩的求学之路特别艰难，课堂上经常受到老师的指责，课后打工也十分辛苦。课后她只有很少的时间和精力练琴。但每当难过的时候，她就会和家人打电话。得到家人的鼓励后，她很快就重新燃起了斗志。

环节 5：接近深层洞穴。 为了获得在维也纳金色大厅公开演出的机会，女孩拼命地练琴，却在紧要关头得知爷爷病重，女孩马上赶回去看望爷爷。

环节 6：经历苦难折磨。 爷爷鼓励女孩不要放弃音乐梦想，继续追梦，让女孩快点回去准备音乐演出。终于，女孩获得了演出的机会，并将她的演出通过华为手机的视频功能分享给爷爷。

环节 7：奖赏和报酬。 最终，演出非常演成功，女孩获得了全场热烈的掌声，一切艰辛最终给她带来了丰厚的回报。

迪士尼旗下的皮克斯工作室顾问布莱恩·莱纳德提出，要想打动消费者，关键是选好主角。那谁是主角？是品牌还是用户？很多人自然而然地认为，既然是品牌故事，当然品牌是主角，是"英雄人物"。其实不然，与其将自己打造成英雄自我追捧，不如让用户成为"英雄"，让品牌成为推动英雄开始冒险的"智者"，或者是一路上协助英雄奋战的"盟友"。让用户成为英雄才是一个好的品牌故事。为此，布莱恩·莱纳德提出了专属于品牌故事的"英雄之旅"故事结构。

环节 1：平凡的世界。 用户在平凡的世界是什么状态？

环节 2：冒险的召唤。 用户哪些需求没有得到满足，以至于给他造成了一些麻烦？

环节 3：拒绝召唤。 用户会犹豫，觉得这个麻烦不大，自己还能忍受，于是拒绝挑战。但是，随着时间的推移，问题越来越明显，麻烦越来越大。

环节 4：遇见品牌。 用户不得不寻找新的解决方案。有一天，用户在某个场合得知了某品牌的价值、理念，开始被这个品牌所吸引。

环节 5：直面挑战。 用户终于有勇气做出尝试和改变，开始接触这个品牌的产品。

环节 6：关键战争。 在冒险中，用户开始接受/使用/体验该品牌的产品。

环节 7：获得胜利。 在品牌产品/服务的帮助下，用户解决了麻烦，以更好的姿态回归到日常生活中。

需要注意的是，"英雄之旅"故事结构不适用于设计 20 分钟以内的演讲，因为这个结构太烦琐，没有一定的编剧功力是很难驾驭的。对于 20 分钟以内的演讲，我建议使用"梦想之旅"故事结构。对于 1 小时以上的演讲，则可以尝试使用"英雄之旅"故事结构。

"英雄之旅"故事结构不仅可以用在演讲、写作、编剧中，还可以用在品牌故事营销中。

总结一下，前面主要介绍了 3 种故事结构：三幕故事结构、"梦想之旅"故事结构和"英雄之旅"故事结构。三者之间的联系如表 3-1 所示。

表 3-1　3 种故事结构之间的联系

三幕结构（基础）	梦想之旅（进阶）	英雄之旅（高阶）
第一幕：起因	1. 目标	1. 平凡的世界 2. 冒险的召唤 3. 拒绝召唤 4. 遇见导师 5. 启程（推开第 1 扇门）
第二幕：经过	2. 阻碍 3. 努力 4. 结果	6. 考验、盟友、敌人 7. 接近深层洞穴 8. 经历苦难折磨（推开第 2 扇门） 9. 奖赏和报酬
第三幕：结果	5. 意外 6. 转弯 7. 结局	10. 返回之路 11. 重生 12. 携"万能药"回归

从表中可以看得出，3 种故事结构的难易程度从低到高，并且都符合三幕结构的特点。三者同根同源，一脉相承。

应用故事模型

前面说到，建立个人影响力时，要用"梦想之旅"故事结构，接下来看一下在 6 种商务场景中，可以用哪些故事结构模型发表演讲，如图 3-29 所示。下文的 6 个故事模型都是基于"梦想之旅 7 步法"原理设计的。

图 3-29　6 种商务场景分别适用的故事结构模型

（1）招聘面试：用 STHSR 结构模型讲故事

在参加面试时，面试官通常会跟你说："请先自我介绍一下。"或者问你："你觉得自己有哪些优势可以胜任这个岗位？"遇到这种情况，不会讲故事的人通常会这样回答："大家好，我叫×××，来自××，我的爱好是……"然后就结束了。这种自我介绍肯定是不够出彩的，很难从一群应聘者中脱颖而出。那该如何做自我介绍呢？推荐使用 STHSR 结构模型，如图 3-30 所示。

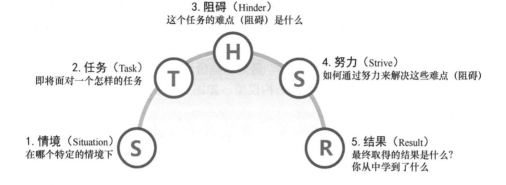

图 3-30　STHSR 结构模型

- **情境（Situation）**：在哪个特定的情境下？
- **任务（Task）**：即将面对一个怎样的任务？
- **阻碍（Hinder）**：这个任务的难点（阻碍）是什么？
- **努力（Strive）**：如何通过努力来解决这些难点（阻碍）？
- **结果（Result）**：最终取得的结果是什么？你从中学到了什么？

下面举例说明如何在招聘面试中运用 STHSR 结构模型。

假设你正在一家公司应聘"活动策划与执行"这个岗位，你可以这样说。

情境：我记得去年年底公司业绩很不错，于是老板临时决定在年底举办一场盛大的年会，全公司人都要参加。

任务：领导临时决定把这个任务交给我。

阻碍：我感觉压力很大，因为距离年会开始的时间不到 1 个月，节目和环节都还没有定。时间紧、任务重，我心里一点底都没有。

努力：既然上了战场，就不能当逃兵。我立马协调相关人员，成立年会活动项目团队。我担任总导演，发挥团队中每个人的优势，根据他们的能力把他们分别划分策划组、宣传组、活动执行组、主持人组等。各组人员各司其职，分工明确，我记得那个月我们团队每天都加班到深夜。

结果：最终，年会顺利举行，并且受到了老板的表扬。在那场活动策划与执行中，我学到了办好一场活动一定要团队合作，发挥团队的力量；作为策划人要发挥不同人员的优势，学会授权，并且要善于利用和统筹资源，只有这样，才能把一场活动办好。

（2）教导他人：用 SHMT 结构模型讲故事

无论在生活中还是在工作中，你总会遇到指导他人的场景。例如，同事做PPT 遇到困难，跑过来问你："我的 PPT 排版做得好难看，你能教一下我吗？"下属对你说："这个工作我不会，你能教一下我吗？"朋友对你说："我读书效率低下，读完就忘，你有什么好的方法教教我吗？"孩子跑过来对你说："妈妈，这道题我不会做，您能教一下我吗？"遇到这些情形，如何才能又快又好地教会他人一项技能？推荐你使用 SHMT 结构模型，如图 3-31 所示。

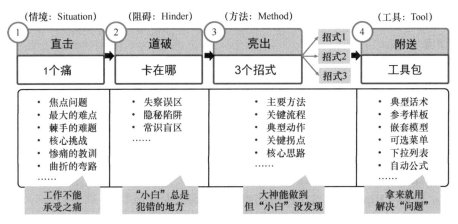

图 3-31　SHMT 结构模型

- **情境（Situation）：**在哪个特定的场景下，最容易遇到的痛点问题是什么？痛点问题指的是焦点问题、最大的难点、棘手的难题、核心挑战、惨痛的教训、曲折的弯路……
- **阻碍（Hinder）：**发生这个痛点问题的原因是什么？卡在了什么地方？
- **方法（Method）：**可以运用哪 3 个技巧或步骤来解决这个痛点问题？
- **工具（Tool）：**可以使用哪些工具包，方便日后轻松解决同类型的问题？

下面举例说明如何使用 SHMT 结构模型来教导他人。

假设朋友请教你 PPT 排版的问题，你可以这样说。

情境：在做 PPT 的时候，最难搞定的就是内容排版了，如果内容紊乱，就会让你的 PPT 丑出天际。

阻碍：核心原因是没有对内容进行提炼，没有把内容对齐，导致整个 PPT 内容看上去杂乱无章。

方法：那我们该如何排版呢？第一步：提炼文字内容……第二步，匹配对应的图形……第三步，让所有内容对齐，可以使用左、中、右对齐法……

工具：最后，送你一套 PPT 排版组合包，让轻松应对各种 PPT 内容排版问题。

怎么样？这个故事结构模型是不是特别好用？

（3）述职汇报：用 W 结构模型讲故事

假设你马上要面临公司的年终述职汇报，你的领导和老板都会参加。你的演讲好坏将直接决定你能得到多少年终奖，甚至影响你明年的升职加薪。和你同时做述职汇报的还有小王、小李、小周等人，他们都是你的竞争对手。据说他们都准备得很充足，想在今年述职汇报上超过你。面临这种情境，你如何做述职汇报才能拔得头筹、获得领导赏识呢？

普通人的述职汇报模式通常是这样：今年工作总结+明年工作计划。大家站在台上演讲，台下的人玩手机的玩手机、走神的走神，甚至连老板都对你说："你抓紧点时间，讲点有特色的事情……"大部分人在做述职汇报时讲的都是一些枯燥的数据和任务，没有亮点，很容易让听者感觉乏味。那么，怎样才能做一场精彩的述职汇报呢？推荐你使用 W 结构模型，如图 3-32 所示。

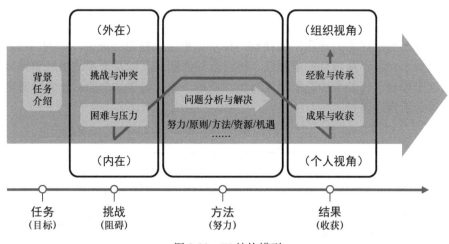

图 3-32　W 结构模型

- **任务**：先描述自己接到了一个什么任务，这个任务的目标是什么，介绍一下任务背景。
- **挑战**：描述这个任务的内在困难与压力是什么，以及外在挑战与冲突有哪些。

- **方法**：描述你是如何完成这项任务的，包括你做了哪些努力、用了哪些方法、找了哪些资源。
- **结果**：在这个任务或项目中，从个人视角来看，你取得的成果与收获有哪些？从组织视角来看，你获得的经验与传承有哪些？

下面举例说明如何使用 W 结构模型来做述职汇报。

假设你是某公司的培训管理者，过几天要在领导面前做述职汇报。你可以这样说。

任务：今年我做得最出色的一个项目是"公司的内部讲师培养"。这个项目的目标是为公司培养更多的内训师，萃取岗位经验，让优秀的经验得到传承。

挑战：这个项目最大的难点是，大家都是第一次接触课程开发和经验萃取，而且内训师都是兼职的，平时大家工作繁忙，很难抽出时间来做课程开发。

方法：为了解决这些问题，我持续宣导做内训师的好处和利益，并协调各部门领导全力配合，设计了一套课程开发和经验萃取的模板，并派出 8 组专业导师，协调好各自的时间后，对内训师进行 1 对 1 的课程开发和授课辅导，让他们觉得课程开发和授课并没有那么难。

结果：最终我们这个项目的参与人数达到 40 人，产出了 20 门内部精品课程和 35 名内训师。通过这个项目，从个人层面看，我学到了，如果能做好一个培训项目，会让我收获颇多；从组织层面看，这将为公司的优秀经验传承和人才培养提供强大的师资保障，为公司节省人才培养成本。

当然还有更优秀的述职汇报结构，你可以把未来视角加进去，如图 3-33 所示。例如，你可以从项目的前瞻性、机会点和创新点，以及未来的挑战和风险去分析这个项目，让整个述职汇报讲得更加精彩，思考得更加全面，让领导听完你的演讲之后连连夸赞。

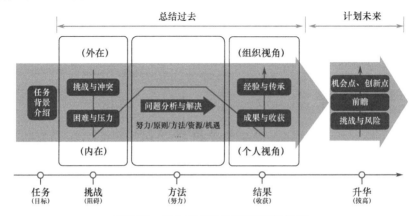

图 3-33　加入未来视角的 W 结构模型

（4）招商路演：用飞碟结构模型讲故事

假设你是一个创业者，手上有一个好项目，你要如何介绍你的项目，才能打动投资人？推荐你使用飞碟结构模型，如图 3-34 所示。

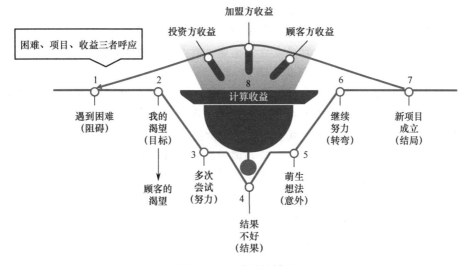

图 3-34 飞碟结构模型

该模型包括 8 个步骤。

第 1 步：遇到困难。描述一下你曾经遇到了什么样的困难，或者你看到别人遇到了什么困难。

第 2 步：我的渴望。你特别想解决克服这个困难或解决问题。

第 3 步：多次尝试。为了克服困难或解决问题，你尝试了各种办法。

第 4 步：结果不好。你的努力并没有改善现状，甚至给自己带来了更严重的后果。

第 5 步：萌生想法。你突然萌生了一个做××项目的想法。

第 6 步：继续努力。你继续努力，为了开发/推广这个项目，你花费了很多人力/物力/财力。

第 7 步：新项目成立。经过不懈的努力，你终于成功开发了这个项目，并向他人介绍这个项目的商业模式。

第 8 步：计算收益。介绍这个项目能给投资方带来哪些收益，能给顾客解决什么问题，以及能给加盟方带来哪些收益。

这里需要特别注意的一点是，创业过程中遇到的困难、开发的项目与项目所能解决的问题和收益三者之间是相互呼应和统一的。也就是说，你的创业项目能解决你遇到的困难，你的困难解决以后能给你带来收益。不能出现三者之间没有任何关联的情况。

下面举例说明如何使用飞碟结构模型来做招商路演。优家国际青年社区的创始人刘洋的项目路演如下。

我是优家国际青年社区的创始人刘洋。很荣幸今天能来到这里跟大家分享我和一群漂泊者的故事。我想问一下在座的各位有多少人曾经租过房子。举一下手让我看一下好吗？基本上是百分之百，谢谢。我是一个资深的漂泊者。我经历了20年的漂泊生涯，从北上广深到香港。

我是个东北人。离开家乡20年，在7个城市搬了30几次家。直到2008年，我终于在上海买了一个大房子。但是，当我住进大房子的时候，我的脑海中却总是浮现一个画面，那就是我童年时期的大院儿生活。

我从小在一个大院儿长大，上幼儿园时，每天放学都是院子里的哪位阿姨或叔叔把我从幼儿园接回来，然后我就在院子里玩。到了吃饭的时候，我拿着一个碗，闻着各家的香味儿，去寻觅我的晚餐，所以我基本上算吃百家饭长大的。在成长中，我会遇到各种各样的问题，但我只要回到那个院儿里，就会有一种安全感。我觉得这一院子的人都是我的家人。

目前中国有2亿8000万人在租房子，所有的年轻人进城的第一件事情就拖着行李箱找房子。好不容易找到一个安身之所，不久房东告诉你说下个月要卖房、下个月要涨房租，你就得搬家。

所有的租房合同上都写得清清楚楚：你不能动这个房间里的东西，离开的时候房屋要"保持原样"，所以你根本感觉不到这个房子是你的。你认为这只是你的一个临时居所。在座的各位，你们来到这个城市的目的是什么？你们为什么而来？为梦想吗？为生存吗？还是为了让自己出类拔萃，然后等着有一天衣锦还乡？

我相信在座的各位现在都"衣锦"了，但是没有人愿意"还乡"。为什么？因为留在都市能让我们继续实现梦想、追逐目标。我在上海的一段经历让我彻底想明白了一件事：凭什么？一个漂泊者为一座城市付出这么多，他每天面临的压力要大于当地的同龄人。凭什么这些漂泊者就不能拥有一个好的生活？所以，我要做一个乌托邦，我要给在都市漂泊的年轻人一个温暖的家，我要让他们从此不再漂泊，我要让他们能找到像家一样温暖的地方，而不只是一个临时居住的地方。

于是我卖掉了我精心装修的大房子，在广州找到了一个破旧的厂房，把它改造成133个房间。好不容易开业了，又赶上广东的"回南天"，整个墙皮都脱落了。在这一年中，我的资金链断了3次，外债欠了200多万元，那个时候我的内心一直在流血。但这都不重要，我认为创业者本就应该经历"九死一生"。

所以，在2012年的6月，我发起了"优家"这个项目。一个月之内，我只招了30个人，这30个人又帮我招了100人，为什么？因为他们太喜欢这个地方了。除了房间，我们还做了一个公共大厅。大厅里有桌球，有游戏，有健身房，有公共厨房，还有公共洗衣机，你想聚会的时候，可以在天台，可以在大厅吃火锅。每天晚上都会有一群人给你发微信，给你打电话，叫你赶快回家吃饭。

除了各种齐全的设施，我们还做了"家友明星"，让每个小人物都能在优家感受到被人尊重。有一位家友叫康康，他是一位摄影师，同时还是一个音乐创作人。大家说康康你的歌唱得这么好听，为什么不推出去？于是整个社区的小伙伴一起去帮他打造 IP。

康康先是在优家开了巡回演唱会，去年又推出了自己的单曲，成为"2017年十大新锐歌手"。这就是优家社群的力量，也是康康作为在优家居住了 6 年的"钉子户"，真正"钉"在这儿的原因。每个小人物都有一个大梦想。在大城市，没有人在乎你是谁，但是在优家里，我们在乎。

优家发展到现在已经 8 年，我们发展到 10 个城市、几十栋楼、上万个"家友"。我们今年准备提速发展，计划在未来的 3 年，提供 10 万个房间，让每年在优家流转的每个家友，在漂泊过程中都能找到属于他们的那份家的温暖。我发现，当年卖掉我上海的那个大房子，我自己的温暖的那个家，竟然为上万人换来了都市里的一份温暖。这让我更加坚信，这是一件非常值得做的事。

演讲剖析：刘洋的这篇演讲稿让他获得现场投资人 3 000 万元的融资，之前还获得了雷军的 5 000 万元投资。可以说，一场好的演讲价值千万。在这场演讲中，刘洋就使用了飞碟结构模型。

第 1 步：**遇到困难**。漂泊 20 年，在 7 个城市搬了 30 几次家。

第 2 步：**我的渴望**。渴望有一个属于自己的家，一个温暖的家。

第 3 步：**多次尝试**。通过多年的努力，终于在上海买了大房子。

第 4 步：**结果不好**。住在大房子里，却没有童年大院儿生活的味道。

第 5 步：**萌生想法**。想建立一个乌托邦，给漂泊的年轻人一个温暖的家。

第 6 步：**继续努力**。卖掉了自己精心装修的大房子，到广州找了一个破旧的厂房，改装房间，欠了 200 多万元外债。

第 7 步：**新项目成立**。开办了优家国际青年社区，在这里让大家感受到了家的温暖，吸引了大量租户入住，因为在这里，租户可以自己装扮房子，可以和社区里的人一起搞聚会，成为家人，大家相互帮扶。

第 8 步：**计算收益**。10 个城市、几十栋楼、上万个"家友"，计划在未来 3年，提供 10 万个房间。

刘洋的这场招商演讲做得非常好，优家国际青年社区项目可以解决年轻人租房难的问题，受到年轻人认可，吸引越来越多的年轻人选择"优家"，从而使这个项目获得更多收益。整场演讲首尾呼应，形成了一个商业系统的闭环，从而更容易受到投资者的青睐。

（5）愿景激励：用"7+5"火箭结构模型讲故事

如果你是一个团队领导者，在团队销售业绩下滑时，你会如何激励你的团队？如果你是一个品牌营销官，你会如何策划品牌故事？如果你是一个老板，在公司周年庆典上，你会如何描绘愿景，激励团队乘风破浪？

对于愿景激励类演讲，推荐你使用"7+5"火箭结构模型，如图 3-35 所示。

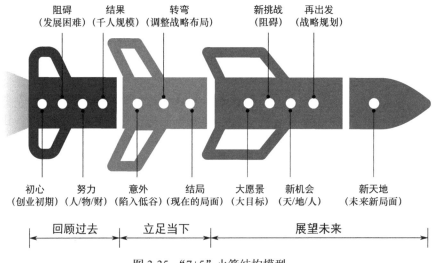

图 3-35 "7+5"火箭结构模型

第 1 步：回顾过去。

- 初心（目标）：创业初期，我的初心是什么？我想解决什么问题？
- 阻碍：刚开始创业时面临的困境是什么？例如，什么都没有，要钱没钱，要人没人。
- 努力：为了让公司发展起来，创始人做了哪些努力？
- 结果：我们终于取得了一定的成果。例如，从原来的 10 人小团队，发展到今天的 1 000 人团队。

第 2 步：立足当下。

- 意外：公司刚发展起来，就遇到了一个新的困境，让公司跌入低谷。
- 转弯：为了解决新困境，我们做了什么？例如，调整了战略布局，引进了新技术，发明了新产品，等等。
- 结局：历经磨难，公司终于发展到今天的规模。例如，员工人数达到 10 000 人，年销售额超过 100 亿元，在主板上市，等等。

第 3 步：展望未来。

- 大愿景：今天，我们将重新出发，创立更大的事业，成为某领域的领军品牌，为人类和社会做出更大的贡献和价值。
- 新挑战：但我们今天依然面临着严峻的挑战和压力，如……
- 新机会：这既是挑战也是机遇，我们要抓住这次机遇……
- 再出发：我们要重新创业，重新吸纳人才，重新布局……
- 新天地：未来 10 年，我们一定会开创一个新局面，这个局面是……

下面举例说明如何使用"7+5"火箭结构模型做演讲。

在小米创立 10 周年庆典上，雷军发表了《相信自己，一往无前》的演讲，轰动一时。可以说，这是一场非常成功的愿景激励类演讲。在这场演讲中，雷军就使用了"7+5"火箭结构模型，如图 3-36 所示。

图 3-36　《相信自己，一往无前》的演讲结构

第 1 步：回顾过去。

- 初心（目标）：我想做全球最好的手机，但只卖一半的价格。
- 阻碍：一切都是从零开始，没人，没软件，没硬件。

- 努力：去谷歌挖人组建团队；找用户测试 MIUI 系统；找夏普合作生产手机屏幕；找供应商谈价格。
- 结果：全民学习"小米氛围"，打造了小米生态链布局。

第 2 步：立足当下。

- 意外：2013 年与董明珠打赌，2015 年业绩跌入低谷。
- 转弯：推出 MIX 布局，严控质量，把小米手机推向国际。
- 结局：公司主板上市，入选世界 500 强企业。

第 3 步：展望未来。

- 大愿景：我有 3 个愿望，其中一个就是让小米成为全球最知名的手机品牌之一。
- 新挑战：我们面临着复杂的国际环境，以及激烈的国际竞争。
- 新机会：对我们来说，这也是一个新机会，可以让我们把握新的战略机会。
- 再出发：重新创业，吸纳创新型人才，给予创业型激励，以"互联网+制造"进行布局。
- 新天地：小米的下一个 10 年将变成"工程师向往的圣地，未来生活方式的引领者，制造业的新兴力量"。

（6）产品营销：用钻石结构模型讲故事

假设你的公司开发了一款非常实用的新产品，领导把产品营销的任务交给了你，你会如何讲好这款产品的营销故事？

假设你用了某个品牌的产品后，觉得很好用，你会如何向亲朋好友推荐这款产品？

假设你是一个微商，你代理了某个产品，你如何在朋友圈写出爆款文案？

推荐你使用钻石结构模型，如图 3-37 所示。

- **第 1 步：情境。**主人公是一个什么样的人？他正处于一个什么场景中？
- **第 2 步：冲突。**他遇到了什么问题？导致了什么后果？
- **第 3 步：渴望。**他特别想解决这个问题。
- **第 4 步：尝试竞品。**于是他买了竞品想试一试。
- **第 5 步：结果。**结果依然没有解决问题，甚至还引发了一些不良后果。
- **第 6 步：意外。**在朋友的推荐下，他买了我们这款新产品……
- **第 7 步：再尝试。**他开始试用我们的产品，用完以后奇迹发生了，问题真的解决了。
- **第 8 步：结局。**后来他成了我们新产品的忠实顾客，并将新产品推荐给了亲朋好友。

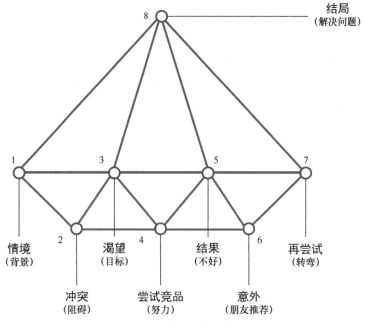

图 3-37　钻石结构模型

下面举例说明如何使用钻石结构模型来做演讲。

第 1 步：情境。张总是一家知名企业的副总裁，因为工作原因，他经常参加外地行业大会的演讲和新产品发布会的演讲。

第 2 步：冲突。可是每次讲话他都特别紧张，总是讲不好，因此老板对他颇有微词。

第 3 步：渴望。张总很苦恼，他特别想成为一个会演讲的人，这样就能把公司好产品分享给大家。

第 4 步：尝试竞品。于是他参加了市面上一些所谓的大师的演讲课程，但都是"听着很激动，课后依然不动"。

第 5 步：结果。结果张总并没有学会如何演讲，上台时仍然表现糟糕。这让张总很是郁闷，认为自己花钱上了当。

第 6 步：意外。张总把自己的苦恼告诉了最好的朋友小兰。小兰告诉她，可以试试世超老师的演讲课。

第 7 步：再尝试。张总抱着试一试的心态参加了世超老师的演讲课，发现课程特别实用、有效，并且很快就看到了学习效果，他上台演讲再也不紧张了，讲话逻辑更加清晰了，表达也变得更有力了。

第 8 步：结局。通过连续几次培训和"1 对 1"辅导，张总终于学会了演讲技巧，即便是面对几千名受众的大会演讲，他也能够做到收放自如，每次演讲结束他都能收获很多粉丝。

根据 6 种场景，分别使用 6 种故事结构模型，你可以轻松地设计出精彩的演讲和动人的故事。千百年来，唯有故事可以口口相传，让人津津乐道。就算有一天文字消失了，故事依然能够流传下去。道理可以让你赢得辩论，而故事可以让你征服人心。这就是故事的力量。

第 **4** 章

丰富内容：让演讲生动精彩

要想开化人的知识，感动人的思想，非演讲不可。

——秋瑾，女权运动家、民主革命家

我在上大学的时候遇到过这样的场景：老师在台上讲"大学语文"这门课，逻辑很清晰，表达也很顺畅，可是台下已经睡倒了一大片。这是为什么？因为老师讲的课虽然有逻辑、有结构，但是没有"生动化表达"课程内容，就像一个没有情感的机器人一样照本宣科，这种讲课方法当然没人想听。演讲也一样，只有逻辑结构和故事结构还不够，还需要把演讲内容变得更加丰富和生动，才能激发受众的兴趣，演讲才会更加精彩。那么该如何生动化表达呢？可以使用逻辑"4 化"和故事"5 化"。

逻辑"4化"

- 概念类比化：让概念形象易懂。
- 对比冲突化：让表达张力十足。
- 骨牌推进化：让思想层层推进。
- 情境细节化：让内容真实可靠。

故事"5化"

- 人物鲜活化：让人物鲜活生动。
- 内容五感化：让受众身临其境。
- 语言幽默化：让氛围嗨到高潮。
- 情感真实化：让演讲打动人心。
- 思想金句化：让思想疯狂传播。

逻辑"4化"更适用于以逻辑结构为主的演讲；故事"5化"更适用于以故事结构为主的演讲。当然，两者并不是绝对独立和分离的，无论是以逻辑结构为主的演讲还是以故事结构为主的演讲，都可以混合使用逻辑"4化"和故事"5化"，两者可以左右流动与融合。

4.1 逻辑"4化"

4.1.1 概念类比化：让概念形象易懂

很多时候，你都会在演讲过程中遇到一些晦涩难懂的专业术语或专业理论，这个时候如果你直接将它们说出来，内行人可能听得懂，但外行人听到之后就会一脸茫然。甚至有时你费了好大一番功夫解释一通，发现对方还是听不懂，这种情况怎么办？推荐你使用类比技巧，这是一个非常好的方法，可以将复杂的原理简单化，将抽象的概念具体化。

所谓类比，其实就是一种推理，把不同的两个（两类）对象进行比较，两个（两类）对象在一系列属性上具有相似性，则可以根据其中一个对象的属性来推断出另一个对象也具有类似的属性。

"类比"一词源于古希腊，含义为"按比例"。古希腊数学家发现，两个尺寸不同的三角形若三条边的比例关系相同，则这两个三角形相似。这种以比例发现相似性的方法，是最早意义上的类比。

在日常认识事物的过程中，很多人都会有意无意地使用类比的方法，根据两种事物的一个或数个相同点或相似点来推断两者其他方面的相同点或相似点，从而对事物的一些未知属性做出判断。

类比模式介绍

类比推理的基本原理为：A对象具有属性 a、b、c 和 d，B对象具有属性 a、b、c，所以，B对象具有属性 d。

需要注意的是，如果在推理中使用类比法，是有漏洞的。例如，小明和小华是一对亲兄弟，小明非常聪明、活泼、开朗，并且非常懂事。小华也非常聪明、活泼、开朗。那么，你可以根据小明和小华的家庭背景及两人的性格推断出，小华应该也是一个懂事的孩子。但事实上小华一定是"懂事的孩子"吗？不一定，并没有确凿的证据来证明这一结论。因此，类比法不适用于推理。但是，在沟通表达中运用类比法，可以让你快速理解一些复杂的概念和原理。

如何在演讲表达中运用类比法

- **分析复杂概念 A 的主要特征或原理。** 尝试理解复杂的概念 A，找到它的内在属性和特征。可以使用专业词典或网上搜索帮助自己理解。

- **找到与概念 A 有类似属性或特征的概念 B。** 这个概念 B 最好是人们耳熟能详的，方便人们理解。将两者类似的特征进行一一比较，看是否类比贴切。

- **用人们熟悉的概念 B 去解释复杂的概念 A。** 通过类比的传递性特征，在已经了解了概念 B 的属性的情况下，就可以很轻松地了解复杂概念 A 的属性了。

- 类比法的使用方法如图 4-1 所示。

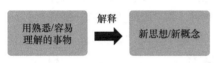

图 4-1 类比法的使用方法

举个例子。物理学中有个专业术语叫"摩擦发光"。普通人解释："摩擦发光是晶体摩擦时发出的光……"

而诺贝尔物理学奖费曼是这样解释的："你拿着一块儿糖，在黑暗中用钳子夹它，你可以看到蓝莹莹的闪光。其他一些晶体也是如此。没人知道这是为什么。这种现象叫作摩擦发光。"费曼使用的就是类比技巧。

再举个例子。最近几年有一个很火的概念"区块链技术"。一般人在介绍这个概念时，可能会先查一下百度百科，然后告诉别人"区块链是用分布式数据库识别、传播和记载信息的智能化对等网络，也称为价值互联网"。对方听完很可能一脸茫然：什么意思？价值互联网又是什么意思？这就是很多人都容易犯的一个错误：用一个概念去解释另一个概念，最终导致受众有两个不懂的概念。那么，如果使用类比法，该如何解释这个概念呢？李笑来老师是这样解释的：

"区块链技术的目标，就是'拥有一个历史数据不可篡改的数据库'。在真实的世界里，每个商业模式都是需要记账的，每月一次，一年 12 本，那么这 12 个子账本就构成了一个总账。只不过在比特币的世界，每 10 分钟就会发布一个子账本，每个子账本都记录了过去 10 分钟产生的所有的交易记录，不可更改，然后再把所有子账本串起来，就构成了区块链数据库。"

李笑来老师用总账类比区块链数据库，用子账本记录的频率类比比特币记账的频率。大家知道，账本写好以后一般是无法更改的，这个特征恰好符合区块链中比特币的交易记录特征。怎么样？通过类比法，用人们熟悉的"账本"这一概念，就能很清楚地了解复杂的"区块链技术"的原理。

（1）利用类比法一句话搞懂复杂的概念

例如，区块链技术中有个词语叫"去中心化"。维基百科给出的解释是这样的："去中心化是在互联网发展过程中形成的社会关系形态和内容产生形态，是相对于'中心化'而言的新型网络内容生产过程。去中心化的性质源自使用分布式账本的区块链技术。"是不是越听越糊涂？你可以使用类比法来解释这个概念："你在淘宝上买东西，需要先把钱打给第三方支付宝，然后等你确认收货后，支付宝再把钱打给卖方。而去中心化是去掉第三方，通过区块链技术解决信用问题，是个人对个人的交易，所有的交易记录每个人都可查询且不可更改，这就叫'去中心化'。"

（2）利用类比法一句话搞懂数据概念

除了复杂的概念，对于一些冷冰冰的数据概念，也可以用类比法来进行生动化表达。知名医学科普类公众号"丁香医生"在一篇文章中讲解"人为什么要有规律地喝水"时，提到了一个新概念："研究表明，每顿饭前喝 500 毫升水，一天可以减少摄入 225kcal 热量。"看到这句话，你是不是对"225kcal 热量"没什么概念？别急，文章接下来就用了多个类别来解释这个数据："225kcal 相当于平常吃的 6 颗生菜，相当于用直径 10 厘米的碗盛的 1.5 碗大米饭，相当于麦当劳的 3 个鸡翅，人需要慢走 9 657 步或慢跑 35 分钟才能消耗掉这些热量。"通过这样的类比，数据概念立马变得生动形象起来。

（3）利用类比法一句话打动对方

一名从事房地产销售的高管在演讲时，想告诉大家"一定要去投资一线城市和核心地段的房产"这样一个理念，他是这样使用类比来表达这一理念的："买一个城市的房产，相当于买这个城市的股票，城市发展好了，你自然会有分红，所以投资的关键点是，一定要买核心城市的优质资产！"

这名高管通过把买房和买股票进行类比，把投资回报与股票分红联系在一起，一下子就让大家明白了投资核心城市的优质资产的重要性。

认知科学家、普利策奖获得者霍夫施塔特认为："人与计算机之间的区别就在于类比。人类天生就会通过类比来认识世界，这种思维方式与人工创造的认知系统完全不同。"通过类比，你可以把复杂的概念形象化，把抽象的数字具体化。

4.1.2 对比冲突化：让表达张力十足

俗话说："没有比较，就没有伤害。"对比，就是把两件事或一件事的两个方面进行对比，从中发现两者的区别，或者突出一件事或一个方面的重要特征和重要性，让人们在比较中辨别好坏、分清是非。这种手法可以突出好与坏、善与恶、美与丑的对立，为人们树立极其鲜明的形象，带来极其强烈的感受。运用这种手法，有利于充分显示事物之间的矛盾，突出事物的本质特征，增强演讲的戏剧性和感染力。

你可以在很多减肥产品的广告中看到对比法的运用。例如，吃药前体重是 90 千克，吃药后体重是 50 千克，前后对比，足足瘦了 40 千克。通过这种对比，消费者能明显感受到使用该产品的效果，从而激发购买欲望。

湖南卫视有一档真人秀节目叫作《变形计》，故事设计很简单，就是让一位来自城市的孩子和一位来自农村的孩子进行为期一周的角色交换。城市的"问题少年"进入农村家庭生活，农村的朴素留守儿童则进入城市家庭体验，一周结束后彼此换回身份。可以发现，在这个基本的故事结构中，"互换"这一行为成为关键。在每期故事中，导演都运用了多重对比，从而让节目产生了多重的人物关系与戏剧冲突。例如，

- 地域差异的对比：一个来自城市，另一个来自农村；
- 经济条件的对比：一个是纨绔"富二代"，另一个是农村的穷孩子；
- 性格差异的对比：纨绔"富二代"性格暴躁、叛逆、自私，农村穷孩子朴实、友善。
- 成长变化的对比：纨绔"富二代"一开始是"问题少年"，经历过贫困之后成为懂事的少年；农村的穷孩子来到城市，看到外面的世界，激励自己更加努力地读书，摆脱贫穷。

如何运用对比手法

- **找到对比主体的主要特征。**对比主体如果是事物，特征可以是形状、长度、颜色、价格、功能、利益等；对比主体如果是人物，特征可以是内心活动、性格、外貌等。可以和自我对比，也可以和其他人、事、物等对比。
- **描绘与对方的差距、反面、区别或变化等。**例如，长与短的对比、善与恶的对比、农村与城市的对比、一个人的成长变化等。

马云在某次演讲中讲到自己的故事，也使用了对比技巧：

30 年前，我去肯德基面试，当时有 25 人应聘，25 人中有 24 人被录用了，只有 1 个人没有被录用，那个人就是我。

今天的阿里巴巴市值突破 4 000 亿美元，成为亚洲首家市值站上 4 000 亿美元高位的上市公司，并进入全球高科技公司第一阵营。

在这段演讲当中，至少有两组对比。一是求职对比：别人都面试上了，我却被淘汰了。二是成长对比：以前我是打工者，现在我是老板。

在第 3 章《我在深圳，莫问归期》这篇演讲稿中，也使用了多组对比。一是

工作场所对比：以前在小城镇工作，现在来到大城市深圳打拼。二是工作境遇对比：给分公司做培训受到学员好评，回到总部却被领导"穿小鞋"。三是住宿条件对比：刚开始有宿舍住，后来租房住；刚开始租住在城中村 10 平方米的出租屋，后来租住在市民中心 30 平方米的出租房。四是成长变化对比：刚来深圳时信心满满—宿舍像狗窝备受打击—努力工作得到学员好评—被"穿小鞋"心情沮丧—面试失败自暴自弃—家人鼓励后充满信心。

再来看一个使用对比法演讲的精彩案例，这是综艺节目《奇葩说》中最佳辩手陈铭的一段演讲（内容有改动）。

键盘侠不是侠

秦教授（对方辩手）说，键盘侠当中也有一小部分人用语言的力量推动社会的进步，起到正面的作用，没错。席瑞（对方辩手）说，"侠"的观点在中国几千年历史上是有变化的，可能曾经非常崇高，今天已经有了新时代的理解，普通人可以做自己心中的"小侠"，用微小的力量推动社会的进步，也没错。两位说的话我完全认可，键盘侠当中是有一小部分金字塔尖的存在，他们用理性的分析、正义的力量，虽然人微言轻，但是持续不断地推动社会的进步，也给社会带来了积极的变化。

那我们是不是也要承认，在键盘侠这个大群体当中，也有很大一部分，他们在网上可能没有那么理性，他们比较情绪化，比较容易被操纵，比较容易受到情绪的左右然后发泄言语？当然有，这是一个公允客观的事实。

席瑞刚才有一点说得非常打动我：对于"侠"的观点，在今天，我们必须赋予它新的理解。我想问一下，不管时代怎么变化，"侠"的精神当中有没有一个不变的特质？这个特质是什么？

中国语言中最早出现"侠"这个字，并为其下定义的是韩非子的《五蠹》一书。他在这本书中写道："侠以武犯禁。"这句话的前面还有一句叫"儒以文乱法"。也就是说，从一开始，"侠"的定义其实是很清楚的，就是指用武力来突破禁锢和束缚的一群人。到今天，"侠"的核心，应包含"勇"这个概念。

让我们想象一下，古时候有个村庄，村里有一个恶霸，这个恶霸作恶多端，村子里有很多人天天都在背后骂这个恶霸，结果方圆几十里的人都知道这个恶霸了，慢慢等大家的议论形成了一种舆论压力。在这种压力之下，村里来了一位大侠，他杀死了这个恶霸。那么，村民和这位杀死恶霸的大侠，哪种才是真正的侠？语言的力量可以呼唤侠的出现，但不能因此把这个村庄里每个在背后默默吐槽、抱怨的人都称作侠。对于那些只会用嘴巴不停地说的人，古时候称其为"长舌"！

语言可以推动社会的力量，这一点我完全承认。键盘侠当中也有一拨人在推动社会的进步，但他们对应的不是"侠"这个称号。侠是另一拨人，侠有几个基本的特质，比如说我刚刚说到的勇。

侠出门要佩剑，不带毛笔。侠为什么要佩剑？因为这是勇的象征，这是侠的标志。侠的剑是有名号的，这个勇意味着什么？意味着担当。就像大家看武侠电视剧，一看到君子剑就知道杨过来了；一看到玄铁剑就知道独臂杨大侠来了。侠拿剑，你拿键盘，这是什么感觉？——侠吃火锅，你吃火锅底料。就是这种感觉。

对侠来讲，最重要的是什么？声明，有的时候比生命还重要。侠爱惜羽毛。爱惜那份江湖中的荣耀，这是他誓死捍卫的东西，键盘侠叫什么名？马甲。就是他（对方辩手）刚刚说到的这些网名，他们连实名都不敢，又何来的"勇"？侠的核心是"勇"；键盘侠的核心是"怯"。键盘不是键盘侠的工具，是键盘侠的墙壁，他们躲在键盘和屏幕后面，害怕大家看到自己，害怕大家知道到底是谁在说、谁在骂。这也能叫侠吗？真正的侠和键盘侠相比，一个在明，一个在暗；一个勇，一个怯。

还有最核心的一点，侠为义，而键盘侠大多时候，为了爽。

在现实生活当中，当你看到校园暴力，看到有人钱包被偷，你是马上掏出手机在网上嚷嚷着今天又看到什么，还是迈出一步制止这些行为？这就是你做一个普通的好人和一个普通的侠的区别。

我自身也遇到一个例子。去年的六一儿童节，我和大女儿一起拍了 3 张照片，然后发在微博上说六一快乐。结果有个人在我的微博下面留了一条言，是一句非常难听的脏话。我看完后，愤怒的情绪一瞬间就涌上来。我迅速点开回复，就想跟他对骂。就在我即将把骂人的话发出去的瞬间，我老婆突然抢下我的手机，她说："你不要去跟这群键盘侠对骂。如果你骂了，那你跟他们有什么区别？"

这时我从才意识到一件事：键盘侠是一种非常易于传染的情绪状态。你不要以为他离你很遥远。如果你在网络上碰到一个键盘侠，你离成为他就只有一步之遥了。键盘侠就像一摊不断外延的水，你一个不小心，脚一滑就摔倒在水里了。是什么让我没有摔倒？是我对自己有道德建设：你可以那样骂我，但我不能那样骂你，否则我跟你有什么区别？

面对键盘侠这么强大的感染性，除了这种道德自律，我还能做什么呢？你们（对方辩手）知道你们今天的观点的核心是什么吗？是把我面前那堵墙拆了。你现在要告诉我的是，键盘侠也是侠啊，发泄自己的情绪没什么问题，你发泄就好了，这是你最真实的表达，你有什么情绪在网络世界里大声叫出来就好了。如果可以这样，大家一个传染俩，然后这个圈子就不断扩大。最后一堵让我不要踏进去的墙就塌了。

　　大部分人都认为，在互联网舆论中，自由非常重要。每当这个时候，我就会想起一句话，"一生温暖纯良，不舍爱与自由"。我意识到，前半句是后半句的前提。一个人只有温暖纯良，才有资格谈论爱与自由。否则，自由，多少罪恶假汝之名！

　　网上一直有人说："这是我真实的情绪，我就要把它表达出来。"好啊，但你们带来的那些伤害，那些痛苦，那些语言的刀锋造成的所有损伤，你们用一句"我们也是侠"就把它轻易地化解掉了，我不信，我不服！

　　所以，此时此刻，大家记住，一勇一怯，一明一暗，在本质上有冲突，在现实生活中也不成立。键盘侠不是侠。

　　演讲稿剖析：陈铭的这场演讲可谓是把对比法发挥得淋漓尽致，揭露了键盘侠和真正的侠之间的本质区别。陈铭在演讲中对比的内容如表 4-1 所示。

表 4-1　陈铭在演讲中对比的内容

对比维度	键盘侠不是侠	真正的侠是什么
目的对比	键盘侠用语言暴力发泄自己的情绪，为爽	真正的侠用武力来突破禁锢和束缚，为义
武器对比	键盘侠用嘴巴不停地说，拿的是键盘	侠出门要佩剑，不带毛笔
明暗对比	躲在电脑屏幕后面，在暗处	见义勇为，在明处
勇怯对比	穿着马甲，怯懦	爱惜荣誉，勇敢

　　对比可以凸显和区别两类事物的本质，可以让演讲变得张力十足，让人更愿意听下去，所以你不妨在演讲中设置多重对比，让演讲充满戏剧性和冲突。

4.1.3　骨牌推进化：让思想层层推进

　　这种表达是从一个事件导致或引发另一个事件的角度引出话题的。就像推倒多米诺骨牌，前面一张倒下，后面就会接连倒下。如果你希望追踪事情的来龙去脉，从而支持或详述某种思想，用这种方法再好不过了。

　　骨牌推进的方法有 3 种，如图 4-2 所示。

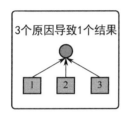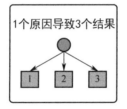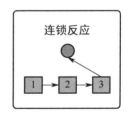

图 4-2　3 种骨牌推进法

● 三个原因导致一个结果。

- 一个原因导致三个结果。
- 连锁反应：由事件 1 引发事件 2，由事件 2 引发事件 3，最终导致某个结果或局面。

下面举例说明这 3 种方法，如图 4-3 所示。

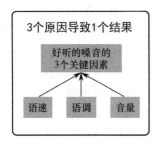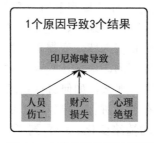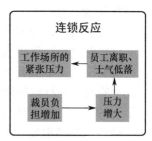

图 4-3　3 种骨牌推进法举例

- 三个原因导致一个结果；语速、语调和音量是决定嗓音的 3 个关键因素。
- 一个原因导致三个结果；印尼海啸导致人员伤亡、财产损失和心理绝望。
- 连锁反应：裁员负担增加，导致员工压力增大，员工压力增大导致员工离职和士气低落，造成工作场所的紧张压力。

心理学上有个著名的"踢猫效应"，讲述了一位父亲在公司受到了老板的批评，回到家就把沙发上跳来跳去的孩子臭骂了一顿。孩子心里窝火，狠狠地踹了正在他身边打滚的猫一脚。猫逃到街上，正好一辆卡车驶来，司机赶紧避让，却把路边的孩子撞伤了。这个故事就运用了骨牌推进法中的连锁反应。

4.1.4　情境细节化：让内容真实可靠

为什么要把情境细节化，尤其是在讲故事或案例的时候？你一定听过很多演讲或故事，一个优秀的演讲或故事一定会有情境设定，让你脑海中充满画面感，至今仍记忆犹新。而不好的演讲或故事通常会让人感觉枯燥乏味，甚至昏昏欲睡，很难激发人们的兴趣，和产生情感上的共鸣，从而不能达到引人入胜的效果。那么，如何对演讲进行情境设定呢？

可以使用 5W 技巧进行情境设定，如图 4-4 所示。

图 4-4　使用 5W 技巧让情境细节化

何时（when）：设定具体的时间。这个故事发生在什么时间？如去年、今年、早上、晚上。尽量不要用"很久很久以前""从前"这样的字眼，因为一般给儿童讲故事才使用这样的开头。如果你想提升演讲的真实性，那就给你的故事或例子设置一些清晰、具体的时间吧。

何种场景（Where）：设定具体的地点和环境氛围。这个故事发生在哪？如家里、上班的路上、公园等。时间、地点、空间就是故事发生的场景。具体的场景能够让你的故事充满画面感和代入感，变得更加真实，而模糊的场景会让人感觉你在瞎编乱造，不能留下深刻的印象。让受众对你的演讲印象深刻的秘诀是对故事发生的场景进行氛围渲染。那么，如何进行氛围渲染呢？有两种方法。

第 1 种方法是利用环境布置来进行渲染氛围。例如，季节、气候、光线、声音等的设计，都能引发人们的情绪变化。一看到"锣鼓喧天、鞭炮齐鸣"，你就会想到热闹、庆典和活动；一看到影视剧作品中光线变得昏暗，背景音乐变得急促、低沉，你就知道剧中人物可能快要死了。

第 2 种方法是利用色彩和感受对氛围进行渲染。例如，红色、橙色代表欢快、活力；黑色代表冷静、黑暗、孤独和痛苦；绿色代表自然、平和、生机。

再给大家举个例子，让大家感受一下氛围渲染的魅力。下面这几段话来自小说《法医秦明》。

废旧的工厂厂房门前，路边停着十几辆蓝白相间的警车，闪烁的警灯和雪白的车灯光束把这个僻静的地方渲染得犹如色彩斑斓的夜市。

厂房内充斥着臭气。十几个人抱头蹲在地上，旁边站着十几名荷枪实弹的警察。

"你说你们是不是黑了良心？"为首的警官说，"你们呀，迟早得遭报应！"

他走到一个锈迹斑斑的铁桶旁，用伸缩警棍敲了敲桶壁，里面发出"嘭嘭"的闷声……

"废旧的工厂厂房""蓝白相间的警车""夜市""警察""臭气""铁桶""嘭嘭"，这些词的运用让这几段文字充满了画面感，有时间、地点、人物和氛围，让你忍不住想继续看下去。

在运用这个方法的时候要注意，氛围渲染一定要和你的故事内容相匹配。例如，如果你描述的是参加一场追悼会，那就不能把氛围营造成"路上开满了鲜花，阳光洒在了我的脸上，鸟儿不停地冲着我叫，花儿不停地冲着我笑……"

何人（Who）：故事现场有哪些人？他们在干什么？

何事（What）：发生了哪些令你印象深刻的事情？引发了哪些冲突？

为何（Why）：你为何在此？你们为何发生矛盾和冲突？

细节刻画得越具体，越容易产生广泛的联系，这貌似不合常理，却是所有讲故事的人共知的秘诀。一个成功的故事一定能够触动受众的某种共性。要触动受众的共性，首先要描述个体的个性。例如，你想通过自己的故事唤起受众对母亲的回忆，那你首先要细致地描绘你的母亲。你可以提到在某个平凡的一天，母亲给你做好早饭，吃完饭她骑着电动车送你去上学。你的故事不需要曲折的情节，也不需要华丽的辞藻，只要有清晰的细节刻画，便能够让受众回忆起自己的母亲。

4.2 故事"5 化"

4.2.1 人物鲜活化：让人物鲜活生动

画龙要点睛，画人要传神。一场演讲之所以能够让你印象深刻，是因为演讲者讲了一个动人的故事，而不是讲了一个厉害的道理。一个故事之所以能让你印象深刻，是因为故事中的人物很鲜活、传神，仿佛就是你自己的故事，你亲朋好友的故事，讲述者通过故事中的人物引发了你的共鸣。

受众对你的演讲印象深刻与否，与他们的记性无关，关键在于你对故事人物的刻画是否形象。那么，如何才能让故事变得鲜活呢？秘诀是人物形象刻画和变换角色视角。

人物形象刻画

对故事主人公的细节刻画，就像京剧中的脸谱一样，每个人物的性格不一样，脸谱的画法就不一样，颜色就不一样，线条就不一样。"蓝脸的窦尔敦盗御马，红脸的关公战长沙，黄脸的典韦，白脸的曹操，黑脸的张飞叫喳喳……"京剧的魅力，不仅在于它的唱念做打，还在于它的脸谱精妙，每张精致的脸谱下面都暗藏了诸多"玄机"。在讲故事时，要像画脸谱一样去刻画故事中的人物。

以朱自清的《背影》（节选）为例。

我说道："爸爸，你走吧。"他望车外看了看说："我买几个橘子去。你就在此地，不要走动。"我看那边月台的栅栏外有几个卖东西的等着顾客。走到那边月台，须穿过铁道，须跳下去又爬上去。父亲是一个胖子，走过去自然要费事些。我本来要去的，他不肯，只好让他去。我看见他戴着黑布小帽，穿着黑布大马褂，深青布棉袍，蹒跚地走到铁道边，慢慢探身下去，尚不大难。可是他穿过铁道，要爬上那边月台，就不容易了。他用两手攀着上面，两脚再向上缩；他肥胖的身子向左微倾，显出努力的样子。这时我看见他的背影，我的泪很快地流下来了。我赶紧拭干了泪，怕他看见，也怕别人看见。

　　我再向外看时，他已抱了朱红的橘子往回走了。过铁道时，他先将橘子散放在地上，自己慢慢爬下，再抱起橘子走。到这边时，我赶紧去搀他。他和我走到车上，将橘子一股脑儿放在我的皮大衣上。于是扑扑衣上的泥土，心里很轻松似的。过一会儿说："我走了，到那边来信！"我望着他走出去。他走了几步，回过头看见我，说："进去吧，里边没人。"等他的背影混入来来往往的人里，再找不着了，我便进来坐下，我的眼泪又来了……

　　在朱自清的笔下，"父亲"戴着黑布小帽，穿着黑布大马褂，深青布棉袍，他有点小胖，走路有点慢，他穿过铁道，爬上月台，他抱着朱红的橘子走来，他离去的背影……在这段话中，作者没有使用华丽的辞藻，没有设计曲折的情节，却勾勒了一个鲜活的父亲的形象，将父亲对儿子的爱展现得淋漓尽致。读到这里，读者很容易就会联想到自己的父亲，引发共鸣。

　　那么，如何对故事中的人物进行形象的刻画呢？

（1）容貌刻画

　　描写人的五官长相，容貌要脸谱化。

（2）衣着打扮

　　衣着打扮通常指故事中人物的穿着打扮，如穿了一件什么颜色的衣服、什么款式的帽子等。

（3）肢体动作和表情变化

　　例如，故事中的主人公是在跑、跳、爬还是扶等，表情皱着眉头还是嘴角上扬等。

　　通过对容貌、衣着打扮、肢体动作和表情的描写，可以让故事中的人物变得鲜活。读一读下面几段话，感受一下文中对人物形象的刻画。

　　他的眉毛时而紧紧地皱起，眉宇间形成一个问号；时而愉快地舒展，像个感叹号。

　　他那红嘟嘟的脸蛋闪着光亮，像九月里熟透的苹果一样。

　　他的耳朵白里透红，耳轮分明，外圈和里圈很匀称，就像一件雕刻出来的艺术品。

　　她那张小嘴巴蕴藏着丰富的表情：高兴时，撇撇嘴，扮个鬼脸；生气时，撅起的小嘴能挂住一把小油壶。从这张嘴巴说出的话，有时能让人气得火冒三丈，抽泣不止，有时却让人忍俊不禁，大笑不已。

　　两道眉毛给予她的眼睛一种特别的美——这是两条淡褐色的、松软的、差不多是笔直的线条，而且很少有对称的时候，一道比另一道高出一点，因此这道眉毛上面出现一条小小的皱纹，其中仿佛含着寓意，隐藏着思想。

你要是想让别人记住什么，就要让你的故事在人们脑海里留下一个难忘的形象或镜头。对人物形象刻画比较成功的例子有：电影《这个杀手不太冷》中的杀手里昂和短发小姑娘马蒂尔达；电影《超人》中的超人身着蓝衫，裤衩外穿，披着红斗篷，拥有强大的力量和惩奸除恶的正直性格；电影《剪刀手爱德华》中的剪刀手爱德华哥特风格的造型、冰冷的剪刀手，让人对他既恐惧又怜爱，还有中国经典电视剧《西游记》中的孙悟空，凤翅紫金冠，锁子黄金甲，藕丝步云履，紧箍咒，虎皮袍，赭黄袍……这些作品对人物形象的刻画，造就了一个又一个时代经典。

不同视角的转换

作为一名优秀的演讲者，应该学会通过不同的角色来演绎演讲内容，像脱口秀演员和相声演员一样，一个人分饰不同的角色，这是一个优秀演讲者必备的技能。一场好的演讲一般会有 3 种不同的视角，如图 4-5 所示。

叙述者	本人	角色
作为事件的观察者	作为事件的参与者	作为事件的另一方

图 4-5 3 种不同的视角

（1）叙述者视角

叙述者作为事件的非参与者或观察者，观察整个故事的经过。叙事者视角无所不在，无所不知，因此也叫"全知全能"视角，有点像影视剧中旁白的角色。叙述者以观察者的角色进行观察、报告、谈论和叙述。例如，下面这段演讲就是以叙述者的视角讲述。

昨天下班的时候，我被领导叫到办公室骂了一顿。他问我下周三要用的 PPT 为什么还没改好发给她。我说下周要的 PPT 不是下周给吗，为什么要现在给呢。领导说我是不是不想做了，她还说如果不想做的话现在就可以走人。

如果演讲者是以观察者的角色把演讲内容叙述出来，而不是演出来，那就是站在叙述者的视角讲故事。

（2）本人视角

"本人"作为事件的参与者参与到故事当。当演讲者以自己的视角，把角色演绎出来的时候，受众往往会有一种事情就发生在他们面前的感觉，从而产生身临其境之感。读一读下面这段演讲内容，其中使用了叙述者和本人视角。

叙述者：昨天下班的时候，我被领导叫到办公室骂了一顿。他问我下周三要用的 PPT 为什么还没给她。

本人：下周要的 PPT 不是下周给吗？为什么要现在给呢？

叙述者：领导说我是不是不想做了，她还说如果不想做的话现在就可以走人。

（3）角色视角

作为事件的另一方，你是如何看待这件事情的？角色视角是指演讲者可以通过语言和肢体动作表演出来的人或物。它包括人物、动物、表情、模仿等。读一读下面这段演讲内容，其中使用了叙述者、本人和角色 3 种视角。

叙述者：昨天下班的时候，我被领导叫到办公室骂了一顿。

角色：下周三要用的 PPT 为什么还没给我？

本人：下周要的 PPT 不是下周给吗？为什么要现在给呢？

角色：你是不是不想做了！不想做的话现在就可以走人！

按照这 3 种视角去演绎演讲内容，就会让故事中的人物形象更加鲜活，演讲也会变得生动有趣。需要注意的是，使用不同的视角时，需要演讲者具有一定的表演能力和技巧，学会用不同的声音、动作和表情，把不同的角色演绎出来。那么，如何练习演讲视角呢？

演讲视角练习：设定一个你（本人视角）和另一个人（角色视角）之间对话或吵架的场景。另一个人（角色视角）必须是一个你可以描绘出来的人，最好不要是动物、卡通人物等。你和这个人发生了矛盾，并相互争吵，你需要一人分饰两角甚至三角来演绎你们之间的对话，你可能不仅需要扮演本人视角和角色视角，还需要扮演叙述者视角，用不同的声音、动作和表情将争吵的过程表演出来。此外，争论必须是面对面发生的，不是打电话争吵。争论最好能持续 1～2 分钟。

4.2.2　内容五感化：让受众身临其境

内容五感化就是指在演讲的过程中，充分调动受众的 5 种感官，触发他们的视觉、听觉、味觉、嗅觉、触觉（见图 4-6），从而使他们和演讲者一起产生共同的情境体验。

人的5种感官

视觉　　听觉　　嗅觉　　味觉　　触觉

图 4-6　5 种感官

在现实生活中，那些在你看来动人的歌曲、美丽的画作、精美的照片，它们的创作者无一不善于利用人的各种感官，作品中充满了画面感，给人们的五官带来了极大的冲击，从而让作品充满生命力，让作品"自己讲述故事"。以赵雷老师的歌曲《阿刁》为例，歌词如下：

阿刁，住在西藏的某个地方，
秃鹫一样，栖息在山顶上。

阿刁，大昭寺门前铺满阳光，
打一壶甜茶，我们聊着过往。

阿刁，你总把自己打扮得像男孩子一样，可比格桑还顽强。

阿刁，狡猾的人有千百种笑，你何时下山，记得带上卓玛刀，
灰色帽檐下，凹陷的脸颊，你很少说话，简单的回答。
明天在哪里，谁会在意你，即使死在路上。

阿刁，明天是否能吃顿饱饭，你已习惯，饥饿是一种信仰。

阿刁，不会被现实磨平棱角，你不是这世界的人，没必要在乎真相。

命运多舛，痴迷淡然，挥别了青春，数不尽的车站，
甘于平凡，却不甘平凡的腐烂。

你是阿刁，你是自由的鸟……

就算你没有听过这首歌，只看歌词，你也能"看到"一个非常有个性的"阿刁"站在你面前：一个特立独行的女孩子，她的脸颊凹陷，总喜欢戴着灰色的帽子，不喜欢和别人说话，喜欢四处行走，虽然经常吃不饱饭，但她不甘于平凡地腐烂，坚持自己的信仰。为什么会有这么强烈的画面感？因为歌词中运用了感官描写技巧，让人物生动形象、富有灵魂。那么，歌词中都有哪些感官描写呢？

- 视觉描写："秃鹫一样，栖息在山顶上""大昭寺门前铺满阳光""灰色帽檐下，凹陷的脸颊""打扮得像男孩子一样""数不尽的车站"。
- 听觉描写："秃鹫""我们聊着过往""数不尽的车站"。
- 嗅觉描写："可比格桑（一种花）还顽强""不甘平凡的腐烂"。
- 触觉描写："大昭寺门前铺满阳光""卓玛刀""现实磨平棱角"。
- 味觉描写："打一壶甜茶""明天是否能吃顿饱饭，你已习惯，饥饿是一种信仰"。

就是这一句句调动人的五感的歌词，让一个特立独行的阿刁的形象跃然纸上，唤起了你的同情心和同理心，让你感觉阿刁不是别人，她就是你身边的某个

朋友、某个亲人，甚至可能是你自己。你跟随着心中的感觉，穿越到歌词中描述的那些场景，与阿刁一同前行。

在演讲时，你也要学会利用各种感官刺激，让受众产生身临其境的体验感。例如，柴静的《穹顶之下》演讲使用了大量有画面感的语言，"春天的时候门开着，风进来，花香进来，颜色进来。有的时候你碰到雨，或者碰到雾的时候，你会忍不住往肺里面深深地呼吸一口气。能感觉到'碎雨'的那个味道，又凛冽又清新。"在这一小段话中，体现了各种感官，"风""雾"激发了受众的触觉，"花香"激发了受众的嗅觉，"颜色"激发了受众的视觉，"味道"激发了受众的味觉，"碎雨"激发了受众的听觉。5 种感官共同激发，使这场演讲充满了画面感。

通过以上这几个例子，你应该已经了解了"内容五感化"的重要性，那具体该如何运用感官描写来让演讲充满画面感呢？

第 1 步：运用"想象一下"的句式开头。"想象一下"的句式就相当于在受众的大脑安装了一个能够产生联想的开关，有这个句式，受众的大脑就会跟着你的语言一起产生联想。

第 2 步：激活感官体验。在演讲中使用能够调动五感的词汇来激活感官体验。

- 视觉：利用事物的颜色、大小、形状等激活感官。例如，"红色的帽子""黄色的橙子""金色的麦子""绿皮火车""蓝色的天空""紫色的水晶葡萄"等，这些描述是利用事物的颜色激活受众的视觉，而颜色描述是最容易激发受众视觉的；"一个大大的西瓜""这个人壮得像一头牛""一条弯弯曲曲的小路"等，这些描述是利用事物的大小和形状激活受众的视觉。

- 听觉：利用事物发出的声音激活受众的听觉，如泉水的叮咚声、火车的鸣笛声、上课铃声、孩子的哭闹声等，还可以在演讲中加入一些象声词。

- 嗅觉：利用事物发出的气味激活受众的嗅觉，如臭鸡蛋的气味、桂花的芳香、食物的香味等。

- 味觉：利用事物的味道激活受众的味觉，如蜂蜜的甜味、柠檬的酸味、中药的苦味、辣椒的辛辣味等。

- 触觉：利用身体各个部位的感受激活受众的触觉，如"头皮发麻""手心冒汗""后背发凉""身上起鸡皮疙瘩""心如刀绞"等。假设你在向顾客介绍一辆汽车，第一种方式是"这辆汽车动力很强"；第二种方式是"这辆汽车动力很强，只要你轻踩油门，就会有一种推背的感觉"。显然，第二种加入"触觉"的描述更能打动顾客。

我曾经参加了一次茶话会，当时主持人让大家分享自己最喜欢的一道菜。我当时的分享是这样的："我最喜欢的一道菜是我妈做的红烧鸡肉，因为从小吃到大，所以感觉特别好吃。"讲完之后，大家觉得这道菜挺普通的。你是不是也是这种感觉？现在我用"内容五感化"的技巧来重新描述这道菜，你可以体会一下有什么不同的效果：

我最喜欢的一道菜是我妈做的红烧鸡肉。为什么这么说呢？我记得从我记事起，每次过生日，我妈都会特意杀一只鸡，为我做一盘红烧鸡肉。那个时候家里买不来生日蛋糕，所以过生日的方式也比较特别。我记得 8 岁生日那天，我跑进厨房，看到我妈正在锅里煮着鸡肉，锅里发出"咕噜咕噜"的声音，整个厨房都充满了香味。大黄狗蹲坐在地上，冲我不停地摇着尾巴，仿佛在告诉我一会儿记得给它也吃几块。那个时候我的个子还没有我家的灶台高，所以我只能踮起脚尖死死地盯着锅，巴不得鸡肉能马上出锅，快点吃到。终于，鸡肉熟了，我妈用筷子夹起了一块，说："小超，来，尝一口！"鸡肉吃到嘴里的那一刻，我高兴极了……

对比这两次描述，哪盘红烧鸡肉更有画面感，更让你更有食欲？显然是第二次。因为第二次描述的故事可以充分调动你嗅觉、视觉、味觉和听觉。

- 嗅觉：整个厨房都充满了香味。
- 视觉：摇着尾巴的大黄狗、比"我"还高的灶台、踮起脚尖、盯着锅。
- 味觉：鸡肉吃到嘴里的那一刻。
- 听觉：锅里发出"咕噜咕噜"的声音。

一个好的演讲、一个好的故事，一定能够充分调动受众的各种感官，让受众身临其境，有画面感。下面看赵雯婷的一篇演讲《法医实录》（内容有改动）。

我是一名法医，说起法医，很多人都会想到很多火爆的犯罪侦查剧，比较早的像 TVB 的《法证先锋》《洗冤录》，美剧《犯罪现场调查》，最近的如这两年播出的《法医秦明》。我们可以看到在每部这样的影视剧中的法医不光智商超群，甚至有时候连出场都自带特效。

比如说《法医秦明》中的秦明，一身英伦绅士风。他每次去现场的时候，必定会穿着一件拉风帅气的羊绒大衣。我也很希望现实中的法医也能像他这么"有型"。然而事实上，我们经常面对的可能是你想都想不出来的场景。

有一年初夏，我的同事刘姐参与侦破了一起枯井剖尸案。她在现场按照规定穿着勘察服，戴着厚厚的口罩。即便如此，他仍然被一股恶臭熏喘得上不来气（嗅觉，气味）。在 30 多度的天气（触觉，热），这具刚刚从井里打捞上来的尸体表面呈现出一片诡异的、发着光的乳白色（视觉，白色），大家猜猜这是什么？

很多人都说对了，是满满一层的蛆虫（视觉和触觉）。现场有人用水冲刷尸体的表面，结果冲掉一层蛆，很快又从尸体中爬出一层（视觉）。没多久，整个现场的地上就被蠕动的乳白色给覆盖了。你可以想象一下，大家穿着勘查皮靴，踩在地上，脚下发出"啪啪啪"的响声（听觉，"啪啪啪"的声音）。

我每次想到这个画面都会头皮发麻（触觉），但事实上，对于像刘姐这样的一线法医来说，在现场遇到高度腐败的尸体是家常便饭。那唯一让她担心的是，回到家之后就算天天洗澡，这种气味也会很多天都挥散不去。刘姐一岁多的儿子都能闻到这种气味，因为这种比臭鸡蛋还要臭 100 倍的味道（嗅觉），即使戴着好几层防护帽，也会钻到头发里。所以，如果一名法医在尸检现场穿着一件特别"吸味"的羊绒大衣（视觉，衣着描写），至少在我看来是难以想象的。

……

这篇演讲通过大量的感官描写，让受众仿佛跟着赵文婷一起亲历了犯罪现场，切身感受到了法医工作的不易。为什么会有这样的效果？就是因为赵文婷在演讲的时候将内容都"五感化"了，充分调动了受众的感官，从而达到了让人感同身受的效果。

感官练习：你可以在脑海中想象一个砧板，一个在向阳的窗户下晒得暖暖的柠檬躺在砧板上，果汁十足。你可以闻到柠檬皮清爽的味道。想象有一把锋利的刀，手起刀落，柠檬成了两半。看着这两半柠檬滚下砧板，柠檬汁滴落，汇成一小滩柠檬水。现在你既能闻到柠檬汁的味道，也能闻到柠檬皮的味道。拿起其中一半柠檬，再切一刀下去。拿起这 1/4 个柠檬，放到嘴中，深深地咬下去，然后咧嘴做出一个大大的微笑，让果汁任意流淌到你的下巴上。发生了什么？你有没有觉得唾液腺在起作用？你的嘴里流出口水了吗？看，你的想象让你觉得嘴里真的有个柠檬。

这就是有效的感官描述，能够让你"哈喇子直流"。好的故事会激活你的想象力和感官，模拟真实的体验。你的目标就是讲述一个能激活受众的想象力的故事，让他们通过想象力看到、听到、闻到、摸到、尝到你的故事。试问，这样的故事怎么会不生动？如果做得好，你的故事可能会深嵌在受众的脑海中，让他们难以忘记。如果你能针对每种感官分别列出一系列生动的、具有刺激性的描述，故事就更容易掳获人心。如果在讲述的过程中，你不能清楚地看到故事的发展脉络，那么受众也就看不到故事的清晰脉络。

注意事项：在演讲时，注意不要激发受众的全部五感，否则会让内容显得很凌乱，让受众抓不到你所表达的重点，一般情况下激发 3～4 种感官体验就够了。另外，在演讲过程中，要注意表情、动作、声音效果与感官内容配合一致，这样会使演讲效果更佳。

4.2.3　语言幽默化：让氛围嗨到高潮

幽默在演讲中的作用

（1）幽默可以拉近与受众的距离

很多演讲新手容易犯的一个错误就是，演讲时表现得过于严肃，一上台就立马开始一本正经地讲观点，这样容易给人一种"讲大道理"的感觉。一旦受众有了这种感觉，就会与演讲者保持距离里。因此，在演讲之初，不妨先试着讲几个和主题有关的笑话，幽默一下，从而轻松、快速地拉近与受众之间的距离。

（2）运用幽默的方式会使观点更有力度

在成年人的世界，如果你直接跟对方讲你的观点，很容易让对方产生排斥和怀疑，他会思考你"凭什么这么说"。而用幽默的方式去表达你的观点，就像吃糖衣药片一样。药片本身是苦的，如果直接下咽，会让吃药的人感到很难受。而在药片上包裹一层糖衣，吃药的时候就不会觉得苦，反而会感到很甜，从而不会对吃药产生排斥心理。幽默其实就是药片上的那层糖衣，如果运用得当，就会让受众乐于接受你的观点。

（3）幽默能够提高受众的注意力

成年人在听一些课程或参加一些培训的时候，注意力很容易被其他事情分散或打乱。一旦注意力不集中，就很难继续听下去，导致"断片儿"。如果你的演讲是枯燥乏味的，更容易让受众走神。科学研究数据表明，成年人的最佳注意力一般能持续 8～10 分钟。随着生活节奏变快，信息过载，人们的注意越来越难以集中，所以在演讲过程中，不妨穿插一些幽默的段子，集中受众的注意力。

（4）幽默能够带来快乐和健康

现代社会，竞争日益激烈，人们随时随地都处在一个高压的环境当中，人们渴望放松和快乐。幽默可以给人们带来健康。例如，笑是一种既简单又愉快的运动，现代医学证明，笑对心脏有益，能调节过低或过高的血压，促进消化，增强活力，延年益寿。所谓"笑一笑，十年少"，就是这个道理。

语言幽默化的方法

大部分人发笑的原因常见的有 3 种：来自自身的优越感，当受众觉得自己比演讲者本人更"好"时会发笑，如听到演讲者爆料自己的糗事时；看到滑稽和夸张的表演时会发笑；听到一个情理之中又意料之外的结果时也会发笑。

利用发笑的 3 种原因，可以把语言幽默化的方法总结为 4 种：自嘲他黑法、自我优越法、滑稽表演法和制造意外法，如图 4-7 所示。

图 4-7 4 种幽默的方法

（1）自嘲他黑法

利用受众对"被黑"对象的优越感，使人发笑。自嘲他黑法有两种形式：自黑法和他黑法。

自黑法。 自黑法就是自己黑自己，演讲者爆料自己的一些糗事和缺点，也叫自嘲。例如，我经常会拿自己的"小眼睛"来自黑，看看下面这段自我介绍。

大家好，我叫邓世超，现在大家看一下我的眼睛，是不是很小？有句话说得好——眼睛是心灵的窗户。我看到大家的眼睛，开得都是大大的窗户，我很纳闷为什么老天给我开的窗户却是百叶窗，细长细长的。（基于自我优越感，大家开始笑）因为眼睛小的缘故，在上小学的时候我经常闹出一些笑话。老师在讲台上讲课，我在下面认认真真地听课，结果经常收到老师送给我的一些"礼物"，那就是粉笔头。一根粉笔"嗖"地一下向我扔过来，老师指着我说："邓世超，你是不是又在睡觉！"我好尴尬啊。（说完大家哈哈大笑）

自黑是一种高级幽默，懂得自黑的人，很容易让他人产生亲切感，拉近相互之间的距离。

他黑法。 他黑法就是调侃他人的一些糗事和缺点，使受众获得优越感从而发笑。例如，热播综艺《吐槽大会》之所以容易令人发笑，就是因为讲段子的人经常进行"他黑"。下面看看几个程序员与产品经理相互吐槽让人发笑的例子。

案例 1：程序员吐槽产品经理

产品经理和程序员的关系，是唐僧和孙悟空的关系。

唐僧啥也不会，只会说"我要取经"。（产品经理向程序员提需求）

孙悟空：那我帮你打怪吧。

唐僧：我要去取经，但不能伤害白骨精。

孙悟空：要不你自己来（打怪）？

唐僧：我不会，但我要去取经。

孙悟空：你找我取经，那你听我的行不行？

唐僧：你是不是不想做？那我跟佛祖说，孙悟空做不了。

案例 2：程序员吐槽产品经理 2

产品经理的三大口头禅：

"这个需求很简单。"

"这个需求很紧急。"

"这个需求很重要。"

而程序员都会统一回复："这个需求做不了。"

之前我们团队是没有产品经理，领导对团队中的一个人说："组织一致决定你来做产品经理，因为你的代码写得最差。"

案例 3：产品经理反击程序员

有程序员说如果能直接和运营对接的话，就"没有中间商赚差价"。那是因为你们程序员没有和运营对接过。运营给产品经理提 10 个需求，产品经理先拒绝 3 个，再把 3 个改成别的方案，3 个延期，只给程序员提剩下的那一个。结果程序员说："我们做不了！"

产品经理有时候提一个很简单的需求，开发（程序员）总是把它想得很复杂。产品经理说："我口渴，想喝一杯水，给我一个一次性的杯子。"

程序员会问："你是想喝茶还是喝可乐？杯子要圆形的还是方形的？液体要不要搅拌？杯子要不要清洗……"

他黑法使用注意事项：第一，被黑的这个人应该被受众熟知，否则受众理解不到笑点反而会导致场面尴尬；第二，在调侃他人时不要只是纯粹地说他人的坏话，而是开一个对方接受得了的玩笑，要注意把握分寸和度，否则很可能给被黑的人造成伤害。

（2）自我优越法

与自嘲他黑法原理相反，自我优越法是演讲者利用自己的一些特征和经历，通过创造"莫名的"优越感和莫名的自信感，使人发笑。举几个例子。

案例 1：张铁林创造的自我优越感

在影视剧中经常饰演皇帝的演员张铁林有一次自我调侃说："一个专业的歌手，常常会把自己家装修成专业 KTV 的样子，这个其实是非常可以理解的，就像我，一直想把家里装修成皇宫，只不过那么多年过去了，这个愿望还没有实现而已！"

案例 2：撒贝宁在《吐槽大会》上谈自己"北漂"的经历（内容有改动）

撒贝宁在《吐槽大会》上说道："比如像我，一个资深'北漂'。当然我的'北漂'跟其他人的'北漂'不太一样。因为我是被迫'北漂'的，我不是主动去的。我当年是被保送北大了（吹捧和抬高自己）。拿到录取通知书以后，我很纠结，我在想，去吧，那么远，是吧？远离家乡、亲人、小伙伴，但不去呢，北大也还可以（得意）。真的，你想，万一你不小心收到一张清华的保送通知书，你的人生就毁了，就毁了。所以我一想，北大还可以，那就去吧。到了北京之后，你们今天所经历的一切，什么挤公交、挤地铁、住地下室、吃方便面，所有这一切，我都没经历过（得意）。因为在北大，生活还是很舒适的（得意）。后我来本科毕业要找工作，那一段时间需要租房，但我随后又被保送研究生了，我学校的宿舍又可以继续住了，所以又跨过了租房这样一段经历。可以说这是我人生当中的遗憾，遗憾没有经历（得意）。"

（3）滑稽表演法

滑稽表演法是指通过夸张的语言、表情、动作和形象打扮等让受众发笑。你会被马戏团的小丑和可爱的动物逗得捧腹大笑，我也会被周星驰电影中"如花"的形象而爆笑不止、印象深刻，原因就是他们的表演很滑稽、浮夸。

（4）制造意外法

制造意外法是指通过前面的铺垫，让受众产生心理预期，而最后的结果却打破预期，让人感到意料，从而让人发笑。接下来重点剖析一下制造意外法。

制造意外法的步骤如图 4-8 所示。

第 1 步：描述事实或问题。

第 2 步：更具体地描述，让受众产生心理预期。

第 3 步：用笑点打破预期，使前面的问题得到意外解决。

举个例子。想象一下我正站在你的面一本正经地介绍我的兴趣爱好。

（认真地）我的兴趣爱好是爬山，像我们中国的泰山、华山、黄山这些名山（停顿），我都没爬过。

以下分析下这段自我介绍。

- 描述事实：我的兴趣爱好是爬山。
- 产生预期：像我们中国的泰山、

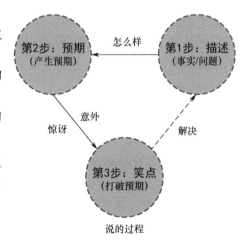

图 4-8　制造意外法的步骤

华山、黄山这些名山。（大家的心理预期是，他既然爱爬山，这些山肯定都爬过）

- 打破预期：我都没爬过。（制造了意外，其实他没爬过，只是想逗一下大家）

笑话的构成需要有两条故事线，如图 4-9 所示。一条是让受众产生心理预期的铺垫，我把它称为"故事 1"；另一条负责"抖包袱"，也就是负责制造让受众发笑的笑点，我把它称为"故事 2"。笑点需要满足合乎情理又意料之外。下面再来分析上文这个例子。

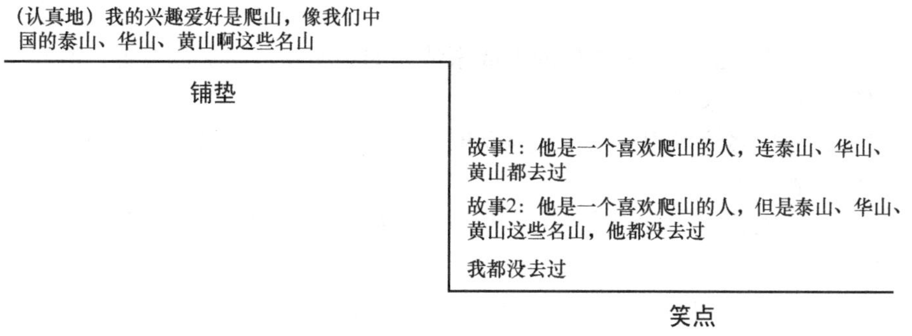

（认真地）我的兴趣爱好是爬山，像我们中
国的泰山、华山、黄山啊这些名山

铺垫

故事1：他是一个喜欢爬山的人，连泰山、华山、
黄山都去过
故事2：他是一个喜欢爬山的人，但是泰山、华山、
黄山这些名山，他都没去过

我都没去过

笑点

图 4-9　笑话的两条故事线

很显然，如果没有故事 2 打破故事 1，就没有意外，没有意外，就无法制造笑点，笑话也就不成立了。

4.2.4　情感真实化：让演讲打动人心

有学员经常问我："老师，我一上台就紧张，并且不懂任何演讲技巧，肯定做不好演讲的。"真的是这样吗？

新冠肺炎疫情防控期间，有一个视频刷爆网络。国务院为表彰疫情防控期间快递小哥的贡献，邀请了一位中通快递小哥出席国务院发布会，代表基层快递员发声，他是这样演讲的：

"不好意思啊（卡壳），比较紧张（卡壳），我最朴素的想法就是，我们多跑路，让客户少出门，谢谢！"

短短一句话，卡壳了几次，没有华丽的辞藻，没有流利的表达，没有感人的故事，但他说完立马收到了台下记者热烈的掌声！这段视频发到网上后，感动了无数网友。为什么会这样？因为这名快递小哥靠的不是技巧，而是真诚。所以，无论是讲逻辑还是讲故事的演讲，你都要明白一点：只有真情实感的演讲才能打动他人。情感是人们内心世界的外在表现，缺乏情感的故事是无法触动他人的。

心理学研究表明，人类的情绪主要有 6 种，如图 4-10 所示。

愤怒：让人气愤的人或事情，如被人误会、被领导骂等。

厌恶：让人不喜欢的人或事情，如别人说你的坏话、看到有人做一些损人利己的事情、有人挑战你的原则等。

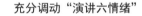

充分调动"演讲六情绪"

愤怒　　厌恶　　恐惧　　快乐　　喜爱　　悲伤

图 4-10　人类的 6 种主要情绪

恐惧：让人感到害怕的人或事情，如遇到歹徒、被家暴、做从来没做的事情等。

快乐：让人感到开心和快乐的人或事情，如和朋友一起吃饭旅游、追到了心仪的对象、获得了荣誉等。

喜爱：与厌恶恰好相反，如和喜欢的人在一起、养了一只喜欢的猫、找到了一家好吃的餐厅等

悲伤：让人感到伤心或难过的人和事情，如亲人离世、与恋人分手、被公司辞退等。

那么，如何才能用好这"演讲六情绪"，让你的演讲充满真情实感呢？

第 1 步：识别与接纳

觉察演讲内容背后的情绪是什么。是开心还是悲伤？给你的情绪命名。许多人觉得负面情绪是不好的。其实，情绪本身没有好坏与对错之分，只要你是个正常人，就会有七情六欲，有情绪波动。所以，要学会识别和接纳自己的情绪，仔细去体会自己的情绪，无论是正面的情绪还是负面的情绪。

只有仔细体会自己的情绪变化，才能提高自己的情绪识别能力，从而控制自己的情绪。如果一个人连自己的情绪是什么都说不出来，那如何能控制住自己的情绪你？因此，在讲故事时，你要不断地问自己：我的情绪是什么？我的情绪变化是怎样的？只有认真感受自己在故事中的情绪变化，才能激发自己的演讲情感，才能讲好故事。

第 2 步：回想

让这个故事重新在你脑海里发生一次，回想当时是哪件事情刺激到你了，或者是哪个人刺激到你了，又或者是哪些所见所闻刺激到你了，这引发了你什么样的情绪？又引发了你哪些行为反应？回想故事中的每个细节，感受情绪背后的真正需求是什么。

当面对冲突时，你会讲述正面意义的故事还是负面意义的故事？如果你原本讲述的是一个负面意义的故事，但讲出了其中的正面意义，那你的情绪和感受就会"由负变正"，行为表现也会"由负变正"。这样的故事，就是一个好故事，一个发人深省、积极向上的好故事。

第 3 步：再现

通过声音、表情和肢体语言来演绎和表达你的情绪，演绎故事的内容。舞台演绎其实是一种很好的宣泄和释放情绪的方法。在心理学中，有一种心理疗法叫作心理剧。它是由精神病理学家莫瑞努于 1921 年提出的。心理剧能帮助参与者通过音乐、绘画、游戏等活动热身，进而在演出中体验或重新体验自己的思想、情绪、梦境及人际关系，伴随着剧情的发展，在安全的氛围中，探索、释放、觉察和分享内在的自我，从而使参与者的感情得以发泄，达到治疗效果。

所以，在演讲中，要勇于通过语言和冲突真实地表现自己的情感。古往今来，唯有带有作者真情实感的诗词文章，才能源远流长、广为传颂；唯有融入演讲者真情实感的演讲，才能打动人心。

> **练习：**
> 请讲一个让你伤心的事情，并用演讲的方式呈现出来；
> 请讲一个让你开心的事情，并用演讲的方式呈现出来；
> 请讲一个让你恐惧的事情，并用演讲的方式呈现出来。

4.2.5　思想金句化：让思想疯狂传播

说到金句，你会想到谁的演讲？我会想到雷军演讲中的金句："生死看淡，不服就干。"马云演讲中的金句："男人的长相，往往与他的才华成反比。"等等。这些金句有什么特点？

- **短小精悍**：这些金句非常短小，高度概括了演讲者的思想。
- **立意鲜明**：这些金句能够鲜明、大胆地展示演讲者的思想，并且是整场演讲的核心思想。
- **朗朗上口**：这些金句读起来都朗朗上口，容易记忆。
- **引发共鸣**：这些金句往往能引发受众的共鸣，甚至能起到激励和号召的作用。

为什么要在演讲中使用金句？

首先，金句是演讲者送给受众的"礼物"。演讲中如果没有金句，就像一棵茂盛的苹果树上没有结苹果、吃饭时有好菜却没有配好酒一样，让人总感觉少点什么，无法给人以"醍醐灌顶、直指人心"的痛快感。其次，金句具有传播性。受众听完一场演讲后，印象最深刻就是演讲者的金句，甚至被奉为经典而广加传播。最后，金句能够直击受众心灵，引发受众的共鸣。在生活中仔细观察一下你就会发现，广告文案喜欢用金句，影视作品喜欢用金句，文学作品喜欢用金句，名人演讲喜欢用金句……

所以，要想让你的演讲被广泛传播，那就快使用金句吧！

那么，如何写金句你？有 4 种方法，如图 4-11 所示。

图 4-11　写金句的 4 种方法

重复

重复指的是句式重复或用词重复。例如，铁达时手表的金句："不在乎天长地久，只在乎曾经拥有。"红星二锅头的金句："用子弹放倒敌人，用二锅头放倒兄弟。"苹果手机的金句："唯一的不同，就是处处不同。"

回环

回环指的是前后词语相同，顺序不同（A—B，B—A），有种回环往复的感觉。例如，《三体》的金句："给岁月以文明，而不是给文明以岁月。"尼采的金句："当你凝视深渊时，深渊也在凝视你。"

类比

类比指的是找到一个共同属性，用以连接两个不同的事物。例如，《老鼠爱大米》的歌词："我爱你，就像老鼠爱大米。"网络流行语："每个人都是一条河流，每条河流都有自己的方向。"

押韵

押韵指的是句子最后一个字的韵母相近或相同。例如，麦当劳的广告语："吃饭就吃金拱门，一生只爱一个人。"网络流行语："前半生不吃苦，后半生就吃土。"押韵的金句，读起来朗朗上口。

总结一句话：一场精彩的演讲，必然有精彩的金句；演讲不够，金句来凑。

第5章
掌控关键：让演讲胜利在望

开卷之处，当以奇句夺目，使之一见而惊，不敢弃去；终篇之际，当以媚语摄魂，使之执卷流连，若难遽别；收场一局，即以勾魂摄魄之具，使人看过后数月而犹觉声音在耳，情形在目者，全亏此撒娇，作临去秋波那一转也。

——李渔，清代文学家、戏剧家

一场精彩的演讲，要掌控三大关键：开场要震撼，让演讲先声夺人；过渡要巧妙，让演讲浑然一体；结尾要有力，让演讲余音绕梁。

5.1 震撼开场，让演讲先声夺人

5.1.1 精彩开场的重要性

有一个良好的开端，演讲就成功了一半。开场白对一场演讲非常重要，正所谓"行家一出手，就知有没有"，心理学中有一个著名的"首映效应"，说的就是这个道理。如果你能在前 3 秒内建立良好的第一印象，再加上 3 分钟的精彩开场白，就可以给受众带来 3 小时甚至 3 天的积极性，这就叫"三三三法则"。开场白可以说影响了一场演讲的成败，就如同唱歌一样，最开始起的调决定了整首歌曲的演唱效果。如果开场白没有做好，后面需要花很多精力才能调整过来，从而影响演讲者在演讲过程中的状态。

一个好的开场白，需要达到以下目的。

- **拉近距离。**当受众进入演讲现场时，一般对演讲者是有陌生感和距离感的，不是所有人都熟悉演讲者和演讲主题，所以演讲者要通过开场白来拉近与受众之间的距离。
- **建立信任。**信任特别重要，如果受众不信任你，你讲得再好，他们也不愿意听。所有的合作都基于信任，要想通过演讲影响他人，也要培养双方之间的信任。
- **引发好奇。**当受众进入演讲现场，有可能心里还装着自己的事情。例如，受众昨天被老婆骂了一顿，现在正想着该如何给老婆道歉；受众刚刚听完上一个人的演讲，还在回想上一个人演讲的内容。因此，你需要设计一个能够引发受众好奇的开场，以抓住他们的注意力。

那么，有哪些精彩的开场法呢？

5.1.2　5种精彩开场法

演讲的开场方法有许多，下面介绍最实用、最有效的5种，如图5-1所示。

图5-1　5种精彩开场法

现挂开场法

"现挂"这个词语来源于相声，是指演员根据演出的实际情况，在适宜的情境下，结合当时当地发生的事件，现场进行即兴发挥。现挂也可以用于演讲和主持等场合。现挂是即兴发挥，因此非常考验演讲者的应变能力和平时的素材积累水平，只有时刻准备好，演讲者才能以不变应万变。那么，如何在演讲开场时进行现挂呢？有3种方式，如图5-2所示。

（1）现挂演讲主题

现挂演讲主题的意思是，一般大型的演讲场合都会有一个演讲主题，演讲者在设计开场白时可以与演讲主题相关联。

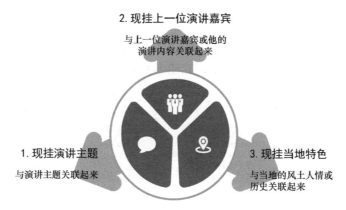

图 5-2　3 种现挂开场法

（2）现挂上一位演讲嘉宾

著名演员黄渤在某次参加腾讯公司举办的星空演讲活动上，采用的开场方式就是现挂之前的演讲嘉宾。

感谢大家前面听了那么多无聊的谈话。（此处现挂前面王凯和邹市明的演讲让大家听得都快睡着了，受众一听这是在挖苦前面两位演讲者啊，于是纷纷笑了起来。）

感谢大家的耐心，请大家忍耐下，因为还有十多分钟无聊的时光。（听到他拿自己开玩笑，大家又笑了，更愿意听下去了。）

幽默就是为了化解尴尬，比如像现在没有掌声的问题。（观众立马开始鼓掌。）

短短的几个现挂，场子就热起来了。

（3）现挂当地特色

现挂当地特色就是把开场白与当地的风土人情或历史关联起来。

以某位演讲者的演讲为例。

大家好，我是邓世超，今天非常高兴来到我们大深圳。来到深圳做演讲，就像到了自己家一样，感觉大家非常亲切和热情。另外我还知道深圳有个名人，人人都喜欢他，在莲花山上还能看到他的雕像，大家猜一下是谁？没错，就是邓小平，我也姓邓，看来和深圳就是有缘。我们知道深圳是改革开放先行示范市，开放的意思其实就是放开，今天我也和大家聊一聊在演讲时如何放开自己。

在这段开场白中，演讲者用到了多个现挂。先是现挂当地的风土人情，再现挂当地的名人邓小平，最后现挂了演讲主题——从改革开放到演讲需要放开。

注意事项：使用现挂开场时最好能现挂演讲主题，而且开场时间不宜过长，否则容易让受众以为你演讲跑题。

SCQA 开场法

SCQA 即情境（Situation）、冲突（Complication）、疑问（Question）和回答（Answer），是一种讲故事的开场法，如图 5-3 所示。

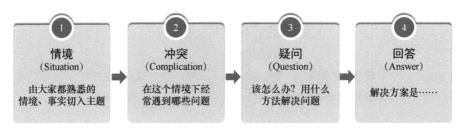

图 5-3　SCQA 开场法

- **情境（Situation）**：从大家都熟悉的情境或事实切入主题，并描述通常情况下大家是怎么做的。
- **冲突（Complication）**：陈述在这个情境下经常遇到哪些问题。
- **疑问（Question）**：提出问题"该怎么办？用什么方法解决问题？"
- **回答（Answer）**：我的解决方案是……

举个例子，某演讲者向学员分享了一节讲述如何做好演讲开场的微课，采用的就是 SCQA 开场法。

S：情境

你是否遇到过这样的情境：你今天来参加一位老师的课。老师缓缓地走上讲台，做了一个平淡的开场后就直接开始授课。他说："我们今天的课程分为 5 个单元，接下来我们来学习第 1 单元的内容。"你没听几分钟，就开始有些走神，你时而拿出手机不停地刷微信，时而左顾右盼，脑子里还想着下课之后去哪里吃饭。似乎老师的开场并没有吸引你。

C：冲突

如果我们在讲课或演讲时不能第一时间抓住对方的注意力，会造成什么后果？可能会导致对方不想听、对方容易走神、演讲无效果等。

Q：疑问

那有没有什么好的开场方式，能够迅速抓住对方的注意力，起到引人入胜的开场效果呢？

A：回答

当然有，那就是我向大家分享的 4 步开场法。它能迅速抓住受众注意力，让你的演讲引人入胜。

其实，大部分的影视广告采用的结构都是 SCQA。下面以姚明代言的士力架广告为例进行分析。

广告内容是：一群人一起打篮球（情境），打着打着大家都饿了，没有力气了，怎么投球也投不中，尤其是男主人公，被队友说成"饿货"（冲突）。那饿了该怎么办？（疑问）结果队友送给了男主人公一块士力架（解答）。男主人公吃了一口，立马从一个骨瘦如柴的小伙子变成了高大威猛的姚明，打球立马就来劲了。男主人公一投一个准。

可以将 SCQA 故事开场法概括为一个黄金句式。

在大家都非常熟悉的×××情境下，发生了×××的问题，引发了×××的严重后果，怎么办？解决方法就是我今天的演讲主题×××。

注意事项：

使用 SCQA 开场法时，在"情境"的描写上，一定要描写受众经常遇到的场景，场景越有细节，大家越有代入感；在"冲突"的设计上，一定要直击受众的痛点，并且说明这个痛点如果不解决，后果会很严重。只有把控好这两个关键，你的开场白才会吸引人。

SCQA 开场法与前面讲的三幕故事结构是一样的。前文说过，故事的三要素是背景、冲突、结局。背景对应 SCQA 开场法中的 S（情境）；冲突对应 SCQA 开场法中的 C（冲突）；结局对应 SCQA 开场法中的 Q（疑问）和 A（回答）。只要学会使用 SCQA 开场法，就能让你的开场白像讲故事一样有吸引力。

揭示事实法

揭示事实法是指用案例实验、新闻事件、调查报告、科学研究或统计数据作为开场白，起到震惊受众、吸引受众注意力的效果。柴静的演讲《穹顶之下》的开场就采用了揭示事实法。

2013 年 1 月的北京，一个月里有 25 天都是雾霾天。在那个月里，我还去了 4 个地方出差：陕西、河南、江西、浙江。回头看视频里的天空，当时中国正被卷入一场覆盖 25 个省、市和 6 亿人口的大雾霾。

注意事项：使用案例、数据、新闻、科学研究等作为开场素材时，引用的内容一定要足够权威、准确，并且要与演讲主题相关，不要为了引起大家的重视而捏造或夸大事实，因为谎言一旦被揭穿，会降低你的信任度，即便后面的内容讲得再好，也会让受众大失所望。

道具展示法

通过与演讲主题有关的实物展示、图像展示或视频展示，激发受众的好奇，因为人们对看得见、摸得着的实物都会充满好奇心。

某部队战士参加"拼搏：永恒的旋律"主题演讲，他是这样开场的。

朋友们，请看，今天我给大家带来了一样礼物。（说着，他举起一个小铜盒）我已经珍藏它 5 年了。它不仅帮助我改变了自己的命运，更让我明白了肩上的重任。大家一定想知道面装的是什么吧？现在我就打开给大家看看。（说着，他从小铜盒中拿出一个条幅，上面是鲜红、刚劲的 4 个大字——拼搏到底）这是当年我和战友们在铺设青藏公路时用鲜血书写的誓言，它像一面战旗，永远飘扬在我们的心中。下面我就讲一个与它有关的真实故事……

演讲者将小铜盒作为道具展示，由物及情，引人入胜，淋漓尽致地表现了战士们在雪域高原奋力拼搏的豪情。

一位缉毒警察在一场禁毒宣传演讲中，说到很多娱乐场所都把毒品包装成普通饮料的样子。他提到有一种毒品的外包装看上去很像"潮流饮料"，并进行了道具展示。

这个东西我带来了，这叫什么呢？（把它举高，让现场所有人都看见）"潮流饮料"，对吧？潮流饮料一般卖 10 块钱，而这个东西在娱乐场所卖 100 多块，那就有问题了，喝了它以后，你就会不省人事。

这位缉毒警察通过道具展示，让受众一下就看到了原来毒品竟然可以被伪装得这么像普通饮料，心里就会有所警醒。

在使用道具展示法时，有 3 点要特别注意，如图 5-4 所示。

不要被看见	不要传递	适时展出
不要提前把道具放在受众看得到的地方	不要把道具在受众之间传递	在讲到对应的内容时开始展示道具

图 5-4　道具展示法注意事项

- 不要提前把道具放在受众看得到的地方，否则会分散受众的注意力。
- 不要把道具在受众之间传递，否则也会分散受众的注意力，使受众无法集中注意力听你演讲。如果实物道具在人群中传递，至少会影响 3 个人，一个是刚看完道具的人，一个是正在看道具的人，一个是即将看到道具的人，他们的注意力都会集中在道具上。可以在演讲结束后让受众传递道具，亲身体验一下。

● 在讲到对应的内容时开始展示道具。也可以邀请受众代表来体验道具。

要了解更多道具开场技巧，可关注抖音号"超燃演说"，搜索观看"道具开场技巧"视频。

问题导入法

问题导入法是指在开篇用一个或几个问题引出演讲主题。这是能够迅速吸引受众注意力的一种方法。如果你能提出一个好问题，使众积极地参与其中，就是一个成功的开头。问题导入法的优点是能够快速激发受众的兴趣，并能通过提问来了解受众遇到的问题和背景信息，进而开展更有针对性的演讲。

举个例子。在 TED 演讲上，凯利·麦格尼格尔发表了《如何跟压力做朋友》演讲，他用的开场方式就是问题导入法。

我要跟大家坦白一件事情，但首先，我要各位也对我坦白。如果谁感觉自己去年压力不大，请举手。那谁感觉自己承受了一般的压力呢？请举手。那有没有感觉自己去年压力倍增的？（好多人举手）看来我们都一样。

通过使用问题导入法，凯利·麦格尼格尔在开场就迅速抓住了受众的注意力，了解了目前大家面临的压力状况。

在使用问题导入法时，建议将问题控制在 3 个以内，而且所问的问题必须与演讲主题相关。这里给大家提供一个问题开场设计工具，如表 5-1 所示。

表 5-1　问题开场设计工具

	问题素材	目　　的	受众可能的回答
问题 1			
问题 2			
问题 3			

第 1 步：设计几个与演讲主题相关的问题。注意设计的问题不能太难、太专业，否则受众回答不上来，容易造成冷场。

第 2 步：思考提出这几个问题的目的是什么，你期待达到什么效果？

第 3 步：推测受众可能的回答。针对不同的回答，你会如何应对？

第 4 步：组合这几个问题，将其设计成演讲开场。

5.1.3　错误的演讲开场方式

如果使用了错误的开场方式，那你的整个演讲很可能就失败了。这里给大家介绍 4 种常见的错误开场方式，如图 5-5 所示。

图 5-5　4 种常见的错误开场方式

找借口、找台阶

有的演讲者担心自己可能会在演讲中发挥不好，就会在开场时找各找理由来为自己开脱。

举个例子。

对不起，今天我的演讲可能没准备好，主要是昨天忙得太晚了，没时间好好整理一下演讲内容，再加上昨天有点感冒，到现在喉咙还有点不舒服，一会儿如果讲得不好，还请大家多多包涵。

"自杀"式开场

有的演讲者在开场时总喜欢说"对不起"和"自己特别紧张"，其实紧张与否受众不一定能看出来。但一旦演讲者说出来，受众就能看出来了，从而怀疑演讲者的专业水平，影响整个演讲。

举个例子。

对不起，我有点紧张。我对这个主题可能不是特别擅长，大家都是专家，一会儿如果我讲得不好，希望大家多多包涵。

自夸式开场

有的演讲者在开场时总喜欢夸夸其谈，介绍自己的各种头衔，这种开场容易让受众觉得演讲者过于自夸。如果一定要介绍头衔，建议让演讲的主办方或主持人来介绍。

举个例子。

我是清华大学客座教授，我曾经在一家世界 500 强企业做副总裁，在行业内有 30 多年的经验，在这个领域拥有丰富的经验，所以对于今天的演讲主题，我还是很有发言权的。演讲结束后，大家如果有什么疑问都可以提出来，我都可以为大家解决。

偏题、跑题

有的演讲者在开场时会占用大量的时间来讲一些与主题无关的事情，如讲自己今天遇到了哪些趣事或尴尬的事等，受众听了半天不知道他在讲什么。

要了解更多错误的开场白，可关注抖音号"超燃演说"，搜索观看"错误的开场白"视频。

5.2　巧妙过渡，让演讲浑然一体

5.2.1　为什么要做过渡衔接

无论是逻辑结构还是故事结构，都要注意不同内容要点之间的过渡和衔接。故事结构特别易于过渡和衔接，只要将故事中的主人公或时间作为线索，就能很好地把演讲串联成一个整体。那么当演讲主要采用逻辑结构时，不同的要点或论点之间该如何过渡呢？

如果把演讲的各个内容要点或分论点比作一个个珍珠的话，那么演讲的过渡就是串起这些珍珠的线，只有使用过渡，才能将演讲变成一串精致的"项链"。为什么说演讲的过渡很重要？可以从下面这个故事中体会一下。

在一个小池塘里住着一条鱼和一只青蛙，它们是一对好朋友。它们听说外面的世界很精彩，都想出去看看。可是鱼不能离开水，青蛙只好自己出去。过了几天，青蛙回来了，鱼迫不及待地向它询问外面的情况。青蛙告诉鱼，外面有很多新奇有趣的东西。"比如说牛吧，"青蛙说，"这真是一种奇怪的动物，它的身体很大，头上长着两个犄角，以吃青草为生，身上有着黑白相间的斑点，长着 4 条粗壮的腿，还有大大的乳房。"鱼惊叫道："哇，好怪哟！"同时在脑海里勾画出它心目中的"牛"的形象（见图 5-6）：一个大大的鱼身子，头上长着两个犄角，嘴里吃着青草……

图 5-6　"鱼牛"的形象

在这个故事中，青蛙扮演的是演讲者的角色，而鱼扮演的是受众角色。鱼从青蛙那里听来的信息是点状的，它结合自己已有的知识把这些信息拼凑在一起，就构建出了"鱼牛"的形象。很显然，鱼得出的认知是错误的。

因此，在演讲时，不光要有结构、有要点，还要善于通过过渡把各个要点衔接起来，将这些要点变成一个面，甚至变成一个系统或整体。这样受众才能更完整、准确地理解你的意思。

那么，该如何使用过渡技巧，让自己的演讲如行云流水一般顺畅呢？有 4 种技巧。

5.2.2 4 种过渡技巧

导游式过渡

在演讲开场时，演讲者通常会准备好一个演讲大纲或演讲单元结构，也称"演讲路线图"，用来告知受众接下来要演讲的内容。例如：

今天我要跟大家分享做好沟通的 3 个维度，前面两个部分为大家介绍了：对于领导，如何做好"向上沟通"；对于同事，如何做好"平行沟通"。那么接下来我会跟大家分享，对于下属，如何做好"向下沟通"。

导游式过渡就像一个导游带着游客旅游一样。出发时，导游会告诉游客，接下来将参观 4 个景点。参观完某个景点之后，导游又会告诉游客还有几个景点没参观，下一个景点是第几个。这样可以让受众保持整体的印象。

逻辑式过渡

演讲的几个内容要点之间有一定的逻辑关系，如前文讲述的 What-Why-How。也就是说，演讲者先提出一个问题或一种现象，然后问受众产生这个问题或现象的原因是什么，最后提出解决方法。本书前文为大家提供了 6 种逻辑结构，可以按照不同的逻辑关系来过渡内容要点。

关联式过渡

从要点 A 过渡到要点 B 时，不妨找出 A 和 B 之间的联系点 C，把 C 放在 A 后面讲，讲完 C 再讲 B。举个例子。

先讲要点 A：在第一部分我要跟大家分享"克服紧张的 4 种方法"，分别是……

再讲联系点 C：学习克服紧张的方法，是为了做好演讲准备（C 要点），接下来我会让大家上台实践一下。

接着讲要点 B：所以，第 2 部分我将跟大家分享上台技巧。

中间小结式过渡

一般来说，可将演讲现场的受众分成 3 类：第 1 类是听你的演讲有点走神或想上厕所的人；第 2 类是对你的演讲很感兴趣但是没有足够的时间思考和消化你的演讲内容的人；第 3 类是既认真听了又思考和加工了演讲信息的人。如果你能将演讲重点做一个小结，就会对受众尤其是第 3 类受众带来很大的益处。当你讲完一个部分或一个要点之后，尤其在讲的时间相对较长、内容相对较多的情况下，最好先做一个小结，然后转入下一部分。例如，你可以这样说："刚刚我讲完了第 2 部分，我们先小结一下……接下来我继续讲述第 3 部分。"这种过渡方法通常会与导游式过渡结合使用。

注意事项：每讲完一个要点之后，建议停顿 2~3 秒，给受众一个思考和缓冲的时间，然后使用过渡语言，衔接下一个要点。过渡语言是各个要点和话题之间的桥梁，起到承上启下的作用，让演讲浑然一体。

5.3 有力结尾，让演讲余音绕梁

5.3.1 演讲为什么要有结尾

俗话说："编筐编篓，重在收口；描龙画凤，难在点睛。"演讲的结尾很难，但很有必要。心理学上有个著名的理论叫作"峰终定律"，是由诺贝尔奖获得者丹尼尔·卡纳曼提出来的，如图 5-7 所示。峰终定律提出，人们对于自己的某段经历，只会记得高峰时和结尾时的感觉，即"峰值"和"终值"的体验。

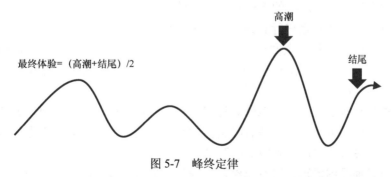

图 5-7 峰终定律

举个例子，宜家提供的购物体验就很符合峰终定律。当你在宜家购物时，刚开始感觉人很多、很拥挤，路很绕，因为宜家的购物路线设计得很绕（目的是让顾客待得更久），但当你看到、体验到一个个精美的、性价比很不错的商品时，这些不满就会被你抛到脑后。在你结束购物准备买单时，宜家会提供 1 元一支的冰激凌。当你吃上

一口，所有的劳累和疲惫仿佛马上消失，你会觉得此番收获颇丰，来到就是赚到。

再举个例子，乔布斯可以称得上演讲大师，他的演讲设计非常注重峰终定律。2008 年，MacBook Air 发布，当乔布斯把 MacBook Air 放进信封的那一刻，创造了全场演讲的"惊叹时刻"！全场响起了热烈的掌声，把整场演讲带向高潮，受众的体验也达到了峰值。当发布会接近尾声，大家都以为演讲就要结束了，结果乔布斯又来了一句："One more thing."（还有一件事。）然后又为受众带来一个惊喜，就像电影结束时的彩蛋一样，给受众带来了美好的结尾体验。

5.3.2　演讲结尾的形式

在演讲中，不仅要有高潮的峰值体验，更要有结尾时的终值体验，这两个部分都要带给受众良好的体验。那么，如何设计终值体验呢？只需做到两点：总结概括+点睛升华，如图 5-8 所示。

总结概括

如何进行总结概括？一般可以采用两种方式，一种是"回顾重要内容"，一种是"重复核心思想"。

图 5-8　有力结尾的技巧

（1）回顾重要内容

有时候，演讲时间很长，演讲内容繁多，如知识型演讲或产品发布会这种商务演讲，动辄几小时甚至一天。对于这些类型的演讲，如果不进行总结回顾，受众很快就会忘记演讲内容和产品卖点，而总结回顾可以起到加深印象、便于记忆和首尾呼应的效果。总结的形式有以下几种。

分单元、分重点地进行总结。如果你的演讲内容分为几个单元或几个部分，那么你可以分别带领受众回顾各个单元或部分的重点内容。例如，"我们今天主要讲了 3 部分内容，第一……第二……第三……"通过回顾重点和概述要点内容，受众会觉得收获很大，学到了很多。

以你问我答的形式进行总结。针对重点内容可以由演讲者提问，邀请受众来回答，有条件的可以设置一些有吸引力的奖品，这样受众就会争先恐后地回答问题，通过问答形式可以起到很好的互动效果。

使用思维导图的形式进行总结。在演讲的最后，画出演讲内容的思维导图。思维导图是对演讲内容的高度概括和精华浓缩，能够起到很好的内容回顾与传播效果。

使用视频的形式进行总结。如果你经常看一些产品发布会这种类型的演讲，你会发现，演讲者每讲完一个产品的卖点后，都会以视频的方式来总结这个卖点。通过视频展示，能够增加受众的感官体验，提高他们参与的积极性。当然，虽然使用视频的方式进行总结很吸引人，但制作一条视频的成本较高。

使用口诀进行总结。把演讲的主要内容或经验技巧编写成一段口诀或一首打油诗，不仅能让人读起来朗朗上口，而且形象生动、容易记忆。在编写口诀时要注意：第一，每句都要押韵，这样读起来才能朗朗上口、容易记忆；第二，整段口诀不要超过 6 句，因为句子太多不容易记忆。这种口诀式的总结方法特别适合知识分享类演讲。例如，克服演讲紧张的心法口诀是：

上台紧张很正常，
心跳加速也无妨。
身心无人呼吸畅，
熟悉卡片能量讲。
持续训练找对象，
宁神定气自刚强。

当然，如果你觉得一首打油诗太长了，还可以把演讲的内容要点提炼出关键字后编成一个短句或一个词语。短句要语句通顺，最好和受众熟悉的事物结合起来，这样就会形象生动和容易记忆。例如，某演讲者在为企业学员培训 PPT 制作方法时，是这样讲的。

要想让你的 PPT 质量超过公司 90% 以上的人，关键要做好 5 点：
第一，统一结构；
第二，统一字体；
第三，统一颜色；
第四，统一版式；
第五，结构化表达。

该演讲者将这 5 个要点概括成一个词——四统一达，如图 5-9 所示。学员听完觉得很有趣，立马想到了快递公司的"四通一达"，因此很快就记住了制作 PPT 的要诀。

图 5-9　短语式口诀举例

使用模型进行总结。如果想让受众觉得你的演讲有深度、有内涵，不妨把演讲内容总结成一个模型或公式。下面介绍几种常见的模型总结方法。

- 模型类比法。把演讲的主要内容总结和类比成一个形象化的模型。例如，假设你正在为某公司高管做培训，演讲主题是"本公司品牌力的打造"。你把演讲内容分成三大块，分别是企业的价值、企业产品的打造和产品的营销推广，并将它们概括"3 个力"：价值力、产品力和营销力，进而把整个演讲内容概括为一个房屋模型，如图 5-10 所示。这样总结概括之后，受众就会觉得你的演讲内容很有深度。又如，某公司高管在他的提案汇报演讲中，用 3 支箭类比 3 个方案，形象生动、容易记忆，如图 5-11 所示。

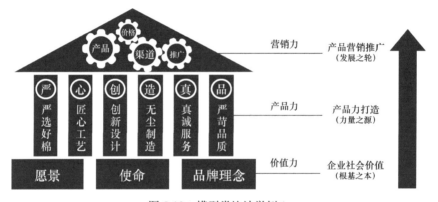

图 5-10　模型类比法举例 1

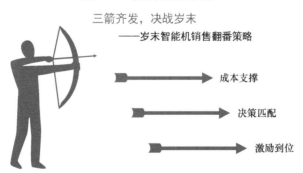

图 5-11　模型类比法举例 2

- 公式模型法。公式模型法是指用常见的"A+B+…=S"的数学公式来总结演讲内容。例如，在某大会论坛上，有位演讲者的演讲主题是"产品定位"。他讲了 4 个方面的内容：客户群定位、市场定位、服务定位和价格定位。他在最后总结时，将这 4 项内容总结成了如图 5-12 所示的公式模型，使演讲内容显得很精炼。

图 5-12　公式模型举例

- "武功秘籍"法。在演讲时，有时候演讲者会分享一些经验、方法和步骤，这时就可以采用"武功秘籍"法。例如：
  - 2 个步骤与技巧的演讲内容，可以概括为"×××双节棍"。
  - 3 个步骤与技巧的演讲内容，可以概括为"×××三板斧"。
  - 4 个步骤与技巧的演讲内容，可以概括为"×××四重奏"。
  - 5 个步骤与技巧的演讲内容，可以概括为"×××五部曲/五雷神功"。
  - 6 个步骤与技巧的演讲内容，可以概括为"×××的六脉神剑"。
  - 7 个步骤与技巧的演讲内容，可以概括为"×××的七伤拳/七剑客"。
  - 8 个步骤与技巧的演讲内容，可以概括为"×××的天龙八步"。
  - 9 个步骤与技巧的演讲内容，可以概括为"×××的九阴真经/九阳神功/九节鞭/独孤九剑"。

注意事项：以上 6 种总结形式不仅可以在整场演讲结束时使用，作为全文总结；还可以在各部分内容结束时使用，作为单元小结。

（2）重复核心思想

有句流行语叫："重要的事情说三遍。"重复能够让受众记住你想表达的核心思想和观点。你是否有过这样的经历：当你走到某个地方，突然听到了一首歌，你总感觉这首歌好像在哪里听过，虽然你不记得歌名和歌手，但总能跟随音乐哼上几句？这是因为你曾经多次听过这首歌。这就是重复的力量，它能够潜移默化地影响受众，当你多次重复自己演讲的核心思想或观点时，就会让受众加深印象，甚至深信不疑。

公众演讲一般是一种不可回溯的行为，它不像一些音频、书籍、视频等可以反复回听、回看。一般情况下，一场演讲受众只会听一遍，而只听一遍是很难记住演讲内容的。美国演讲教练肯·戴维斯曾经调查了 2 000 多名受众，发现 70%

的受众听完演讲后无法说出演讲的重点。因此，在演讲中，你需要多次重复演讲的核心思想和重要内容，让演讲内容在受众的脑海中形成深度记忆。例如，在TED上点击率排名前 10 的演讲《伟大的领袖如何激励行为》，其核心思想是"人们不关心你做了什么，他们更关心你为什么这样做"，为了加深受众的印象，这句话被演讲者至少重复了 7 次。

采用重复核心思想的结尾方式，可以起到突出中心、强化主题、首尾呼应、画龙点睛的作用。

2015 年，在《超级演说家》这档节目中，崔万志在他的"不抱怨，靠自己"演讲中，重复了 3 次核心思想——"抱怨没有用，一切靠自己"，最终斩获当年"超级演说家"亚军，他的演讲视频获得了几亿人次的点击量。下文是这篇演讲稿的内容（有改动）。

我出生在肥东（县）的一个农户家庭，出生的时候脚先落地，头被卡在娘胎里，一连几小时都没生出来。我出生的时候没有呼吸，赤脚医生就抓着我的腿，让我头朝下，使劲地抖我，一直抖了 10 小时我才发出了第一声微微的哭泣。就这样，我活了下来，我 9 岁的时候才上小学。我记得从我家到学校的路上有一条沟，别人很容易就能跨过去，我却跨不过去。我不愿意让父母天天背着我送我上学，于是我试着先蹲下去趴在地上，然后爬下沟，再爬到对面。每每回忆起这一画面，我就觉得，也许上天从我小时候就告诉过我，人生没有过不去的坎。

中考的时候，我的成绩在县里名列前茅，被一所重点高中录取了。当我交完学费、铺好宿舍的床铺，学校的校长发现我是残障人士，他很惊讶地看着我：我们学校怎么来了一个残障人士？之后就毫不留情地把我、我父亲及我的行李踢到校门外，指着我说："就算你考上大学，也没有学校要你。"我爸当时就跪了下来，一跪就是两小时。我恨！我恨！我恨！我恨命运对我这么不公平。为什么？为什么？为什么？我爸用双手捧着我的脸对我说："万志你听着，没有为什么，抱怨没有用，书还要不要读？"我说要读。我爸说："那就回家吧，我们一切靠自己。"

后来考大学的时候，我真的害怕没有一所大学收我，所以我选择了一个比较偏僻的、离我们家很远很远的一所大学。很幸运，我被录取了。大学毕业后，我和所有的大学毕业生一样去找工作，我天天跑人才市场，投了上百份简历，但没有一家单位要我。我记得最后一次去人才市场，我很早就去排队，排在第一位。然后面试官看着我，指着我就说："你快走开，你快走开，别挡着后面的人。"

从那以后，我再也没有去找工作。那天我走在大街上，风好大，我的眼泪再也忍不住地滚了下来。我心里非常绝望。"我要养活自己！我要养活自己！我要养活自己！"这个声音在我心里一直"嘣嘣嘣"地敲打着我。我想起了父亲的话："抱怨没有用，一切靠自己。"既然我改变不了现实，那我就改变自己。于是，我不再在乎别人对我的看法，也不再抱怨、难过，我去摆地摊，卖旧书、卖卡片，一顿饭当两天吃，就这样坚持了半年。之后我开了一家小书店，再后来开音像店、开超市、开网吧。我的书店被烧过，我的超市被偷过，我的网吧被拆了一次又一次。后来我又开始开网店，我把几年下来积攒的 20 多万元一下子亏光了。再后来我又成立了一家电子商务公司，最后欠了 400 万元外债。但是所有的委屈、所有的挫折、所有的痛苦都被我埋藏在心里，我说不出来，也不想说出来，因为我知道，抱怨没有用，一切靠自己。就这样，我坚持、坚持、再坚持，一直坚持到现在，把我们的旗袍做到了天猫第 1 名。

点睛升华

点睛升华可以起到启迪心灵、拔高主题的效果，让你的演讲的中心思想更上一层楼，更加"高大上"。常见的点睛升华方式有 4 种：故事隐喻法、金句升华法、展望未来法和行动号召法。

（1）故事隐喻法

隐喻是比喻的一种，也叫暗喻，是指用一种事物暗喻另一种事物。隐喻是在彼类事物的暗示下，感知、体验、想象、理解、谈论此类事物的心理行为、语言行为和文化行为。通过在演讲的结尾使用一段小故事进行隐喻，可以给人以启迪和升华主题。

史蒂夫·乔布斯在表达自己的想法时，有时就会使用隐喻的方法。有人曾问他为什么给自己的团队制造冲突和紧张。乔布斯用隐喻做了回答。

在我小时候，街上住着一个鳏夫。我和他还算认识。有一天，他邀请我去他家车库，他拿出一台满是灰尘的石头打磨机。这台老旧的机器有一个马达和一个容器。我们从后院找了一些破旧又丑陋的石头，放到机器的容器中，加了一点液体和粉末，然后打开了电机。第二天我再去的时候，我们从容器里拿出了抛光后的极其漂亮的石头。放进去的普普通通的石头，经过相互碰撞，产生了一点点摩擦和一点点噪声，结果打磨出了抛光后的漂亮石头。

乔布斯用这个故事表达了：一个普通人，只要找对了环境，来对了地方，就能变成人才；一个团队，即便大家会有争论、有摩擦，会产生一些噪声，但只要大家目标一致，心往一处想，劲往一处使，碰撞各自的思维与想法，最后就能想出最好的创意。

某位禁毒警察在做禁毒宣讲时，为了形象地描绘毒贩引诱人们吸毒的常用伎俩和说辞，就使用了一个故事来隐喻。

有一只狮子、一只老虎和一只狼，邀请一只羊一起烧烤，狮子说我带叉子，老虎说我带炭火，狼说我带调料。羊说我带什么呀？它们3个说你来就行了，其他的我们都给你准备好了。

禁毒警察在这段话中，用狮子、老虎比喻毒贩，用狼比喻那些总想拉你下水的损友，用羊比喻那些无辜的受害者。那些毒贩和损友想方设法地诱惑受害者，拉其下水，如果没有防备之心，受害者就会陷入黑暗的深渊。禁毒警察用这个故事告诉人们，一定不要相信那些毒贩和损友骗人的"鬼话"，一定要敢于向毒品和损友说"不"。

亚里士多德曾说："成为隐喻大师是迄今为止最伟大的事，也是天才的一个标志。"普通的沟通者会采用直白的讲稿，而演讲天才会用隐喻将自己与其他人区别开来。使用故事隐喻可以让你的演讲结尾发人深省，令人回味。

（2）金句升华法

金句可以是名人名言，也可以是自己的语录。金句大多数都是经过实践总结出来的蕴含深刻道理的句子。借助名人名言的影响，可以提高演讲的可信度，增强说服力，给人以启示，起到升华主题、拔高内容的作用。如果说演讲过程中的高潮是演讲者送给受众的第一份礼物，那么结尾的金句就是演讲者送给受众的第二份礼物。

在《超级演说家》节目中，关昕的演讲"相由心生"的结尾，采用了名人名言作为金句，升华了主题。

古人云："相由心生。"一个人可以丑，但不能怪模怪样；可以长得不好看，但不能邋遢不堪，因为我们看到了一个人的脸，便看到了他内心的样子。叔本华说："人的外表是表达内心的图面。"陈丹青说："在最高的意义上，一个人的脸便是他的人、身、心的合一。"所以说，要养这张脸，还得先养心。

上文提到的崔万志的演讲"不抱怨，靠自己"的结尾，采用了自己的语录作为金句，升华了主题。

走到今天，我回头再看这些经历、这些挫折，原来都是上天对我最好的安排。世界是一面镜子，映照着我们的内心，我们内心是什么样子，这个世界就是什么样子。选择抱怨，这个世界就会充满痛苦、黑暗和绝望；选择感恩，这个世界就会充满阳光、希望和爱。

（3）展望未来法

展望未来是指对未来提出祝福或希望，构建未来的愿景。使用这种结尾方式，可以营造热情洋溢的气氛，使受众在快乐中提升自豪感和荣誉感，激励受众满怀信心地相信未来和创造未来。

习近平主席在演讲时经常采用展望未来法进行结尾。例如，他在国家勋章和国家荣誉称号颁授仪式上的讲话结尾是这样的。

希望受到表彰的同志珍惜荣誉、再接再厉，用坚定的信仰、信念、信心影响更多的人。各级党委和政府要关心、关怀、关爱英雄模范，推动全社会敬仰英雄、学习英雄，用实际行动为实现"两个一百年"奋斗目标、实现中华民族伟大复兴的"中国梦"贡献力量。

在巴基斯坦议会上发表的题为"构建中巴命运共同体，开辟合作共赢新征程"的演讲结尾是这样的。

女士们、先生们、朋友们！构建中巴命运共同体，是中巴两国政府和人民从两国根本利益出发做出的战略抉择。巴基斯坦国父真纳说："只有通过团结一致的努力，才能把我们的理想变成现实。"让我们携起手来，共同开创两国更加美好的未来！谢谢大家！

在英国议会上的演讲结尾是这样的。

培根说过："智者创造机会，而不是等待机会。"中国也有一句名言："机不可失，失不再来。"我坚信，富有改革创新精神的中英两国人民，一定能够创造出更多机会，推动两国合作再上新的台阶，中英关系的明天，一定会更加美好！谢谢大家！

（4）行动号召法

为实现演讲目标，演讲者往往需要向受众发出行动号召，号召受众改变观念、解决问题、做出决策等，这样有利于激发观众的感情波澜，使受众产生一种蓬勃向上的力量。

例如，毕淑敏在《开讲啦》节目中做了一场"别给人生留遗憾"的演讲，演讲的结尾是这样的。

如果你有愿望，并且有力量去执行它，那么就请即刻出发去实现它，去完成自己的愿望，让自己不留遗憾！人生是一个漫长的过程，年轻是真的好，但是你要记得，当你不懂的时候，你年轻；当你懂得了以后，你已年老。那么，不要让我们的理想变成化石，让我们现在就行动起来，去实现我们的理想，让我们的人生少收遗憾。

柴静的演讲"穹顶之下"的结尾也采用了行动号召法。

世界上再强大的政府，也没有办法独立治理好污染问题，它要依靠的是每一个像你我这样的普通人……

请记住这几个数字——12369。如果你不拨打，它就永远只是一串数字。雾霾天一来，我就不知道我在哪儿，明天在哪儿，未来在哪儿。

罗辑思维的罗振宇的演讲"今日简史"的结尾也采用了行动号召法。

如果你拥有了这3本书，那我们可以期待一个场景：

你会拥有"人类简史"的视野，你会通过"今日简史"洞察当下，从此你会展开属于你自己的"未来简史"。

以上就是演讲中最常见的4种结尾技巧。当然，你也可以两两组合使用。仍以上文提到的那位禁毒警察的禁毒宣讲为例，他在结尾时采用了"金句升华法+行动号召法"。

吸毒严重损害身心健康，是绝望和死亡的代名词。毒品善伪装，千万别上当。（金句）防火防盗防损友，友情爱情不需要一起吸毒去证明，远离毒品危害，健康才有未来。（金句）今天的讲课就到这里，我最后说一句，大家只需举手之劳，多关注一下我们广州禁毒的微信公众号、抖音号、快手号、B站。你的随手转发，就是做公益，你的转发能让更多人受益。（号召）非常感谢大家！

5.3.3　演讲结尾禁忌

切忌拖拉冗长

听课的时候，什么样的老师你不怎么喜欢？开会的时候，什么样的领导你觉得很讨厌？演讲的时候，什么样的演讲你不喜欢继续听下去？答案一般是这样的：上课总拖堂的老师你不怎么喜欢；开会的时候没完没了讲话的领导你最讨厌；超时的演讲你最不喜欢继续听下去。因此，演讲的结尾切忌拖拉冗长，没完没了。如果是8～10分钟的演讲，结尾控制在2分钟以内；如果是0.5～1小时的演讲，结尾一般控制在3～5分钟最适宜。

切忌道歉式结尾

这种结尾方式和"自杀"式开场是一样的，本来受众觉得你前面讲得挺好的，结果演讲结束的时候你却说："对不起，我今天可能没讲好，还请大家见谅。"如此结尾，即便你讲得很好，也会有人觉得你没讲好。结尾一定要注意"峰终定律"，给受众一个很好的体验。

切忌仓促结尾

仓促结尾有两种，一种是由于时间仓促，直接告诉受众演讲到此结束；一种是没有准备结尾，这样的演讲会让受众觉得结束得很突然，体验非常不好。就像一辆正在公路上飞驰的汽车，驾驶员突然踩了刹车，这样很容易引发翻车。一场结尾仓促的演讲就是一场"翻车事故"。

切忌偏离主题

这种演讲结尾同样让受众特别不喜欢，本来讲的是 A 主题，结果结尾的时候却在说 B 主题，就好像轮船在行驶过程中偏离了预定的航道，结果就是轮船无法到达目的地。同样，如果演讲偏离了主题或与主题自相矛盾，那么也无法实现演讲目标。

大多数人都会对一件事的开始和结束这两部分印象最深刻，所以一定要把握好这两个关键，要让演讲的开头和结尾保持简短有力，同时也要有价值。设计巧妙的开场和结尾能增强演讲的整体性和有序性，提升受众的体验。演讲者要把每次演讲都当作自己的荣耀时刻，像个艺术家一样享受舞台，无论是开场还是结尾，都要表现得风度翩翩。

5.4 行动！完成演讲稿

根据前文所述，一篇好的演讲稿应包含确定主题、选择结构、丰富内容和掌控关键这 4 个步骤。接下来就要通过演讲设计蓝图来完成一篇精彩的演讲稿了。演讲设计蓝图如图 5-13 所示。

第 1 步：震撼开场

这一步包含设计标题、引起兴趣和宣布路线 3 方面的内容。

- 设计标题：第 2 章介绍了 4 种标题设计法，通过这些方法，你可以把想好的标题写在"设计标题"栏中，标题要简短精练，建议不超过 8 个字。
- 引起兴趣：在现挂开场法、SCQA 开场法、揭示事实法、道具展示法和问题引入法中选择一种来设计你的开场。
- 宣布路线：对于超过 18 分钟的演讲，建议给出演讲路线图，即内容提要，就像导游告诉游客旅游的路线一样，让受众安心、放心。

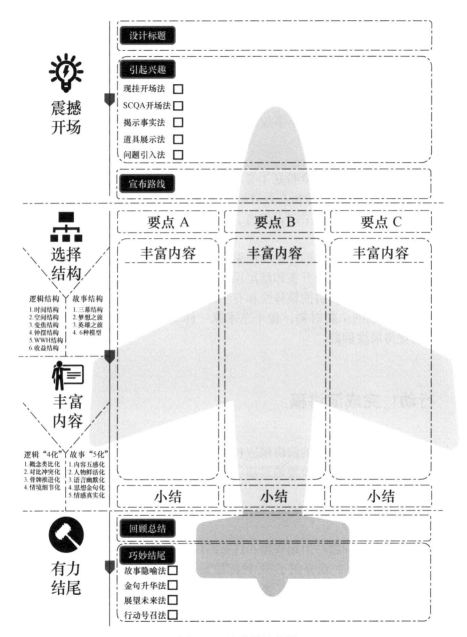

图 5-13 演讲设计蓝图

第 2 步：选择结构

可以选择逻辑结构或故事结构来搭建演讲的框架，还可以结合使用两种结构，如图 5-14 所示。总之，要像金字塔一样展开你的演讲内容。

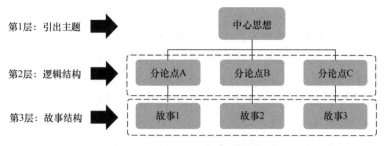

图 5-14　结合两种结构的演讲设计

第 3 步：丰富内容

有了框架以后，需要丰富演讲内容，可以选择"演讲 9 化法"来丰富演讲内容。

第 4 步：有力结尾

这一步包含回顾总结和升华主题两部分。在升华主题时可以选择故事隐喻法、金句升华法、展望未来法和行动号召法，形成演讲闭环，首尾呼应。

通过演讲设计蓝图完成演讲稿后，还需要不断地练习和修改。记住，这只是一个演讲初稿。

5.5　梳理演讲内容的其他方法

有小伙伴会有疑问：演讲之前是不是一定要写演讲稿？不写行不行？当然行，写演讲稿的目的通常是帮助你梳理演讲逻辑和内容，使演讲更加流畅和精彩。无论写不写演讲稿，对演讲内容的构思和设计都是必要的，而且是必需的，这样会让你在演讲时胸有成竹，有的放矢。那么，有没有什么方法可以让演讲者不写演讲稿，也能在演讲时做到行云流水呢？当然有，下面给大家介绍两种常见的方法。

5.5.1　画思维导图

把演讲内容按照一定的逻辑顺序制作一张思维导图，这个思维导图其实就是你的演讲大纲。在演讲时记住思维导图中的内容，就能让你的演讲逻辑清晰，表达流畅。举个例子：如何记住家人的需求，更好地安排 3 天的旅游行程？

张先生要带家人前往香港旅游。安排 3 天的行程还真不是一件轻松的事情。太太想买些化妆品，并品尝物美价廉的海鲜。6 岁的儿子想去海洋公园看海豚表演，并为新学期买一些文具。张先生的父母没有什么要求，只希望不要太舟车劳顿，希望到广州后乘坐直通火车，节省一些住宿费，再到星光大道那里转转，并给老家的亲戚代买一些款式较好的首饰，最后去大屿山拜佛。

张先生自己想买一台 iPad，并到商务出版公司买几本外文书。他还想带父母品尝一下地道的香港菜。除此之外，张先生还要去香港赤柱拜访一位朋友。太太提醒他在火车站买海洋公园的门票有折扣。

在这个案例中，你可以使用第 3 章介绍的时间结构和空间结构，画出多种行程的思维导图，选择的结构不一样，旅游方式就不一样。

第 1 种：按行程安排的时间结构，如图 5-15 所示。

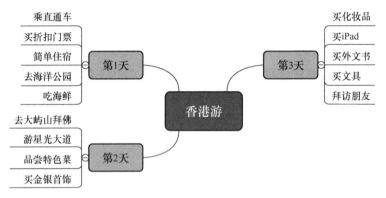

图 5-15　按行程安排的时间结构

第 2 种：按人物分类的空间结构，如图 5-16 所示。

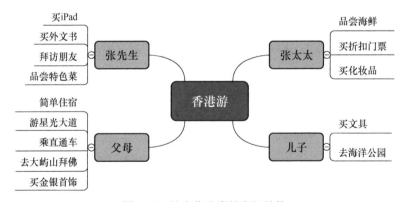

图 5-16　按人物分类的空间结构

第 3 种：按不同出行方式分类的空间结构，如图 5-17 所示。

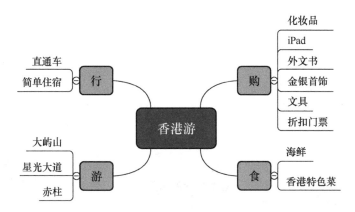

图 5-17　按不同出行方式分类的空间结构

　　在制作思维导图时，建议大家用手绘，因为手绘制作的思维导图更容易记住。在手绘思维导图时，不必追求画面特别漂亮，只要能表达清楚内容即可。如果你想使用软件来画思维导图，推荐你使用 xmind、freemind、MindManager xmind。手绘版和软件版思维导图分别如图 5-18 和图 5-19 所示。

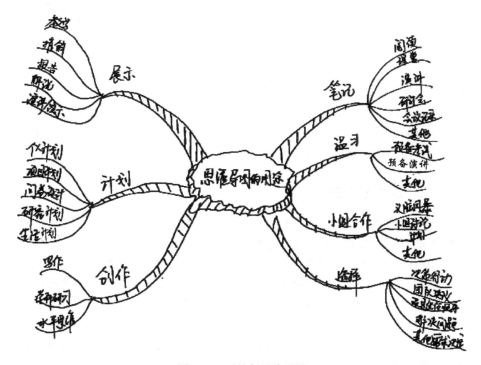

图 5-18　手绘版思维导图

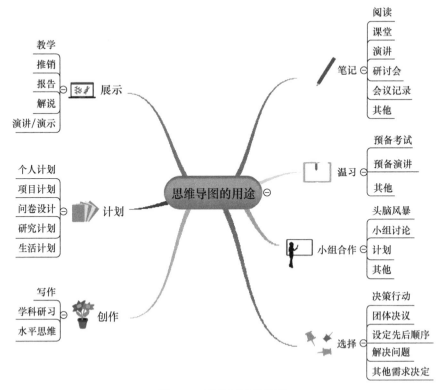

图 5-19　软件版思维导图

　　思维导图一般由标题、一级大纲、二级大纲和三级大纲组成。标题是思维导图的中心，一级大纲是主干，二级大纲是分支，三级大纲是更小的分支。这一结构与前面讲的金字塔结构如出一辙。画思维导图的顺序为：标题——一级大纲——二级大纲——三级大纲——添加颜色或图案。

5.5.2　运用故事板

　　故事板是影视、动画领域进行制作生产时必不可少的一个环节，通俗地讲，故事板就是用图像的形式来描述剧本和镜头。

　　你知道吗？好莱坞电影的剧本制作和动画制作基本上都是先用故事板来创作出一个个带有剧情和画面的分镜头，安排电影中的重要情节。多个故事板组成了一个可视化的剧本，然后把故事板中的内容变成真正的视频。故事板展示了各个镜头之间的关系，以及它们是如何串联起来的，能给观众带来完整的体验。

　　那么，如何用故事板高效地准备好一场演讲呢？可以使用"高效准备演讲 5步法"，如图 5-20 所示。

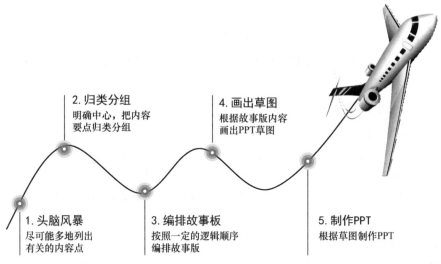

图 5-20 高效准备演讲 5 步法

第 1 步：头脑风暴

针对演讲主题和演讲标题，可以一人或多人对演讲的内容要点进行头脑风暴，思考可以使用哪些论点和论据来支撑你的演讲主题和中心思想。把每个内容要点都写在一张便利贴（便笺）上。

第 2 步：归类分组

明确中心思想，把各个内容要点进行归类分组，完成分组后给每组提炼一个小标题或中心词进行概括总结，如图 5-21 所示。

图 5-21 把相同的内容归类分组

第3步：编排故事板

如何对各组中的便笺进行排序？可以采用前面讲的逻辑结构或故事结构。选择合适的逻辑结构或故事结构编排各组便笺的表达顺序，然后按顺序把便笺贴在墙上。

第4步：画出草图

把故事板上的每个内容要点再次用便签进行图示化，只要能用大致的图形表达意思即可，不必追求画面精美。这样就制作成了一张张故事板，通过不断练习和思考，调整和修改故事板，从而打磨出一场精彩的演讲。其实也可以把故事板看作演讲型 PPT 的草图，一张便笺对应一张 PPT。当你把故事板制作完成之后，制作演讲型 PPT 就会更加高效。

第5步：制作PPT

如果演讲时需要用 PPT 辅助表达，你只需要把故事板上的草图做成 PPT 即可，如图 5-22 所示。

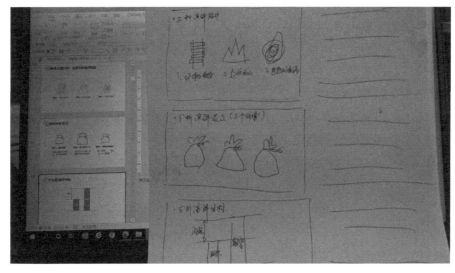

图 5-22　把故事板上的草图做成 PPT

史蒂夫·乔布斯的产品发布会经常采用故事板来设计演讲内容。先用故事板设计演讲型 PPT 的草图，然后把草图做成正式的 PPT，如图 5-23 所示。

其实无论是使用思维导图，还是使用故事板来准备演讲内容，本质上都是一种结构性思维。前者是采用"自上而下做分解"的方式构建金字塔结构，后者是采用"自下而上做总结"的方式构建金字塔结构，如图 5-24 所示。

图 5-23　苹果发布会用故事板设计演讲

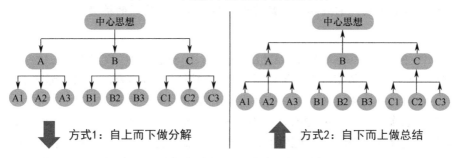

图 5-24　两种金字塔结构的构建方式

　　这两种思维方式都可以帮助你高效、快捷地准备好演讲内容。但在时间充足的情况下，我还是推荐你用演讲设计蓝图来准备演讲，因为只有精心准备的演讲才会更加精彩。

第6章
制作PPT：让演讲堪比大片

演讲者和受众之间仿佛有一堵墙，阻碍着双方之间的沟通，而 PPT 是打破这堵墙很好的方式，它架起了一座演讲者与受众之间沟通的桥梁。

制作 PPT 是职场人士进行汇报或演讲时不可或缺的一项工作。通过在 PPT 中增加一些图片、数据或视频等素材，形象地展示演讲内容，可以增强演讲的说服力，让演讲者思路更加清晰，让演讲的呈现和体验效果更好。

但要制作一份优秀的 PPT，并不是一件容易的事。很多人在制作 PPT 时，都容易出现 4 类问题：PPT 配色差、内容排版乱、文字内容没对齐、图片与内容不符。那么，如何才能解决这些问题，制作出"颜值爆表"的演讲型 PPT 呢？

在设计演讲型 PPT 之前，先来了解一下什么是演讲型 PPT。PPT 主要分为阅读型 PPT 和演讲型 PPT 两种类型，两者的区别如表 6-1 所示。

表 6-1 阅读型 PPT 和演讲型 PPT 的区别

区　　别	阅读型 PPT	演讲型 PPT
方式不同	发给受众自己看	需要演讲者讲解
场合不同	宣传制度、政策、规范、文件等	大型场合：发布会、论坛会议、公司宣讲等 小型场合：工作汇报、岗位竞聘、公司内训、营销提案等
字数不同	字数比较多，但不是单纯的"word 搬家"	字数精练，图文并茂
侧重点不同	注重逻辑性和具体性，不注重可视化	注重逻辑性和可视化，不注重具体性

在设计演讲型 PPT 时，一定要掌握演讲型 PPT 的特征，这样才能增强演讲的体验感和说服力。在制作演讲型 PPT 的过程中，最重要的一环就是用结构化思维传递演讲信息。

很多人都玩过"你来比划我来猜"的游戏。在游戏中，一个人负责用肢体动作描述某个事件，另一个人负责猜。有时候描述者使出了浑身解数，比划了半天，另一个人却怎么也猜不出来。其实，原因并不是这两个人不够聪明或表达能力不够，而是信息不对等。这就是著名的"知识的诅咒"理论。要想破除"知识的诅咒"，需要进行结构化表达，这样才能让信息接收者接收到的信息与信息传达者传达的信息保持一致，一份好的演讲型 PPT 运用的就是这个原理。

一般来说，一份演讲型 PPT 主要包含封面、目录、过渡、正文和封底这几部分，是一种先总后分的"金字塔结构"，如图 6-1 所示。

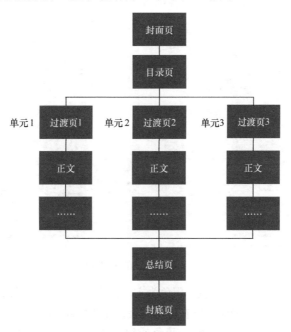

图 6-1　演讲型 PPT 的整体结构

接下来我将介绍封面设计、目录设计、过渡设计、正文设计、封底设计、效率提升这"6 步法则"，帮助你打造发布会级别的 PPT，让你快速制作出一份优秀的演讲型 PPT。下面以微软公司的 PowerPoint 软件为例，介绍 PPT 的制作步骤。建议使用 PowerPoint 2016 以上的版本，会让你的设计更高效。

6.1 封面设计

在商务演讲中，PPT 封面是演讲的"第一张脸"，受众最先看到的不是演讲者，而是演讲的封面。一张好的 PPT 封面能够快速抓住受众的注意力和兴趣。那如何设计一张漂亮的封面呢？可以用"五定法"，包括 5 步：定风格、定四色、定字体、定图片和定封面。

6.1.1 定风格

不同行业和场合的演讲，适用的 PPT 风格是不一样的。常见的 PPT 风格一般有 4 种，如图 6-2 所示。

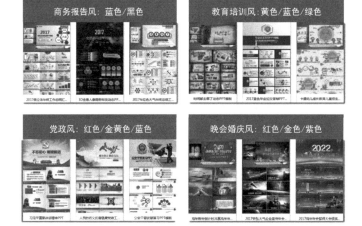

图 6-2　4 种常见的 PPT 风格

- **商务报告风：**配色以蓝色、黑色为主。蓝色、黑色代表冷静、理性，给人一种比较正式、严肃的感觉，常在工作汇报、商务演讲和产品发布会等场合使用。
- **教育培训风：**配色以黄色、蓝色或绿色为主，给人一种青春活力、热情洋溢的感觉，常在校园或教育培训等场合使用。
- **党政风：**配色以红色、金黄色或蓝色为主，给人一种肃穆、震撼的感觉，常在以党政题材为主题的演讲场合使用。
- **晚会婚庆风：**配色以红色、金色或紫色为主，给人一种喜庆、热情洋溢的感觉，常在晚会、庆典或婚庆等场合使用。

除了以上 4 种风格，还有另外几种 PPT 风格，如表 6-2 所示。

表 6-2　另外几种 PPT 风格

行业类型	常用主色	解　释
金融	蓝色、黄色	蓝色属于冷色系，给人以理智感，因此使用蓝色可以让演讲显得更加专业、可信赖
女性相关	紫色、粉色、红色	粉色、红色代表女性的可爱，紫色代表女性的知性与优雅
农业	绿色、黄色	绿色代表自然、生命力，黄色代表希望与活力，两者可搭配使用
科技	蓝色、绿色	在深色背景上搭配较亮的蓝色或绿色，体现科技感
医疗	蓝色、绿色	背景可为白色，代表纯洁、清洁，绿色和蓝色这样的冷色能表达出理性、知性的效果，这样的组合符合医疗行业清洁、理性的特点，让人觉得可信赖
中国风	红色、蓝色、黄色	中国风的颜色选取非常广泛，可在网上搜索关键词"中国传统色"了解常用的中国风颜色
体育运动	红色、蓝色、橙色	红色、橙色代表活力，搭配蓝色可体现竞技性
可爱类	橙色、黄色、绿色、红色……	背景采用浅色调，搭配活泼的颜色可营造热闹的气氛

决定 PPT 风格的因素主要有 4 种：演讲场景、配色、字体风格和图片风格。

- **确定场景**：确定自己的这场演讲是内部分享还是外部汇报、行业类型如何、演讲背景是什么、重要程度如何、主题特色是什么。
- **确定颜色**：确定如何搭配主打色、辅助色、背景色和字体色。
- **确定字体**：包括主标题的字体、正文字体、字号大小、排版方式等。
- **确定图片**：确定以什么颜色的图片为主，是否使用图标素材作为辅助，以及从哪里搜索到高质量的图片等。

6.1.2　定四色

四色一般是指主色、辅色、底色和字体色。PPT 中的颜色不要太多，不要超过 4 种。PPT 配色的基本原理如图 6-3 所示。

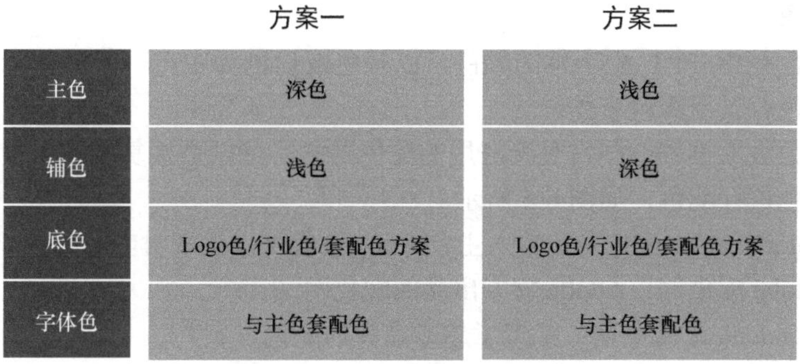

图 6-3　PPT 配色的基本原理

主色

主色是指 PPT 的主要颜色，也是整个 PPT 中占比最多的颜色，是一份 PPT 的主色调。主色一般以品牌 Logo 色、企业色或行业色为主。可以使用两种方法取色，如图 6-4 所示。

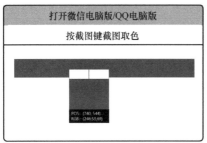 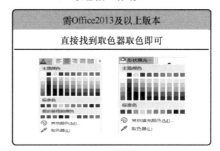

图 6-4 两种取色方法

- **微信/QQ 截图取色。** 打开微信电脑版或 QQ 电脑版，使用截图工具，将光标放到符合需要的颜色的图片上，就能查看图片的 RGB 值（红、绿、蓝的色彩值）。然后在 PPT 中输入 RGB 值就能得到对应的颜色。
- **取色器取色。** 使用 PPT 自带的取色器吸取公司的 Logo 色、企业色和行业色，然后放到对应的色块上。

辅色

辅色是指 PPT 的辅助填充色，是整个 PPT 中占比第二多的颜色，可以和主色一起用来填充色块的颜色。制作 PPT 时建议主色和辅色的色差不要太大，不要选用冲突色，如红色配绿色。

底色

底色是指 PPT 的背景色，最常见的背景色是白色或黑色。

字体色

字体色是指 PPT 中字体的颜色，以黑色或白色为主，一般深色背景用白色字体，白色背景用深色字体。

下面为大家推荐一些常见又好用的配色网站，可以直接复制或用取色器吸取里面的颜色进行配色，如图 6-5 所示。

- ColorBlender 配色网：输入主色 RGB 数值可以生成对应的配色。
- Adobe 配色网：Adobe 官方出品的配色网站。
- Brandcolors 配色网：汇聚了超多品牌的配色方案。
- Colorhunt 配色网：有大量不同类型的配色方案可供选择。

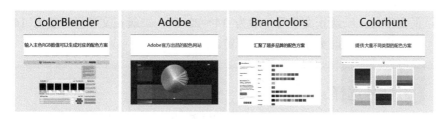

图 6-5　常见配色网站

6.1.3　定字体

字体决定了 PPT 的"气质"。在制作 PPT 的过程中，尽量选择"上档次"的字体，即演示效果好的字体，如微软雅黑、思源黑体、思源宋体、冬青黑体、造字工房言宋常规体、汉仪尚巍手书等；避免使用"垃圾字体"，即演示效果差的字体，如宋体、仿宋、楷体、行楷、琥珀、隶书、华文彩云、方正舒体等。一份 PPT 中建议使用不超过 3 种字体，字体太多会让 PPT 失去整体性，看起来很凌乱，从而使美观度大大下降。

字体搭配与组合

一般内容标题或封面标题使用较粗的字体，正文使用较细的字体。常见的标题与正文的字体组合如图 6-6 所示。

图 6-6　常见的标题与正文的字体组合

字号选择

一份 PPT 中所使用的各种字体，就像一部电视剧中的演员，如果所有演员都长得一模一样，那这部电视剧就会索然无味。同样的道理，PPT 中文字的字号也要有大小变化，形成对比，只有这样，整个画面才会更有动感。字号选择示例如图 6-7 所示。

● 标题字号：一般为 28～48 磅，最好是正文字号的 1.5 倍。例如，正文字号是 16 磅，那么标题字号就可以设置为 32 磅。

- 正文字号：一级正文字号一般为 14～22 磅，二级正文字号一般为 14～18 磅，具体应根据实际放映需求而定。

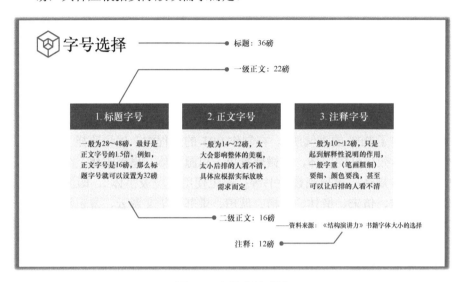

图 6-7　字号选择示例

- 注释字号：一般为 10～12 磅，只是起到解释性说明的作用，一般字重（笔画粗细）要细、颜色要浅，甚至可以让后排的人看不清。

注意事项：无论是 PPT 字体还是图片，都建议使用无版权可商用的素材，避免陷入侵权纠纷，也可以付费购买有版权商用字体。

常用的无版权可商用字体具体如下。

- 方正/汉仪系列：方正仿宋、方正楷体、方正黑体、汉仪贤二体。
- 站酷系列：站酷高端黑体、站酷酷黑字体、站酷快乐字体、站酷郑庆科黄油体、站酷小薇 Logo 体。
- 叶根友系列：叶根友锐劲体、叶根友微典、叶根友微禅云、叶根友守中曲画。
- 王汉宗系列：王汉宗超明体繁、王汉宗勘亭流繁、王漢宗魏碑體繁。
- 其他字体：思源黑体/思源宋体、濑户字体、全字库正宋体/正楷体、文泉驿等宽微米黑、安卓中文、优设标题黑、胡晓波男神体、庞门正道轻松体、OPPO SANS、问藏书房等。

常用的有版权商用字体具体如下。

- 黑体字体：方正兰亭超细黑、锐字逼格青春粗黑体简、华康俪金黑体、蒙纳超剛黑體、时尚中黑简体等。
- 宋体字体：方正清刻本悦宋体、造字工房朗宋、方正风雅宋、方正小标宋、华康标题宋等。

- 变体字体：文悦新青年体、华康海报体、张海山锐线体、汉仪小麦体简、方正综艺简体等。
- 书法字体：叶根友行书繁体、禹卫书法行书简体、汉仪尚巍手书、汉仪国强行书、李旭科毛笔书法等。

常用英文字体具体如下。

- 正文字体：Helvetica Neue、Georgia、Open Sans、sofia-pro。
- 标题字体：LeviBrush、Adelle Rg、Volte-Bold、Trump soft pro、MinionPro-Bold、OfficinaSanITC、Pacifico。

常用字体下载网站具体如下。

- 方正字库。
- 汉仪字库。
- 文悦字库。
- 造字工房。
- 华康字型。
- 字客网。
- 站长字体。

6.1.4　定图片

设计 PPT 封面的关键在于选择恰当的图片，正所谓"一图胜千言"。好图片要符合三个原则：配色好看、画面简洁、契合主题。那如何找到高清无码的匹配图片呢？推荐以下几个图库：全球最大免费图库 Pixabay，堪称"最精致的免费图库"的 Pexels，主打风景图的图片库 Unsplash，支持中文搜索的商用图片库（有版权）Quanjing，富有设计感的图片库 Gratisography。使用时，可登录各图库的官网下载。

当然，你也可以使用百度搜索引擎搜索图片。要想在百度中精准地搜索到高清的、符合要求的图片，可使用 3 种方法，如图 6-8 所示。

名词+壁纸　　名词+创意　　名词+设置尺寸

图 6-8　在百度中搜索图片的 3 种方法

- **名词+壁纸**：在百度图片搜索框中输入图片的相关名词，加空格，再加上关键词"壁纸"，就能搜索到高清图片。
- **名词+创意**：在百度图片搜索框中输入想要搜索的名词，加空格，再加上关键词"创意"，也可以搜索到质量很好并富有艺术感的创意类图片。
- **名词+设置尺寸**：在百度图片搜索框中输入图片的相关名词进行搜索，然后设置图片尺寸。例如，搜索"地球"，页面上就会显示相关图片，然后在"全部尺寸"菜单栏选择"大尺寸"或"特大尺寸"，就能搜索到高清图片了，如图 6-9 所示。

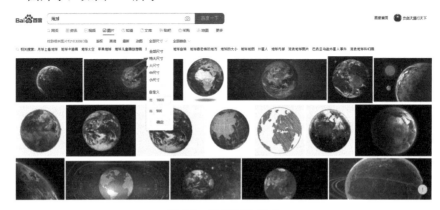

图 6-9　设置图片尺寸

需要注意的是，在百度中搜索出来的图片一般是有版权的，请勿商用，以免陷入侵权纠纷。

3W 联想搜图法

有时候，你直接搜索某个词语可能无法找到相关图片，即便找到了，也不符合要求。这时就可以运用 3W 联想搜图法，如图 6-10 所示。当你想搜索一个名词或事物时，可以问自己 3 个问题。

Who
谁（人/物）

Where
什么场景

What
哪件事情

图 6-10　3W 联想搜图法

Who：谁能代表这个词语？有没有和这个词语相关的人或物？想到后直接搜索这个人或物。

Where：什么场景能代表这个词语？有没有和这个词语相关的场景？想到后直接搜索这个场景。

What：哪件事情能代表这个词语？有没有和这个词语相关的事情？想到后直接搜索这件事情。

举个例子，假设你想为"成功"这个词语配图。你在百度中搜索之后，发现图片质量不是很高，大部分都不是你想要的。这时，你可以采用 3W 联想搜图法。

Who：谁能代表"成功"？如果是人，你可能会联想到马云、马化腾等这些名人；如果是物，你可能会联想到奖杯、奖牌等。然后你可以直接搜索"马云"或"奖杯"，这样很快就可以找到相关图片了。

Where：什么场景能代表"成功"？你可能会联想到颁奖的场景、获得第一名的场景、冲刺的场景等，然后直接搜索这些场景，很快就可以找到相关图片了。

What：哪些事情能代表"成功"？你可能会联想到攀岩、跑步、参加比赛、站在高处等，这些都可以代表成功，然后直接搜索这些事情，也可以很快找到相关图片。

当你搜索到一些好的图片时，建议你对这些图片进行分类整理，如将它们分为风景类、人物类、建筑类、商务类等。通过图片分类，可以帮助你提高制作 PPT 的效率。

6.1.5 定封面

一张完整的 PPT 封面的主要构成要素有 3 个（见图 6-11）：公司 Logo 或公司名称；演讲的主标题和副标题，副标题可有可无，视情况而定；演讲者姓名。也有一些封面会显示演讲日期，但这不是必要项。接下来一起看一下封面有哪几种类型。

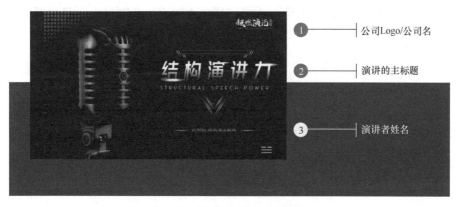

图 6-11　PPT 封面的构成要素

全图封面

全图封面是指将一张完整的图片布满整个 PPT 封面，搭配标题内容，给人以震撼的视觉效果。设计标题时，文字最好对齐，这样会更好看。可以选择左对齐、居中对齐或右对齐的方式设计全图封面，如图 6-12 所示。

图 6-12　3 种全图封面

半图封面

半图封面是指 PPT 封面由一半图片加一半文字组成，空间上留白，给人以舒适的感觉。半图封面可以采用左半图、上半图和右半图 3 种形式，如图 6-13 所示。

图 6-13　3 种半图封面

腰封封面

腰封封面是指 PPT 封面像一本书一样，中间用一个腰封来凸显主题，聚焦视野。可以使用色块或图片来设计腰封，如图 6-14 所示。

中间色块　　　　　　　　　　　　　　　中间配图

图 6-14　2 种腰封封面

常见的几种创意封面

（1）烫金文字效果的封面

主要方法是给文字填充烫金素材，如图 6-15 所示。操作步骤如下。

图 6-15　烫金文字效果的封面

第 1 步：准备素材。准备要填充的文字素材，可以从网上下载一张烫金纹理素材。

第 2 步：进行填充。复制烫金的纹理素材备用，选中文字后单击鼠标右键，执行"设置形状格式—文本选项—文本填充—图片或纹理填充—剪切板"命令。

第 3 步：形成封面。对齐文字，将图片进行排版美化，形成封面，如图 6-16 所示。

图 6-16　烫金文字效果的封面操作步骤

（2）层叠文字效果的封面

主要方法是将不同颜色、相同大小的两种文字叠放在一起，如图 6-17 所示。操作步骤如下。

图 6-17　层叠文字效果的封面

第 1 步：准备素材。准备两种不同颜色的文字素材。

第 2 步：进行组合。将两种不同颜色的字体错开，然后层叠在一起，再按快捷键"Ctrl+G"将其组合在一起。

第 3 步：形成封面。对齐文字，添加装饰内容、图片，并进行排版美化，形成封面，如图 6-18 所示。

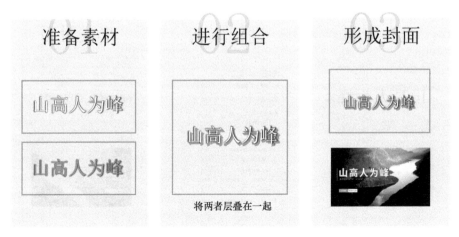

图 6-18　层叠文字效果的封面操作步骤

（3）渐隐文字效果的封面

　　主要方法是将文本拆分成单个字，进行渐变色填充，达到让文字若隐若现的效果，如图 6-19 所示。操作步骤如下。

图 6-19　渐隐文字效果的封面

　　第 1 步：准备素材。准备所需要的文字素材，将文本拆分成单个字。

　　第 2 步：渐变填充。选中文字，单击鼠标右键，执行"设置形状格式—文本选项—文本填充—渐变填充"命令，然后调节渐变光圈。通过调节，可以制作渐变色块、渐变蒙版等。

　　第 3 步：形成封面。对齐文字，添加装饰内容、图片，并进行排版美化，形成封面，如图 6-20 所示。

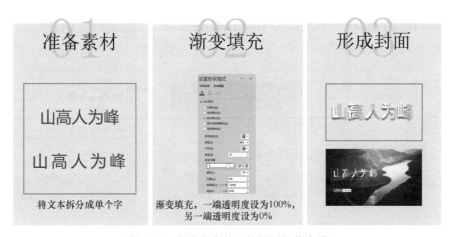

图 6-20　渐隐文字效果的封面操作步骤

（4）拆分文字效果的封面

主要方法是运用布尔运算将文字与色块进行拆分，然后把偏旁、部首等按不同的颜色填充，达到让文字富有设计感的效果，如图 6-21 所示。操作步骤如下。

图 6-21　拆分文字效果的封面

第 1 步：准备素材。准备所需要的文字素材和色块。

第 2 步：进行拆分。将两种素材叠加在一起，用布尔运算进行拆分。使用绘图工具，执行"格式—合并形状—拆分"命令。

第 3 步：形成封面。对齐文字，添加装饰内容，并进行排版美化，形成封面，如图 6-22 所示。

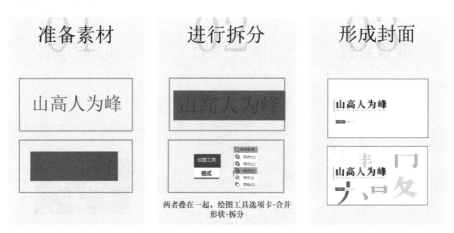

图 6-22　拆分文字效果的封面操作步骤

（5）墨迹效果的封面

墨迹效果的封面充满了中国山水画的格调，主要方法是将图片填充到墨迹图形中，然后添加文字效果，如图 6-23 所示。操作步骤如下。

图 6-23 墨迹效果的封面

第 1 步：准备素材。准备所需要的文字素材、图片和墨迹素材。

第 2 步：进行填充。复制图片，选中墨迹素材，单击鼠标右键，执行"设置图片格式—形状选项"命令，在"形状选项"选项卡中单击"填充线条"图标，执行"图片或纹理填充—剪切板"命令。移动图片位置，使其在墨迹中展示适中，尽量不要让图片变形。

第 3 步：形成封面。对齐文字，添加装饰内容，并进行排版美化，形成封面，如图 6-24 所示。

图 6-24 墨迹效果的封面操作步骤

（6）描边文字效果的封面

描边文字经常出现在平面广告或海报中，也可以用在 PPT 中。主要方法是将正常文字与描边文字进行叠加，对文字的边缘进行描绘，如图 6-25 所示。操作步骤如下。

图 6-25　描边文字效果的封面

第 1 步：准备素材。先将原始文字复制为两份，一份用作制作文本描边，另一份保留作为文字本体。然后设置文本边框，将其中一份文本添加文本边框，并不断加粗文本边框，使其主体无法看清。

第 2 步：进行组合。将两种素材叠加在一起，调整到合适的位置。

第 3 步：形成封面。对齐文字，添加装饰内容、图片，并进行排版美化，形成封面，如图 6-26 所示。

图 6-26　描边文字效果的封面操作步骤

6.2　目录设计

PPT 目录相当于演讲的路线图，是一种全局视角，主要由目录内容和页面标识组成，如图 6-27 所示。目录内容其实就是演讲的各个要点，也叫演讲的主结构，可以选择逻辑结构，也可以选择故事结构。开场时建议演讲者告知受众路线图，方便受众了解接下来演讲的主要内容和方向。

图 6-27　PPT 目录的构成要素

PPT 目录的类型主要有 4 种，分别是常规型目录、图文型目录、时间线型目录和创意型目录。

6.2.1　常规型目录

常规型目录最为常见，设计简单，一般全部由文字和色块组成。常规型目录有两种，一种是并列式，各单元内容是一种并列的空间结构关系；一种是流程式，各单元内容是一种时间结构顺序，如一些操作步骤或项目阶段等。两种常规型目录如图 6-28 所示。

并列式　　　　　　　　　　　　　　　流程式

图 6-28　两种常规型目录

常规型目录设计要点：
- 把目录的中文字体放大，将英文目录作为装饰。
- 用色块突出目录项，如图 6-28 中左图的色块。
- 单元内容对齐排列，单元标题的字数应尽量相同，使排版更美观。

6.2.2　图文型目录

图文型目录是指将各单元标题使用各种组合进行图文匹配，使目录形象生动、有创意，如图 6-29 所示。也可以使用图标的方式来搭配单元标题。

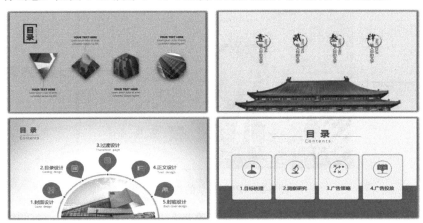

图 6-29　图文型目录

6.2.3　时间线型目录

时间线型目录通过给各单元内容匹配演讲时间，让受众清晰地知道各单元的演讲时间和整体演讲时间，如图 6-30 所示。时间线型目录要求演讲者对时间的把控非常精准，否则很容造成演讲实际时间和预计时间不匹配。时间线型目录常用在答辩或限定时间汇报等场合。

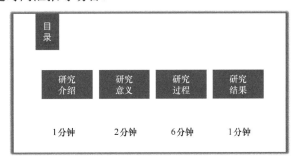

图 6-30　时间线型目录

6.2.4　创意型目录

这种目录设计非常具有创意，实现了图片与目录的完美结合，如图 6-31 所示。图中将汽车行驶的路线与目录巧妙地融合在了一起。

图 6-31　创意型目录

6.2.5 目录页设计要点

- 单元内容建议用数字编号，这样受众一看就知道本次演讲有多少个要点。
- 使用一级目录，不要使用二级或三级目录，这样受众更容易理解和记忆。
- 单元内容要点建议不超过 5 个，如果目录内容过多，受众很难理解和记忆。
- 如果口头说明占用时间长，建议不要标注到目录中，防止因时间控制不准而造成演讲翻车。
- 以图标搭配各单元标题，设计图文型目录，会使 PPT 更加形象生动。
- 各单元标题建议字数相等，语言结构相同，如都是"动词+宾语"的形式，这样便于 PPT 排版和受众记忆。

6.3　过渡设计

过渡部分的作用是区分各单元内容，给予受众短暂的停顿和休息，设计时应简单明了。过渡部分主要由序号和章节标题组成，当然也可以出现二级章节内容和预告，以及过渡页的页面标识，如图 6-32 所示。

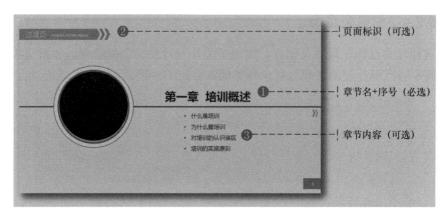

图 6-32　过渡部分的构成要素

6.3.1　过渡页的类型

过渡页有两种类型：单个呈现和全现突要。

单个呈现

单个呈现是指单元内容逐一出现。例如，讲第一单元，则只出现第一单元的标题；讲第二单元，则只出现第二单元的标题，以此类推，如图 6-33 所示。

图 6-33　单个呈现过渡页

全现突要

全现突要是指所有单元标题全部出现，但只突出显示即将演讲的单元标题，将其他单元标题做淡化处理，如图 6-34 所示。这种设计有点像乘坐地铁时的路线图，即将到达的站点会被高亮突出显示。

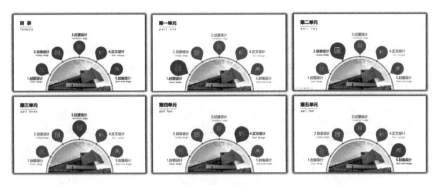

图 6-34　全现突要过渡页

6.3.2 过渡页的设计方法

过渡页的设计方法有 4 种，分别是文字效果法、形状美化法、线框规整法、排列组合法。

文字效果法

文字效果法是指将数字和文字放大，突出主题，对齐排版，如图 6-35 所示。

图 6-35　文字效果法

形状美化法

形状美化法是指使用形状（如圆形、六边形、不规则图形等）聚焦文字内容，通过多个形状的叠加，增加渐变效果，从而使标题更加突出和美观，如图 6-36 所示。

图 6-36　形状美化法

线框规整法

线框规整法是指使用线条或线框聚焦文字内容，可以使用直线线框、三角形线框、不规则线框、圆形墨迹线框或组合线框等，如图 6-37 所示。通过线框可以起到规整标题、突出主题的作用。

图 6-37　线框规整法

排列组合法

排列组合法是指将线框、形状、文字放大等方法组合使用，叠加各种效果，使过渡页美观、自然，如图 6-38 所示。

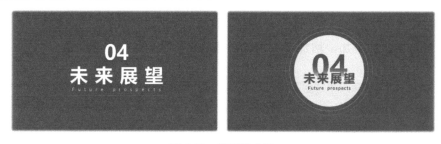

图 6-38　排列组合法

6.4　正文设计

PPT 的正文相当于演讲稿的正文内容，但不能将演讲稿的正文内容全部复制到 PPT 中，如果这样就变成了"Word 搬家"。在 PPT 中设置大段的文字容易让人产生视觉疲劳。因此，要对演讲稿的正文内容进行简化、提炼和图文排版等操作。演讲稿的正文内容主要有 7 种，分别是逻辑型、解释型、多图文型、数字型、产品型、图表型、金句型，不同的类型有不同的设计方法。

6.4.1 逻辑型内容的正文设计

对于有一定逻辑关系且文字较多的正文内容，如果直接排版的话，就容易变成"Word 搬家"，使得整页 PPT 堆满了文字，给人以拥挤的感觉。可以通过以下 4 步来将内容简化、提炼和排版，分别是拆、删、突、配，如图 6-39 所示。

图 6-39　内容简化 4 步法

第 1 步：拆分段落内容

对于演讲稿中的大段文字，第一步是拆分。下面举例说明如何拆分段落内容。以下为一份关于伤口护理方法的演讲型 PPT 原文，如图 6-40 所示。

> 案例
>
> **烫伤的急救方法**
>
> 烫伤后赶快脱衣服，有利于在第一时间查看伤情，这是遭遇烫伤后多数人的第一反应。难道这个反应错了吗？烧烫伤专家告诉你：错了，而且是大错特错。那么，如何正确地进行急救呢？
>
> 1. 要赶快用清水冲洗烫伤部位。"冲洗"很有讲究，涉及为什么冲、怎么冲、冲多长时间的问题。人们办急事时都说要争分夺秒，但对烫伤者来说一分钟太久了，要秒秒必争。逃离烫伤现场后该干什么？有人找烫伤膏，有人打120急救电话，岂不知最紧迫的事只有一件：降温。滞留在烫伤部位的热量并不会立即消失，每一秒都在向皮肤扩散，扩大受伤的深度和广度，使更多的组织和细胞被烫死。如果不对烫伤部位进行紧急降温，原本轻度的烫伤可能变成中度，中度的可能发展成重度。另外，在对烫伤部位降温的同时，降温部位的毛细血管会遇冷收缩，可起到减少水肿、止痛的作用。用什么降温？用水。用什么水？自来水。因为自来水的降温能力比气流高近30倍。冲洗的时间越早越好，即使烫伤当时已造成表皮脱落，也同样可以用自来水冲。用自来水烫伤部位时，要坚持20分钟以上。冲的时候，不要把水直接对准烫伤部位，最好冲在伤口一侧，让水流到烫伤处，防止自来水管里的压力过大，对烫伤处造成二次伤害。
> 2. 边冲边用轻柔的动作脱掉烫伤者的外衣，如果衣服粘住皮肉，不能强扯，可以用剪刀剪开。
> 3. 有人说，烫伤后不能包扎，会捂坏的。实际上，皮肤是人体最重要的屏障，一旦皮肤破损缺失，无孔不入的细菌就有机可乘了，不包扎反而会出问题。烫伤后，应用无菌敷料包扎，可起到保护作用，同时，敷料还可吸收创面渗出的组织液体。另外，不要随意涂抹外用药或民间偏方，包括：①立即用蜜清涂抹，烫伤后用蜜清涂抹反而会使创面感染。②立即用香油涂抹，烫伤后用香油涂抹反而会使创面感染。③立即用酱油涂抹，烫伤后不能用酱油涂抹，首先酱油含有盐分，会使创面细胞脱水收缩，加重损伤；其次，酱油不是无菌的，如果不进一步处理，有可能引起感染；最后，酱油颜色太深，覆盖创面后，会影响医生对创面深度的判断。
> 4. 除小伤自理外，最好送邻近的医院做进一步处理，大面积烫伤要尽快送到具有救治烫伤、烧伤经验的医院治疗。

图 6-40　关于伤口护理方法的演讲型 PPT 原文

从这几段话中，可以看出烫伤处理有 4 个步骤，因此可以把这部分内容分成 4 小段，如图 6-41 所示。

图 6-41 拆分段落

第 2 步：删除不重要的内容

有 4 种内容可以删除：

- 原因性内容，如"因为……""由于……""基于……"。
- 解释性内容，如"是"、冒号、括号、引号。
- 重复内容，即重复出现的文字、句子。
- 辅助内容，如动词、介词、连词、叹词。

对图 6-41 中的内容进行删减后，如图 6-42 所示。

图 6-42 删减内容

第 3 步：提炼和突出重点内容

删减后，对各段内容进行提炼，概括中心思想，突出重点内容，如图 6-43
所示。

案例

烫伤的急救方法

1.清水冲洗
要赶快用清水冲洗；岂不知最紧迫的事只有一件：降温。用自来水冲。

2.脱掉外衣
边冲边用轻柔的动作脱掉烫伤者的外衣，如果衣服粘住皮肉，不能强扯，可以用剪刀剪开。

3.敷料包扎
烫伤后，应用无菌敷料包扎，可起到保护作用，同时，敷料还可吸收创面渗出的组织液体。

4.送医处理
除小伤自理外，最好送邻近的医院进行处理，大面积烫伤要尽快送到具有救治烫伤、烧伤经验的医院治疗。

图 6-43   提炼和突出重点内容

第 4 步：匹配/美化逻辑图形

提炼内容之后，要根据内容的逻辑关系，匹配对应的逻辑图形并进行美化，如
图 6-44 所示。

图 6-44   匹配图形并进行美化

PowerPoint 提供了 7 种逻辑图形，即列表、流程、循环、层次结构、关系、
矩阵和凌锥图，如图 6-45 所示。可根据内容之间的不同关系，匹配相应的逻辑
图形，使内容清晰易懂。

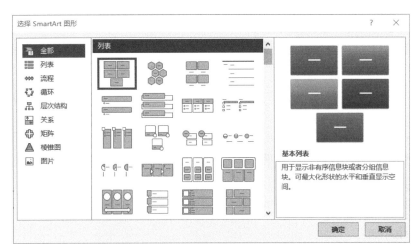

图 6-45　PowerPoint 提供的 7 种逻辑图形

（1）列表

列表用来表示一种并列的空间结构关系，各个要点之间是平行、对等的关系。对于使用空间结构的内容，可以使用列表图形。排版诀窍是"对齐分布"，如图 6-46 所示。

图 6-46　使用列表图形匹配内容

（2）流程

流程用来表示一种流动的关系，随着时间或步骤，事物不断向前发展。对于使用时间结构的内容，可以使用流程图形，如图 6-47 所示。

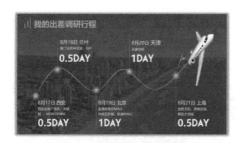

图 6-47　使用流程图形匹配内容

流程图形的绘制步骤如下。

第 1 步：给内容匹配图片。 以图 6-47 为例，找出一张与出差或调研有关的图片，再绘制一层蒙版，设置蒙版的颜色和透明度，便于展示内容。操作步骤为：插入图片，覆盖整个 PPT，执行"插入—形状"命令，插入矩形，单击鼠标右键，执行"设置形状格式—形状选项"命令，单击"填充线条"图标，设置透明度，然后平铺整个 PPT，如图 6-48 所示。

图 6-48　给内容匹配图片

第 2 步：画出流程曲线。 执行"插入—形状—曲线"命令，设置曲线的粗细，然后单击鼠标右键，执行"设置形状格式—形状选项"命令，单击"填充线条"图标，在"线条"选项下选中"渐变线"单选按钮，调节渐变光圈和透明度，如图 6-49 所示。

第 3 步：排版文字内容。 绘制其他线条，将文字内容与线条左对齐，把重要的文字和标题做放大处理，如图 6-50 所示。

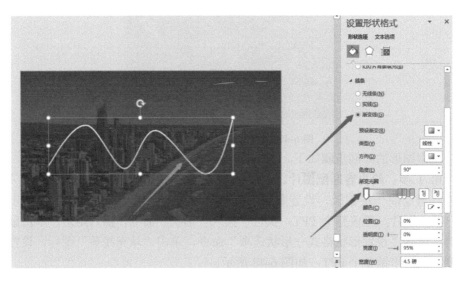

图 6-49　画出流程曲线

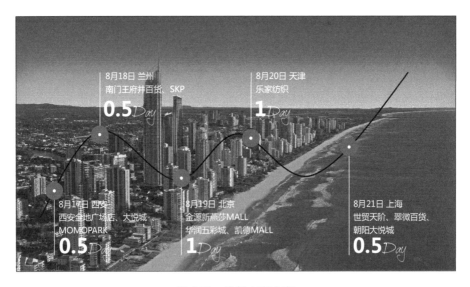

图 6-50　排版文字内容

第 4 步：增加装饰元素。在图中添加一架飞机，让内容更加形象和直观，如图 6-51 所示。

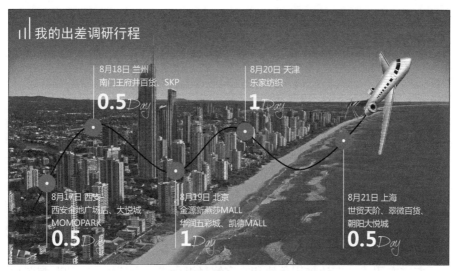

图 6-51　添加装饰元素

（3）循环

循环用来表示一种循环往复的关系。循环流程或周期性发展的内容可以采用循环图形。

（4）层次结构

层次结构用来表示一种总分结构。目标分解、组织架构通常采用层次结构图形。

（5）关系

关系图形可表示包含关系、重叠关系、公式关系等，展现内容要点之间的联系。

（6）矩阵

矩阵用来表示一种分割关系，将整体按照不同的维度分割成多个部分。

（7）棱锥图

棱锥图用来表示一种从高到低或从低到高的层进关系。

6.4.2　解释型内容的正文设计

解释型内容是指用来讲解某个概念的内容。对于解释型内容，通常不需要考虑内容的逻辑关系，可以直接将其放在 PPT 中，给这部分内容提炼出一个中心标题，并匹配一张有视觉冲击力的图片。如果内容过多，需要进行简化和提炼，最后将简化的标题和文字进行对齐排版。可以采用上图下文式、中间文字式、左文右图式、左图右文式、色块式进行图文排版，如图 6-52 所示。

图 6-52 解释型内容的排版方式

- **上图下文式**：PPT 上方放图片，下方放文字解释。
- **中间文字式**：PPT 中间使用色块和文字组合成一个整体，有点像腰封型封面设计。
- **左文右图式**：左边使用色块和文字解释组合成一个整体，右边匹配图片。
- **左图右文式**：左边使用图片内容，右边使用文字解释。
- **色块式**：独立使用色块，将其放在图片的各个区域进行排版，可使用圆形、矩形、六边形和其他多边形等。

6.4.3 多图文型内容的正文设计

多图文型内容是指内容中有多张图片且每张图片都需要使用文字来解释。对于多图文型内容，最简单、美观的排版方式是采用 Windows 8 风格进行排版。就像玩拼图游戏一样，每块拼图对应一个色块，每个色块可以是一张图片或一段文字。操作步骤：在 PPT 中插入矩形，复制矩形，对齐排列，将部分色块填充为图片，辅以文字解释，如图 6-53 所示。

图 6-53 多图文型内容的排版方式

6.4.4　数字型内容的正文设计

数字型内容是指用来介绍一些产品或事物的重要数据指标，如价格、性能参数等。排版数字型内容的要诀有：第一，把数字放大，使其醒目直观；第二，对齐数字和文字内容，这样会让 PPT 看起来美观、整齐；第三，匹配与内容相对应的图片，铺满整个 PPT；第四，可以添加一些与文字内容匹配的图标元素或装饰性元素来辅助设计。以小米 9 手机的数据展示 PPT 为例，如图 6-54 所示。

图 6-54　小米 9 手机摄像参数 PPT

很多时候，受众对数字型内容是没有概念和感觉的。那么，如何才能让数字型内容形象化？这时就要用到前面讲的类比技巧。例如，对于"小米电视 4 屏幕很大，高度达到 104.3cm"这句话，你可能没什么感觉，但如果在电视旁边放一张同等高度的小女孩的图片，你对这个高度就会很有感觉了，如图 6-55 所示。

图 6-55　小米电视 4 尺寸类比

6.4.5 产品型内容的正文设计

产品型内容通常用来介绍产品的卖点。需要将产品的主要卖点罗列出来，然后采用中心排版的方式进行排版。以"米家空气净化器"产品为例，该产品卖点如下。

- 500m³/h 颗粒物 CADR。
- 全新空气增压系统。
- 适用面积 35～60m²。
- OLED 显示屏幕。
- App 智能控制。
- 高精度激光传感器。

正文设计步骤如下。

第 1 步：将标题置于 PPT 的中心，选一张绿色叶子的图片作为背景，符合空气净化的主题，加上一层蒙版。

第 2 步：画出一些渐变的圆形线条，给人以向外辐射的感觉，如图 6-56 所示。圆形线条方便后期对产品卖点进行排版。

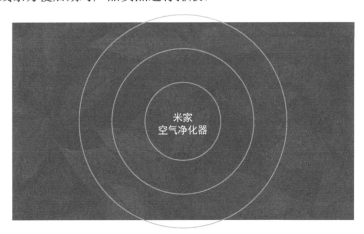

图 6-56　插入渐变圆形线条

第 3 步：将卖点均匀地置于圆形两侧，呈现出一种对称美，如图 6-57 所示。

第 4 步：为卖点内容匹配对应的图标，使卖点突出，如图 6-58 所示。图标可以登录阿里巴巴图标库网站免费下载。加上图标以后，PPT 内容会更加形象直观。

第 5 步：也可以将产品图片置于 PPT 的中心，突出产品，使 PPT 内容更加形象直观，如图 6-59 所示。

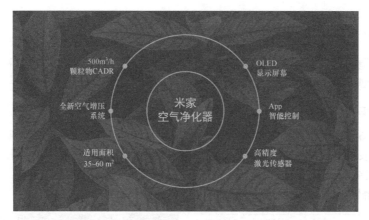

图 6-57　插入渐变线条

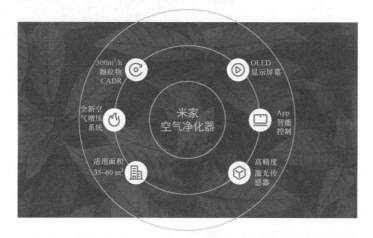

图 6-58　添加图标

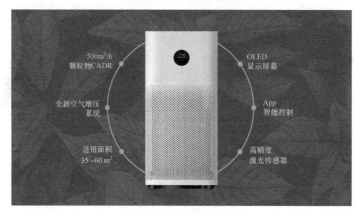

图 6-59　添加产品图片

6.4.6 图表型内容的正文设计

图表型内容通常指数据内容，主要有 3 种，分别是表格、柱状图和饼状图。对于数据型内容，应尽量做到可视化。

表格美化

如图 6-60 所示是介绍小米产品参数的两种 PPT 表格，你更喜欢哪种？第 1 种由普通表格和文字组成，特点是：表格不通透，四周有边框，有点压抑，整体没有设计感和美感，表达很普通。第二种表格也叫蒙版表格，特点是：线条简约大气，匹配图片和蒙版图层，使整个表格更具设计感。

型号	小米8	小米MIX2	小米Note3
标准容量	6GB+64GB	6GB+64GB	4GB+64GB
处理器	骁龙845	骁龙835	骁龙660
屏幕尺寸	6.21英寸	5.99英寸	5.5英寸
重量	175g	185g	163g
主相机	2000万像素	1200万像素	1600万像素
电池容量	3400mAh(typ)	3400mAh(typ)	3500mAh(typ)
价格	2699元	2599元	1799元

第1种

第2种

图 6-60　两种 PPT 表格

那么，如何设计第二种表格呢？

第二种表格由 3 层组成，第一层是线条，用于绘制简单的表格，第二层是黑色的蒙版，第三层是一张全图的图片，如图 6-61 所示。将三者结合在一起设计出来的表格看上去更加美观，有设计感。

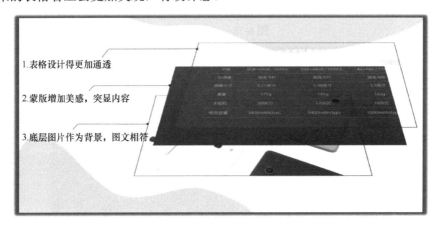

图 6-61　蒙版表格的层次

具体操作步骤为：插入图片，铺满 PPT—增加一层蒙版，凸显表格内容—设置蒙版颜色—绘制多条横线，作为表格线—调整文字内容大小和粗细—绘制装饰性线条，美化表格。最后得到富有设计感的表格，如图 6-62 所示。

型号	小米8	小米MIX 2	小米Note 3
价格	6GB+64GB／2699元	6GB+64GB／2599元	4G+64G／1799元
处理器	骁龙 845	骁龙 835	骁龙 660
屏幕尺寸	6.21英寸	5.99英寸	5.5英寸
重量	175g	185g	163g
主相机	2000万像素	1200万像素	1600万像素
电池容量	3400mAh(typ)	3400mAh(typ)	3500mAh(typ)

图 6-62 蒙版表格展示

柱状图美化

如图 6-63 所示是普通的柱状图和经过精心设计的柱状图，你更喜欢哪种？

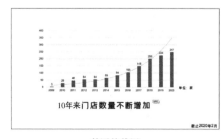

普通柱状图

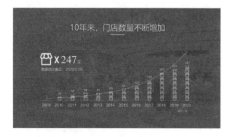

有设计感的柱状图

图 6-63 两种柱状图对比

常见的柱状图一般使用各种网格线和坐标，展示的内容太多，不够简洁和形象直观。精心设计的柱状图用图形代替柱状图，使内容更加形象直观和可视化。那么，如何制作出具有设计感的柱状图呢？步骤如下。

第 1 步：简化图形。删除默认图表的背景、绘图区背景、网格线，横、纵坐标标题视情况可以删除。若只有一种数据，图例也可以删除。操作方法：单击网格线，单击鼠标右键，选择"删除"选项即可（或按 Delete 按键删除），如图 6-64 所示。

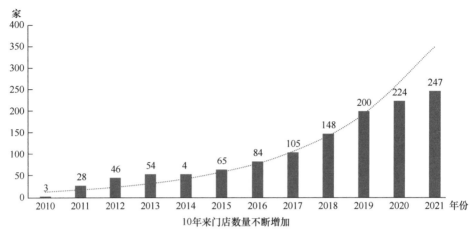

图 6-64　简化图形

第 2 步：复制图形。复制"门店"图标到柱状图中。操作方法：选中"门店"图标—复制图标—选中柱状图—粘贴图标到柱状图中，如图 6-65 所示。

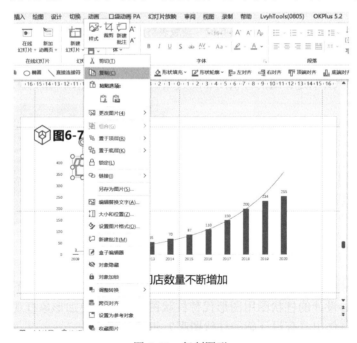

图 6-65　复制图形

第 3 步：添加背景图片。添加与主题相符的背景图片，设置成全图 PPT，然后在图片上增加一层蒙版，便于展示柱状图内容，调整文字大小和位置，如图 6-66 所示。

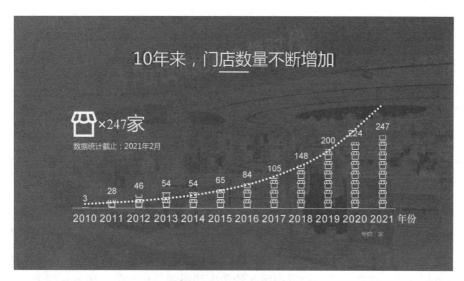

图 6-66　添加背景图片

饼状图美化

设计饼状图时，不仅要清晰地呈现内容，更要让人感觉形象、生动、易懂。对比图 6-67 中的两种饼状图，显然右侧的饼状图更加形象、直观、有趣。那么，如何设计这种饼状图呢？

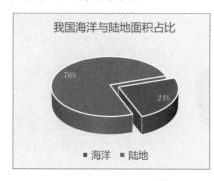
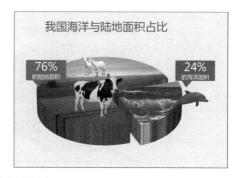

图 6-67　两种饼状图对比

核心思路：选择三维饼图，使 PPT 整体达到更加立体的效果。然后在三维饼图中添加一张对应的照片，最后加一些装饰。

具体步骤如下。

第 1 步：把三维饼图插入 PPT。操作步骤：执行"插入—图表—饼图—三维饼图"命令，如图 6-68 所示。

图 6-68　插入三维饼图

第 2 步：调整饼图格式。操作步骤：选中饼图，单击鼠标右键，选择"设置数据系列格式"选项，然后设置扇区起始角度和饼图分离数值，如图 6-69 所示。

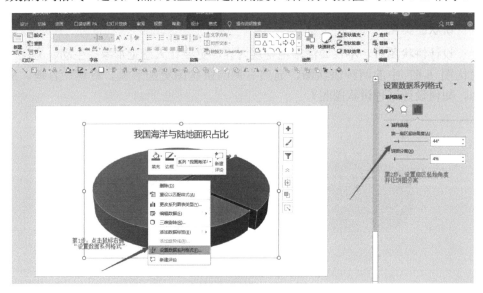

图 6-69　调整饼图格式

第 3 步：把对应的图片填充到饼图中。操作步骤：复制或剪切要填充的图片素材，选中饼状图，单击鼠标右键，选择"设置数据系列格式"选项，单击饼状图中的其中一块，单击"填充线条"图标，选择"图片或纹理填充"单选按钮，单击"剪切画"按钮，将饼图轮廓线设置为"无轮廓"。这样就可以把图片填充到饼图中了，其他模块的填充方法一样。填充效果如图 6-70 所示。

图 6-70　填充效果

第 4 步：添加装饰元素。 操作步骤：将下载好的装饰素材复制到饼图中，调整位置，复制数据，将数据摆放在合理的位置，一张好看的饼状图就做好了，如图 6-71 所示。装饰素材可在觅元素网站免费下载。

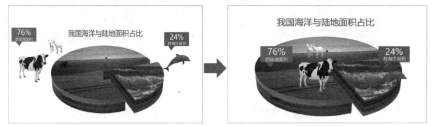

图 6-71　添加装饰元素

6.4.7　金句型内容的正文设计

金句型内容的正文设计是指演讲中的金句在 PPT 中的排版。对于金句型内容，可使用以下几种排版方式。

高桥流排版法

"高桥流"起源于日本，是一种只使用文字的排版方法。将文字内容放大，突出核心文字，将来源、出处等内容缩小并居中，如图 6-72 所示。

图 6-72　高桥流排版法

匹配背景图片

正所谓"一图胜千言"。添加一张与文字内容相关的图片，将它铺满整个屏幕，做成全图型 PPT，一方面可以丰富页面的视觉，另一方面由于内容相关，还能起到烘托氛围的作用，如图 6-73 所示。

图 6-73　匹配背景图片

匹配人物图片

如果某个金句是某位名人的观点，可以在 PPT 中加上这位名人的头像，排版方式可以采用左图右文，也可以采用左文右图。这样通过左右布局的方法，可以很好地解决空洞问题，如图 6-74 所示。

图 6-74　匹配人物图片

6.4.8　正文设计与排版注意事项

行间距要合适、恰当

正文内容的行间距是 PPT 设计的一个细节。有些人制作的 PPT 行间距设置得很宽，使内容看起来很散；有些人制作的 PPT 行间距设置得很窄，使内容看起来很拥挤，影响视觉效果。那么，多大的行间距最合适呢？推荐使

用 1.3 倍的行间距，这样会使内容看起来会很舒服。不同行间距的效果对比
如图 6-75 所示。

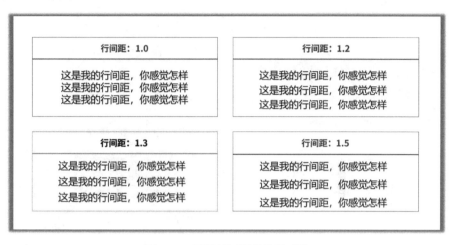

图 6-75　不同行间距的效果对比

每页 PPT 都要注意要留白

留白是指留有一定的空间，就像我国的水墨画，一般都留有大片的空白，给
人以想象的空间，如图 6-76 所示。

图 6-76　中国水墨画的留白艺术

在设计 PPT 时，也应当尊崇这个原则，不要让内容挤满整页 PPT，否则会
让人感觉很拥挤、压抑和难受。如图 6-77 所示的几个全图型 PPT 都有大量的留
白，让人感觉清爽、轻松自在。

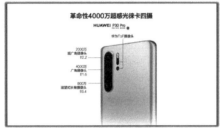

图 6-77　产品发布会的留白艺术

尝试给 PPT 创造空间感和层次感

通过调整图形和色块的大小、远近和明暗，可以创造 PPT 的空间感。通过调整图层的上、中、下位置，以及变换图片大小等，可以创造 PPT 的层次感和空间感，让 PPT 更富有设计感，如图 6-78 所示。

图 6-78　给 PPT 创造空间感和层次感

排版的四大原则

（1）对比原则：让受众抓住重点

这里可以将对比理解成突出、强调。一般的文案都有主要内容、次要内容、辅助内容之分，在 PPT 中就相当于大标题、小标题、核心语句等。对比就是突出关键词，突出主题。在对 PPT 内容进行排版时，可以使用 5 种对比方式：大小对比、颜色对比、形状对比、深浅对比、远近对比，如图 6-79 所示。

图 6-79　5 种对比方式

（2）对齐原则：让内容逻辑清晰，版式好看

这里可以把对齐理解为，把文字和图片按照一定的方式对齐，可以左对齐、居中对齐和右对齐等，如图 6-80 所示。记住一句话："一齐解千丑。"很多人的 PPT 之所以不好看，就是因为内容没有对齐。

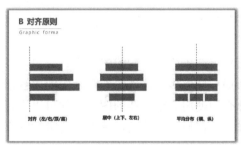

图 6-80　对齐原则

如何让 PPT 内容快速对齐？可以在"视图"菜单栏中调出网格线和参考线。操作步骤：单击"视图"选项卡，勾选"标尺""参考线"复选框。此时你会看到横、竖两根参考线。选中参考线，如图 6-81 所示。单击鼠标右键，可以对参考线进行删减。那一条参考线不够用怎么办？可以按住 Ctrl 键，拖动参考线进行快速复制。

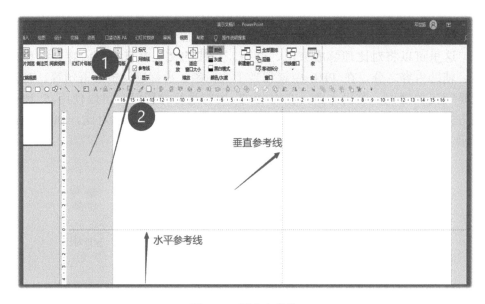

图 6-81　调出参考线

（3）重复原则：保持 PPT 风格统一

当一份 PPT 中有多张幻灯片时，保持风格统一就非常重要，因为它会让你的 PPT 看上去更加整齐、美观。那如何保持 PPT 风格统一呢？秘诀就是使用"重复"技巧。重复是指将版面中的视觉要素重复出现，包括颜色、字体、空间关系、图形、材质、形状等。

你可以重复使用相同的字体、字号，特定的颜色、相同的图形样式，也可以重复使用相同的项目设置、文本和图形布局。任何多次出现在幻灯片中的内容都可称为重复元素。但重复并不代表每次都必须使用完全一样的图片。你可以重复相同风格的图片、相同的色彩、相同的设置，任何能够使幻灯片保持连贯性的重复模式都可以使用。

如图 6-82 所示，这份 PPT 就重复使用了相同的图片风格、线条、字体、色块和颜色等。

- 重复图片：每张幻灯片中都使用了桥梁元素。
- 重复线条：每张幻灯片中都使用了不规则的线条元素。
- 重复字体、字号：每张幻灯片中的标题字体、字号都统一。
- 重复色块：每张幻灯片中色块的形状和颜色都一致，与图片颜色协调。

图 6-82　重复原则

（4）亲密原则：梳理内容关系

通俗一点讲，亲密原则就是指把相关联的内容放在一起，也叫"同类相聚"或"归类分组"。就像在生活中，你会把书放在书架上，把衣服放在衣柜里。如图 6-83 所示，将原来无序排列的不同颜色的段落按照亲密原则进行重新整理，使内容看上去一目了然。

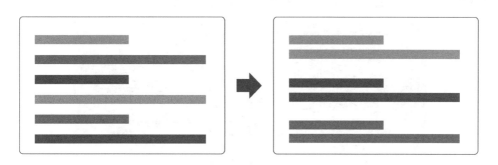

图 6-83　亲密原则

如图 6-84 所示的这张幻灯片就使用了排版的四大原则。

图 6-84　排版的四大原则运用示例

6.5　封底设计

封底也叫结尾页，用来宣告演讲结束，呼应主题，一般包含致谢和作者信息（或公司信息），如图 6-85 所示。一般的 PPT 封底都以"感谢聆听"和"谢谢"作为结束语。这种封底很普通，也不出彩，而且"聆听"一词通常用于晚辈听长辈讲话，是一种敬辞。但在实际演讲中，台下的受众不一定都是晚辈，所以使用"感谢聆听"不合适。那么，什么样的封底更加出彩呢？

图 6-85　封底设计

6.5.1 功能型封底

功能型封底是指以展示微信、电话或公司联系方式、链接资源等形式设计的封底，适用于商业会议、项目路演等较为正式的场合，如图 6-86 所示。

图 6-86 功能型封底

6.5.2 问答型封底

问答型封底是指以问答的方式设计的封底，适用于分享会、学术会议、创业沙龙等教育培训场合，如图 6-87 所示。

图 6-87 问答型封底

6.5.3 幽默型封底

幽默型封底是指以幽默、搞笑的方式设计的封底，适用于非正式、轻松愉快的场合，如图 6-88 所示。

图 6-88   幽默型封底

6.5.4   情怀型封底

情怀型封底是指以名言或金句作为结束语的封底，适用于产品发布会、培训等场合，如图 6-89 所示。

图 6-89   情怀型封底

6.6   效率提升

为什么有些人 5 分钟就能搞定一份演讲型 PPT，而你却要花费数小时来完成？原因就是你没有掌握提升 PPT 设计效率的方法。下面从 6 个方面来讲述如何提升 PPT 设计效率。

6.6.1   快捷键

学会使用快捷键就相当于坐上了"直达列车"，从 A 地到 B 地一键直达，而不会使用快捷键的人要转好几趟车才能到达指定地点。以下列举了几种常见的快捷键。

Ctrl+鼠标键

- 复制：选中对象，按住 Ctrl 键，拖动对象。
- 中心缩放：选中对象，按住 Ctrl 键，拖动尺寸控点。
- 页面缩放：按住 Ctrl 键，滚动鼠标滚轮。

Shift+鼠标键

- 水平移动：选中对象，按住 Shift 键，拖动对象。
- 比例缩放：选中对象，按住 Shift 键，拖动尺寸控点。

Ctrl+S 键

使用 Ctrl+S 键可以快速保存文本。建议每完成一页就按一次，每修改一次就按一次，以免丢失内容。

更多快捷键操作如图 6-90 所示。

幻灯片创建与保存	画布部分
Ctrl+M键：新建幻灯片 Ctrl+N键：创建一张新的幻灯片 Ctrl+Shift+N键：创建一张相同的幻灯片 Ctrl+S键：保存幻灯片	Ctrl+A键：全选　Ctrl+鼠标滚轮：快速缩放页面 Alt+F10键：组合　F5键：从头放映幻灯片 Alt+F9键：显示参考线　Shift+F5键：从当前页放映幻灯片 Shift+F9键：显示网格线　Ctrl+Alt+V键：选择性粘贴
文本处理	文本处理
Alt+左右：间隔15°旋转　Shfit+拉伸对象：等比例缩放 Shift+方向：按比例缩放　Ctrl+拉伸对象：按中心缩放 Shift+鼠标：等比插入对象　Ctrl+D键：复制并粘贴 Shift+拖动对象：平移对象　Ctrl+A键：全选	Ctrl+I键：倾斜　Ctrl+J键：两端对齐 Ctrl+B键：加粗　Ctrl+L/E/R键：对齐 Ctrl+【键：增大字号　Shift+F3键：更改大小写 Ctrl+ 】键：减小字号

图 6-90　常见快捷键汇总

6.6.2　模板设定

执行"视图—幻灯片母版"命令，进入幻灯片母版，可以在此自定义和设计模板类型，如图 6-91 所示。模板中的第一张幻灯片是母版，母版如果发生变动，后面所有幻灯片的版式都会跟着变动。

6.6.3　自定义功能区

你可以将自己最常使用的命令放在自定义功能区，这样再使用这些命令时就不用调出菜单栏了，方便快捷。操作方法：在"开始"菜单栏下单击鼠标右键，在打开的对话框中将常用命令添加到自定义快速访问工具栏中。添加后的自定义功能区如图 6-92 所示。

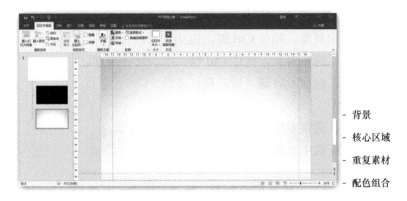

- 背景
- 核心区域
- 重复素材
- 配色组合

图 6-91　模板设定

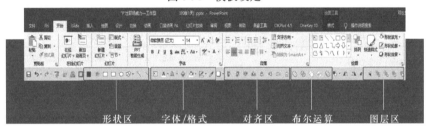

形状区　　字体/格式　　对齐区　　布尔运算　　图层区

图 6-92　自定义功能区

6.6.4　设置默认

制作 PPT 时候，如果没有设置默认字体，每次都需要调整字体格式，这样会浪费大量的时间。因此，可以把你需要的样式设置成默认，如设置默认字体、形状、颜色和线条等，这样再次使用时就不用反复调整和修改，从而节省大量的时间。设置默认的操作步骤为：选中字体/形状/线条等，单击点击鼠标右键，选择"设置为默认字体/形状/线条"选项，如图 6-93 所示。

设置默认字体

设置默认文本

设置默认线条

图 6-93　设置默认

6.6.5　格式刷

格式刷可以把指定对象刷成你想要的格式，操作步骤为：单击对象，执行"开始—格式刷"命令，刷取格式。格式刷有两种用法，一种是单击格式刷，只能一次刷取格式；另一种是双击格式刷，可以多次刷取想要的格式，如图 6-94 所示。

图 6-94　两种格式刷的用法

6.6.6　使用 iSlide 插件

制作一份 PPT 一般要用到多种素材，这些素材需要在各个平台搜索，然后导入 PPT，相当麻烦。推荐你使用 iSlide 插件，可以一站式解决各种 PPT 制作问题。该插件提供海量图片、图标、模板、图表等，可以显著提升你的 PPT 制作效率，如图 6-95 所示。

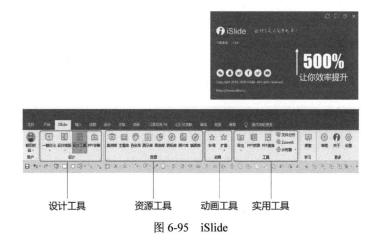

图 6-95　iSlide

作为一种极佳的演讲辅助工具，PPT 受到了越来越多职场人士的喜欢。无论是商务演讲、工作总结、项目报告，还是产品介绍、项目路演等，都可以使用 PPT 制作演讲内容，它可以让演讲者思路清晰，视觉化呈现演讲内容，打破演讲者与受众之间的壁垒，从而更好地达到演讲者的目的。

第 7 章

排练演绎：让演讲层层突破

将杰出人物和一般人区分开来的主要因素是：前者经过年复一年的练习，已经改变了大脑中的神经回路，以创建高度专业化的心理表征，这些心理表征反过来使令人难以置信的记忆、规律的识别、问题的解决等成为可能。

——安德斯·艾利克森

设计好演讲稿和制作好 PPT 以后，接下来需要不断地排练和呈现。一名演讲者要想成为优秀的演说家，必须经历"冰火五重天"，实现 5 重突破，如图 7-1 所示。

- **破胆**：突破恐惧，克服紧张。
- **破相**：台风稳健，肢体自然。
- **破声**：抑扬顿挫，表达有力。
- **破冰**：自信介绍，拉近距离。
- **破局**：突发状况，灵活应对。

图 7-1 演讲的 5 重突破

7.1 破胆：突破恐惧，克服紧张

对一些演讲新手和缺乏演讲经验的人来说，面对公众演讲就像一场噩梦，一站到台上，他们就会非常紧张和害怕。

7.1.1 为什么有些人上台会紧张

小张是某公司的中层管理者，今年，整个部门的年度业绩做得还不错，这有赖于小张优秀的管理方法和经验。在公司年会上，老板临时决定让坐在台下的小张分享一下管理经验。一听说要上台，小张一下子就变得手足无措，但也只能硬着头皮上去。这是小张第一次面对几百人进行公众演讲，他非常紧张，甚至开始面红耳赤、手脚发抖。看着台下一双双齐刷刷望向他的眼睛，此时的小张大脑一片空白，一句话也说不出来。

这次经历让小张觉得自己在领导面前丢了脸面，他认为自己确实不会演讲："让我在部门开个会还行，但当众演讲这项技能，我天生就不会。"事实真的像小张所说的那样，有些人天生就不会演讲吗？

美国《时代》杂志做过一个心理测试实验，对 3 000 人做了一次问题调查，问题是："你最害怕的事情是什么？"选项包括死亡、贫穷、疾病、公众演讲等。调查结果出乎意料，研究人员本以为"死亡"应该排在第一位，没想到排在第一位的竟然是"公众演讲"。可见，其实大部分人一开始都比较害怕公众演讲。演讲恐惧是社交恐惧的一种。关于演讲恐惧的起源，可以追溯到原始社会。在原始社会，人类打猎时，如果面对的是身形较小或数量较少的动物，会相对镇静；如果面对的是身形较大或数量众多的动物，则会产生逃避或战斗的应激反应。同样，在台上，演讲者面对众多受众，也会产生这种应激反应。尤其是当演讲者被"赶鸭子上架"，无法逃避的时候，会导致肾上腺激素急剧飙升，口干舌燥，全身冒汗，说话哆嗦。其实这些反应都是人类身体的应激措施，是一种正常的自我保护。

事实上，很多著名演说家都有过上台特别紧张和恐惧的经历。

英国著名政治家丘吉尔 1941 年 6 月 22 日发表的著名演讲《我们将战斗到底》，是第二次世界大战期间最鼓舞人心的演讲。丘吉尔于 1953 年获得了诺贝尔文学奖，当时的颁奖词是这样评价他的演讲的："……成熟的演说，目的敏捷准确，内容壮观动人，犹如一股铸造历史环节的力量。"就是这样一位伟大的演说家，也曾经站在演讲台上，脸色发白，四肢颤抖，甚至被轰下台。丘吉尔曾说，每次演讲，他都觉得"胃里像装了一块冰"。

所以说，紧张、恐惧是演讲中的常态。没有紧张感和恐惧感的人，反而是不正常的。就像马克·吐温说的："世界上有两种演讲者，一种是上台后紧张的，一种是上台后假装不紧张的。"

7.1.2　上台紧张的表现

上台紧张的表现常见的有以下几类。

生理和身体上的表现

面红耳赤、心跳加速、眼神游离、不敢直视观众、手揣裤兜、四肢抖动或僵硬、声音颤抖、感觉恶心想吐、呼吸急促、轻微的眩晕感……

语言和思维上的表现

大脑突然空白/短路、忘词、重复背诵某个词语或句子、语无伦次、说话磕巴、频繁出现口头禅（嗯、额、这个、然后等）……

情绪和心理上的表现

盼望结束、感觉时间很漫长、想上厕所、恐惧、讨厌自己、极度焦虑、感觉很尴尬……

不同的人上台紧张的表现也会有所差异。以作者为例，我以前上台紧张主要表现在每次快到我上场时，我都要去一趟厕所，一开始我以为是身体不舒服，后来才发现原来是上台紧张。

7.1.3　上台紧张的原因

上台紧张的原因主要有 6 个。

自卑心理作祟

有这种情况的人，通常是曾经上台演讲过或发言过，但当时由于经验不足，导致表现得非常差，产生了心理阴影，从此"一蹶不振"。

事前准备不足

有些人没有掌握演讲技巧，不知道该如何准备演讲，在这种情况下，很容易上台紧张。

自我期望过高

有些人上台之前总是自我期望过高，总想有个完美的表现，越是带着这种心态去演讲，越容易紧张。请记住，人非圣贤，请允许自己犯错。有时候，犯错恰恰是一种成长。

"恐高症"发作

这里说的"恐高症"不是普通意义上的怕高，而是指"怕职位高"。你是否经历过这样的情境：当台下有领导在时，你期望在他们面前表现出自己优秀的一面，获得领导的赏识？这种心态导致你演讲或发言时变得小心翼翼，生怕自己出错或有什么纰漏，因为搞不好"今年的奖金可能就没了"，所以你会变得紧张。我把这种现象称作"恐高症发作"。

受众过多或过少

在两种情况下演讲比较难开展，一种情况是受众特别多，达到几百人甚至上千人，从台上往下看，黑压压的一片，你会感觉很难控场，因此感到紧张；另一种情况是受众特别少，如 10 人以下，你会感觉很难把大家带动起来，气氛很容易"结冰"，因此感到紧张。

对环境和人员不够熟悉

对大部分人来说，身处一个熟悉的环境，和一群熟悉的人在一起，会让他们感觉很轻松、很自在，而在一个陌生的场合演讲会让他们感觉"别扭""不适应"。

7.1.4　克服紧张的 7 种方法

根据上文描述的引起紧张的主要原因，可以将其大致分为两种：准备不足和心态问题。对于因准备不足而导致的紧张比较好克服，只要掌握演讲准备技巧、做好充分准备就行了。那么，对于因心态问题而导致的紧张，有没有一些具体可操作的方法来克服呢？当然有，下面介绍 7 种比较实用的克服紧张的方法。

心理暗示法

心理暗示法分为积极心理暗示法和消极心理暗示法两种。有人说："我在演讲时也经常暗示自己不要紧张，可是效果不怎么好。"为什么？原因就是他使用的是"消极心理暗示法"。"不能""不可以""不要"后面接的都是消极的词汇。而"积极心理暗示法"使用的是"我能""我要""我会""一定能"，后面接的都是积极的词汇，因此更有效。

身体活动法

研究表明，过度的紧张会让肾上腺素激增，肌肉变得僵硬。因此，要缓解上台紧张，可以在上台前做做运动，如俯卧撑、伸展运动，如果条件允许，可以洗个热水澡，让身体放松下来。

熟悉现场法

回忆一下，你在上学期间，是否一考试就很紧张？尤其是当你去一个陌生的考场考试时。当时你的老师是怎么做的？一般老师会让你提前去看考场，熟悉考场，从而缓解你的紧张情绪。演讲也一样，提前到演讲现场进行彩排，熟悉一下环境，可以大大缓解你的紧张情绪。除了彩排，你还可以在演讲当天提前到现场和受众说说话、聊聊天，一来可以了解他们的一些需求和基本信息，二来可以和他们"打成一片"，这样等你上台演讲时，受众就会更加配合你，从而有效缓解你的紧张情绪。

卡片提示法

你也可以像主持人一样通过使用手卡的形式来提示自己演讲内容，有了手卡，就像手拿演讲稿一样，你就会放轻松许多，毕竟备稿演讲要比脱稿演讲容易得多。但要注意一些手卡制作要点：第一，手卡上尽量列举演讲的大纲，不要把演讲稿的具体内容写在手卡上，要不然很容易忘词，因为手卡上的字一般都很小，如果台上灯光太暗，根本就看不清；第二，手卡的大小应该控制在手掌大小，不要太大，否则容易让人感觉你是在念稿，破坏演讲形象；也不要太小，否则容易让人感觉你在"搞小抄"，破坏受众印象。

"找对象"法

这种方法可在上台后使用。上台后，你可以找到那些面带微笑、面目和善的受众，然后面向他们进行演讲，这样可有效缓解你的紧张感。如果你面对那些表情严肃、动作保守、充满怀疑的人演讲，只会越讲越紧张，越讲越有压力，因为情绪是会传染的。

借助能量法

有两种借助能量的方式。一种是借助过去的能量，是指在演讲前先想一件以前"最开心的事"，这样你能从以往开心的事情中汲取能量，从而缓解紧张情绪。

第二种是借助未来的能量，是指在演讲前先想象一下这场演讲非常成功的画面，画面越具体越好。例如，想象你的演讲刚刚结束，灯光打在你的身上，你向大家深深地鞠了一躬，台下立马响起了雷鸣般的掌声，你很开心。想象这个画面之后，你会发现自己的紧张情绪缓解了不少，甚至能量暴增，信心满满。

持续训练法

在所有的克服上台紧张的方法中，最有效的是持续训练，上台、上台、上台……永远不要害怕上台，永远不要害怕演讲失败，今天的失败，就是明天的成功。只有不断对上台进行"脱敏治疗"，你才能慢慢适应紧张，克服紧张。

最后我把克服紧张的方法总结成一段口诀：

　　　　上台紧张很正常，
　　　　心跳加速也无妨。

身心无人呼吸畅，
熟悉卡片能量讲。
持续训练找对象，
宁神定气自刚强。

归根结底，克服紧张的核心在于不断上台演讲，突破恐惧，最终把演讲当成一件自然而然的事情，把演讲当成送给受众的一份礼物，这样一来，一场精彩的演讲就成了水到渠成的事。

7.2 破相：台风稳健，肢体自然

要评价一名演讲者是否专业、自信，就要看他的演讲台风是否稳健、自然。

心理学中有个著名的"首因效应"，也叫"第一印象法则"，是指在信息呈现过程中，首先呈现的信息比后来呈现的信息在印象形成中占更大的比重。同样的道理，在与人交往时，留给对方的第一印象对整体印象的形成影响更大。行为学家研究发现，在人与人之间的见面中，有一个"6 秒情绪劫持理论"。也就是说，人与人见面后的前 6 秒的印象，并不取决于理性的思考，而是取决于感性的认知。通过这 6 秒，对方会得出对你的印象，决定是否要和你继续交流、沟通、达成合作。

当你站上演讲台的那一刻，人们往往先看到的是你的台风。如果你的台风标准，会让人觉得你的演讲内容也不会差到哪里去；如果你的台风非常不规范，会让人觉得你的演讲内容也不专业。

可以说，台风的好坏，决定了演讲者是否专业。那么，该如何塑造专业的台风呢？可以从以下 6 个方面来塑造，让你的形象更加专业。

7.2.1 规范的着装

如果是比较正式的商务场合，建议着正装（西装）。

男士着正装（西装）要求
男士着正装（西装）要遵循"三个三法则"。
- 三色原则：全身颜色不超过 3 种。
- 三一定律：皮鞋、皮带、皮包颜色要一致。
- 三大禁忌：衣服标签未撕掉、穿夹克打领带、黑皮鞋配白袜子。

此外，头发要保持整洁，并经常梳理；西装两粒扣的，要扣一粒，三粒扣的，要扣两粒或只扣中间一粒；双排扣西装要全扣，衬衫要扣好所有扣；领带长度以刚好抵达皮带扣上端为宜，注意西装、衬衫和领带颜色的协调。

女士着正装要求

女士在正式场合应着职业套装；袜子宜肉色或黑色，不可破损，不可裸腿，避免出现"三截腿"；鞋子最好穿有跟皮鞋，忌穿凉鞋，不能露趾；发型得体，美观大方；妆容宜淡妆，香水味道不宜浓烈。

规范着装的 TOP 法则

不管是男士还是女士，着装都要遵循 TOP 法则，即根据当时的时间（Time）、所处的场合（Occasion）和地点（Place）去搭配合适的衣服，如图 7-2 所示。

时间原则　　　　场合原则　　　　地点原则
（Time）　　　（Occasion）　　　（Place）

图 7-2　规范着装的 TOP 法则

（1）时间原则

对女士而言，着装需要根据不同的时间变换。白天工作时，为展现专业、干练的形象，女士应穿着正式的套装；若晚上出席晚宴或酒会等社交场合，就可以多加一些修饰，如换一双高跟鞋，戴上有光泽的配饰，若着装颜色比较单一，可以围一条漂亮的丝巾增添色彩。此外，服装的选择应适合当前的季节和气候，并符合时代潮流。而对男士来说，一般穿一套质感较好的深色西装或中山装就足以应付绝大多数场合了。

（2）场合原则

衣着要与场合协调。在与顾客会谈、参加正式会议、演讲等场合，衣着应庄重考究；听音乐会或看芭蕾舞时，则应按惯例着正装；出席正式宴会时，可穿旗袍或长裙晚礼服；而在朋友聚会、郊游等场合，着装应轻便舒适。

（3）地点原则

在自己家里接待客人，可以穿着舒适整洁的休闲服；如果是去公司或单位拜访，应穿职业套装，显得专业；外出时要考虑当地的传统和风俗习惯，如去教堂或寺庙等场所演讲，就不能穿过露或过短的服装。

如果演讲场合不是很正式，也可以穿休闲服装，如 T 恤、牛仔裤等。最重要的一点是，不要在正式场合穿短裤。

7.2.2 标准的站姿

当你走上演讲台的那一刻，就要找好位置站好。男性演讲者和女性演讲者的站姿要求有些不同。男性要"劲"，女性要"静"。意思是说，男性站姿要刚健、潇洒、英武、强壮，让人感觉非常有精气神，有力量。女性站姿要轻盈、妩媚、典雅和娴静。具体要求如图 7-3 所示。

男性站姿要求

双脚与肩同宽，双手自然下垂，挺胸、收腹，面带微笑，目视前方。双手也可以自然交叉，放于腹部。

女性站姿要求

双脚站成"丁"字步或 V 字步，双手交叠放于腹部，挺胸、收腹，面带微笑，目视前方。

图 7-3　男士站姿与女士站姿

如果你在演讲时感觉手无处放，可以一只手拿话筒或激光笔，另一只手自然做手势就好。

站姿注意事项：站在台上后，不要乱趴、乱靠，不要屈腿、抖腿，不要含胸驼背，否则会非常影响你的演讲形象。

如何训练标准站姿

（1）顶书训练

身体站直，在头顶放一本书，在保证书不掉下来的情况下训练走姿。"顶书训练"可以有效纠正低头、仰脸、头歪、左顾右盼的问题。

（2）靠墙训练

背部靠墙，让身体的各个部位形成"9 点 1 面"："9 点"是指后脑一侧、双肩两侧、臀部两侧、小腿两侧、脚跟两侧；"1 面"是指 9 个点都处在同一个平面。

（3）靠背训练

两人背靠背，肩部和腿部各放一张纸，进行体态训练。使用这种方法时，两个人的身高和体型应差不多，这样训练效果更佳。

（4）对镜训练

一边演讲一边对镜查找缺点，看看自己是否有高低肩，是否站得挺拔。这是一个非常好的检查站姿的方法。

7.2.3　恰当的眼神

眼睛是心灵的窗户，眼神是演讲的桥梁。

眼神的作用

眼神是人际交往中的一种无声的语言，可以表达有声语言难以表达的意义和情感。在演讲中，眼神起着重要的作用。

（1）表达情感

通过眼神交流，可以传递双方的情感。

（2）增强表达效果

可以通过眼神配合你想表达的内容，增强表达效果。例如，要表达"这样做的后果很严重"，只使用语言描述，受众可能没什么感觉，但如果演讲者配合一种严肃的眼神，表达效果就不一样了。

（3）有效定场

当有受众走神时，演讲者可以通过眼神有效控场。例如，在演讲现场，有些受众交头接耳，此时，你用一种严肃或亲和的眼神看着对方，对方立马就能感受到，并停止小动作。

恰当运用眼神的方法

恰当运用眼神的方法有 3 种，分别是环视法、点视法和虚视法。

（1）环视法

演讲者站上演讲台之后，不要急于去表达，可以先使用眼神来定场，向观众打招呼，具体做法是环顾全场，可以使用 Z 型和 S 型环视。通过眼神可以体验受众的情绪和现场情况，还可以让受众立马明白你接下来要开始演讲了。

（2）点视法

将目光集中投向某一角落的某些受众，表达对观众的情感。当受众感觉你看到他们的时候，他们会认为自己受到了重视，从而表现得格外积极和认真。在使用点视法时要注意区分同性和异性。不能对某个同性或异性给予过长时间的关注，一般眼神在同一个人身上停留3~6秒即可。

（3）虚视法

有些演讲新手不敢直视台下的受众，从而难以了解台下的情况，这时可以采取虚视法与受众进行眼神交流，即不直接看受众的眼睛，而是看他们的额头与鼻梁形成的"三角区域"，但受众会认为你是在与他们进行眼神交流。这种方法可以避免与台下受众直接对视的尴尬。

眼神的训练方法

在演讲时，可以练习以下两个方法，让你的眼神充满情感和力量。

（1）对视练习

第1步：找到一个朋友（异性和同性均可，但最好不要是情侣），两人对视。

第2步：在对视的过程中，身体保持不动，且不能眨眼睛。

第3步：坚持时间最久的人胜出。

（2）眼球运动

第1步：竖起右手食指，指尖与眼睛平齐，相距15厘米左右。

第2步：眼睛专注于食指指尖，头部不动。

第3步：眼球随着指尖做以下3个方向的运动：左右移动、上下移动和圆周运动，如图7-4所示。

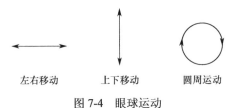

左右移动　　上下移动　　圆周运动

图7-4　眼球运动

7.2.4　灵动的身法

身法是指演讲者对自己整体台风的塑造。戏曲演员就非常注重"身法"，包含"手、眼、身、法、步"5种。每个细微的动作，都能透露出戏剧演员是否专业。那么，演讲者的"身法"包含什么？演讲者的身法包含3个要求，即"要定点""要移动""要定区"。

要定点

上台后找到演讲台中心位置站定。这一点很容易理解，如果演讲者一上台就表现得很激动，甚至来回走动，很可能让受众感觉他很浮夸或很紧张，不能有效掌控全场。因此，一名优秀的演讲者在登上演讲台后，不会马上开始演讲，而是找到演讲台的中心位置站定，用眼神环顾全场后才开始演讲。这种做法会让受众感觉演讲者很专业、很自信。

要移动

演讲是一门艺术，艺术是一种感官体验。它会带给人们视觉、听觉、嗅觉和触觉等方面的感受。演讲不是朗诵。朗诵时，朗诵者可以站着不动，但演讲需要演讲者随着演讲内容做出一定的位置移动。移动的好处主要有以下几个。

- 让受众感觉演讲节奏很紧凑，行云流水，一气呵成。
- 适当的移动有助于缓解演讲者紧张的心态。
- 演讲者移动，受众看到的就是动态的、变化的"视频"。如果演讲者不移动，受众看到的就是静态的、死板的"图片"。但是要注意，演讲者在演讲台上移动不能够过于频繁，否则容易让受众产生视觉疲劳。

要定区

演讲既然要移动，就有一定的移动范围。在一些大型演讲场合，如在一些节目中，主办方会提供一个圆形区域作为演讲台，这个区域的半径一般为 1.5～2 米，可以有效地提醒演讲者最远可以移动到哪里，并且有助于摄像师抓拍演讲者。在一些小型演讲场合，演讲台比较小，一般是长方形，长度在 7 米左右，演讲者的移动范围一般是演讲台长度的 2/3 和宽度的 2/3 这片区域，如图 7-5 所示。

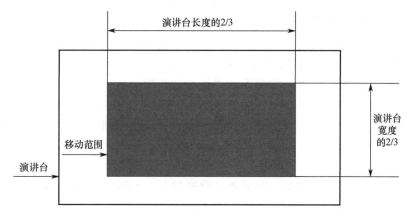

图 7-5　小型演讲场合演讲者的移动范围

7.2.5　自然的手势

演讲中恰当地使用手势可以有效地增强表达效果，使演讲更加生动形象。演讲的手势主要有以下 4 种类型。

- **指示型手势。**指示型手势用来指示事物、地点和方位等。其对应的语言描述如"这个""那个""这是一张桌子""请往这边走"等。
- **数字型手势。**数字型手势用来表现数字内容。例如，数字 1～10 可以分别用手势表示为如图 7-6 所示。

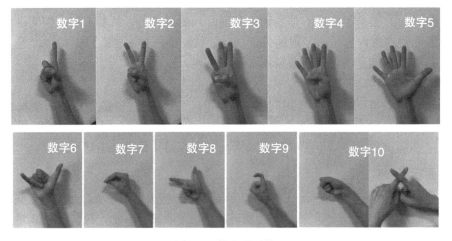

图 7-6　数字型手势

- **区分型手势。**区分型手势用来分割项目的阶段、流程、模块等。区分型手势像一把刀，把事物进行切分。与区分型手势对应的语言描述如"这个项目分为阶段一、阶段二、阶段三……""中国讲究五行，分别是金、木、水、火、土"等。
- **描述型手势。**描述型手势用来描述事物的形态、外貌、大小等。这种手势最为常见。例如，你要表达"我今天在街上看见了一个大美女"，单纯的语言表达可能不会让受众产生深刻的印象，但如果你一边说一边用手势描述这个女孩完美的 S 曲线，受众马上就会在脑海中构建一个身材窈窕的美女形象。

下面做一个小练习，请用以上 4 种手势表达以下内容：一个（数字型）大西瓜（描述型）一刀（描述型）劈成俩（数字型），一半送给你，一半送给他（区分型），心里乐开花（描述型）。

手势训练：找一位要好的朋友，一起完成以下任务：尝试只使用肢体语言向对方介绍下面 3 个主题，每完成一个主题介绍，让对方讲给你听，看看你通过非语言表达方式（只通过肢体动作）介绍的内容与对方理解的内容是否一致。如果不一致，两人思考一下，该如何优化手势才能让对方理解你的意思。训练几次之后，你会发现自己在不知不觉中就学会了上述 4 种类型的手势。

- 介绍一下你的办公室。
- 介绍一下你家里的布置。
- 介绍你第一次做某件事的情形。

> 演讲中手势的使用原则是，"高不过头，低不过腰"，以在身体的"中躯位置"做手势为宜。一般情况下，手势向上表示积极、正向，手势向下表示消极、负向，错误或多余的手势会让你的演讲变得更糟糕。此外，手势不要过多，也不要过少，适度即可。

7.2.6 正确的演示

演讲时，演讲者要控制好演讲的辅助道具，如白板、马克笔、话筒和投影笔等。

白板

在演讲过程中，如果要使用白板，应提前准备好，擦拭干净，白板上尽量不要保留上一名演讲者的演讲内容。

- 准备板擦和不同颜色的马克笔。
- 使用之前先用马克笔在白板的一角试用一下，确定是真正的可擦写马克笔之后再使用。
- 写在白板上的字要足够大，使每个人都能看清楚。
- 板书时，尤其是在边讲边板书时，要尽量面对受众，而不是对着白板讲话。

马克笔

- 有时演讲者在演讲过程中讲到一些关键概念或知识点时需要在白板上书写，因此应提前准备好不同颜色的马克笔。在演讲中，马克笔用完之后立即盖好笔帽，防止水分蒸发，写不出字。

话筒

主持人、歌手和演讲者都会用到话筒。不同的角色手持话筒的方式和位置也不同，如图 7-7 所示。

作为演讲者，掌握正确的握话筒的方法是一项基本技能。具体要领如下。

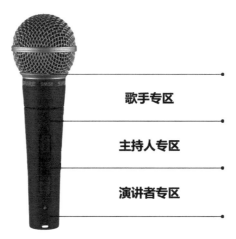

歌手专区

主持人专区

演讲者专区

图 7-7　不同角色手持话筒的位置

（1）握话筒

- 手指并拢，握住话筒下端的 1/3 处，不要握住话筒上端的 1/3 处。
- 将话筒的上端放在下巴以下 2～3 厘米的位置，不要放在嘴唇前方，否则说话时产生的气流会让话筒发出"扑哧扑哧"的声音。
- 将话筒放在胸前 5～8 厘米的位置，垂直于地面，与人体中轴线平行。
- 握话筒的手的肘关节要自然下垂，紧贴肋骨。

（2）接/递话筒

- 在接收和传递话筒的过程中，要符合礼仪。一般来说，当别人用双手递给你话筒时，你也要用双手接住；当你把话筒传递给他人时，要用双手递出。
- 在一些非正式场合，可以单手递话筒，但需要把话筒调转方向，自己握住话筒上端的 1/3 处，便于他人接收。
- 接收话筒后，不要用力拍打话筒以判断话筒是否能正常工作，也不要对着话筒不停地"喂喂喂"，这都有失风度。一般来说，直接拿起话筒讲话就可以了。

投影笔

在演讲中，投影笔用来指示演讲内容的位置。投影笔的使用应遵循"手顺"原则，即当演讲者站在屏幕右方的时候，应该左手拿投影笔；当演讲者站在屏幕左方的时候，应该右手拿投影笔。

最后，正确的演示要做到"5 个不要"。

- 不要背对受众。

- 不要挡住幻灯片。
- 不要始终面对 PPT。
- 不要用手去指屏幕。
- 不要用投影笔指人。

7.3 破声：抑扬顿挫，表达有力

声音能构造演讲画面，引起受众的共鸣。

声音是演讲的基础。在演讲中，声音能够立体地呈现人物的特点和风格。声音是否抑扬顿挫，决定了演讲者的表达是否清晰有力。

美国著名心理学家梅拉·别恩说过："信息的有效传达，包含 55% 的肢体语言、38% 的声音和 7% 的语调。"可见声音对演讲非常重要。

在演讲中，发声要符合两个原则，一是"抑扬顿挫"，二是"表达有力"。

7.3.1 发声不佳的表现

没力度，太平实

有的演讲者在演讲过程中，总遇到有受众打瞌睡的情况，主要原因就是演讲者说话没有力度，过于平实，声音软绵绵的，就像在唱摇篮曲。

咬字不准，不清晰

这种情况就好像嘴巴里含着一块石头，说起话来咬字不准、不清晰，容易嘴瓢，让受众很难理解。这些可能是没有掌握正确的发声技巧造成的。

那么，该如何正确地发声呢？

7.3.2 发声训练方法

人类并没有单独的发声器官，而是使用呼吸器官、消化器官来发声的。发声器包括呼吸器官、喉头和声带、口腔和鼻腔三个部分。其中，除了声带，其他所有的发声器官都是"兼职"的。说话时，横在呼出气流通道上的两条声带迅速地一开一闭，把稳定的气流切成一串串的喷流，将其转换成听得见的峰音，随着舌、唇、腭等器官的运动，不断改变声道的声学性质，将峰音变成能区别的语音，通过胸腔、喉腔、咽腔、鼻腔、口腔组成的"共鸣器"放大而发出声音。这就是发声的全过程。从这个过程中可以看出，发声效果如何，与呼吸、声带、共鸣器等有着直接的关系。因此，在发声训练中，要着重进行 6 项训练，如图 7-8 所示。通过这 6 项训练，可以让你的声音抑扬顿挫，"声声入耳，声声入心"。

01 呼吸训练 气息是声音的动力来源。充足、稳定的气息是发声的基础	**02 声带训练** 恰当地训练和运用声带，改变声带条件，保护声带，都是提高发声素质的重要方面
03 共鸣训练 人类的"共鸣器"由声带上方的喉、咽、口、鼻四腔组成，此外，胸腔和头腔也有共鸣作用	**04 吐字训练** 吐字清晰是演讲的基本要求之一。因此，吐字归音是学习朗诵时必须练习的一项重要基本功
05 轻重音训练 在语言表达中，轻音的特点是音调低、音量小；重音的特点是音调高、音量大	**06 音量和语速训练** 音量和语速应该随着不同的演讲内容而变化

图 7-8　6 项发声训练

呼吸训练

气息是声音的动力来源。充足、稳定的气息是发声的基础。有的人讲话或唱歌时声音洪亮、持久、有力，这种人会被认为"中气很足"。而有的人说话或唱歌时音量很小，有气无力，上气不接下气，像蚊子哼哼一样，使人难以听清，这种人则被认为"中气不足"。两者除了身体素质的区别，还有一个区别就是对气息调节技巧的掌控不同，这属于呼吸与讲话的配合、协调是否恰当的问题。

正常情况下，讲话是在呼气而不是吸气时进行的，停顿则是在吸气时进行的。如果是持续时间较长的讲话或朗诵，则要求掌握较平时更高水平的呼吸循环。

（1）正确的呼吸方法

讲话时的正确呼吸方法是，采用胸腹式联合呼吸法（也称丹田呼吸法），即小腹收缩，利用丹田的力量控制呼吸。著名歌唱家、教育家郭兰英在谈到运用这种呼吸方法时说："唱歌时小肚子经常是硬的，唱的调越高，小肚子就越硬。"

胸腹式联合呼吸法介于胸式呼吸法和腹式呼吸法之间，是两者的结合。具体方法如下。

- **吸气。**小腹向内（丹田）收缩，大腹、胸、腰部同时向外扩展，可以感觉到腰带渐紧，前腹和后腰分别向前后、左右撑开。用鼻吸气，做到快、静、深。

- **呼气。**小腹始终都要收紧，不可放开，努力控制胸部和腹部，将肺部储存的气慢慢放出，均匀地向外吐。呼气要用嘴，做到匀、缓、稳。在呼气过程中，语音一个接一个发出，组成有节奏的有声语言。

这种呼吸方法可以使腹部和丹田充满气息，为发声提供充足的"气"；同时，由于小腹向内收缩，胸部向外扩张，以小腹、后腰和后胸为支柱，为发声提供了充足的"力"。"气"与"力"相融合，为优美的声音奠定了坚实的基础。

（2）处理好讲话和呼吸的关系

在讲话过程中，要处理好讲话和呼吸的关系，必须注意以下几点。

- 尽可能轻松自如地呼吸，吸气要迅速，呼气要缓慢、均匀，吸入的气量要适中。
- 尽可能在讲话中的自然停顿处换气，不要等讲完一个长句才大呼大吸，显得讲话很吃力。还要根据自己的气量来决定是否使用不便中途停顿的长句，不要为了渲染和增强表达效果而勉为其难地使用长句。如果方法不当，这样做只会适得其反。
- 尽可能使讲话时的姿势有利于呼吸。无论是站着还是坐着讲话，都要抬头，舒肩展背，胸部稍向前倾，小腹自然内收，双脚并立平放。这样发声的关键部位胸、腹、喉、舌等才能处于良好的呼吸准备和行进状态。呼吸顺畅，方可音流顺畅。

（3）练习呼吸的方法

练习呼吸的方法有很多，主要有以下几种。

- 闻花香：想象面前有一盆很香的花，深深地吸进花的香气，控制一会儿后缓缓吐出。
- 吹蜡烛：模拟吹生日蜡烛的场景，深吸一口气后均匀、缓慢地吹气，吹气时间要尽可能长，25～30 秒为合格。
- 咬住牙，深吸一口气，然后从牙缝中发出"咝"的声音，力求声音平稳、均匀、持久。
- 数数：从 1 数到 10，再从 10 数到 1，如此循环，看自己一口气能数多少遍，数的时候声音要清晰响亮。

用绕口令或类似绕口令的语句练习气息。例如，可进行"数枣"练习："出东门，过大桥，大桥底下一树枣儿，拿着杆子去打枣，青的多，红的少。1 个枣儿，2 个枣儿，3 个枣儿，4 个枣儿，5 个枣儿，6 个枣儿，7 个枣儿，8 个枣儿，9 个枣儿，10 个枣儿……"刚开始练习时，可以适当地换气，然后逐渐减少换气次数，最后争取一口气读完，甚至可以多说几个枣儿。如果你能够一口气数到"25 个枣儿"，那就说明你的气息已经练好了。

除了绕口令，还有一首歌《气球》（演唱者许哲佩）的一段歌词也很适合用来练习气息，你可以尝试一口气把它读完。

> 黑的白的红的黄的
> 紫的绿的蓝的灰的
> 你的我的他的她的
> 大的小的圆的扁的
> 好的坏的美的丑的
> 新的旧的各种款式
> 各种花色任你选择

声带训练

通常情况下，人们说话时，声带的振动频率为 60～350 赫兹。声带的振动频率决定了发声的音响、音高、音色。可以说，声带对发声起很大的作用。声带的好坏，既有先天因素，也有后天的训练和保护。恰当地训练和运用声带，改变声带条件，保护声带，都是提高发声素质的重要方面。

（1）声带训练

训练声带的最基本方法是，清晨在空气清新的地方"吊嗓子"：身体放松，吸足一口气，张开或闭合嘴，由最低音向最高音连续发出"啊"或"咿"的声响。还可以做高低音连续变化起伏的练习。

（2）声带运用

声带运用要科学、得当，注意事项如下。

- 在进行长时间的演讲之前，声带要做好准备活动，就像赛跑前要拉伸韧带一样。具体方法是：将声带放松，用均匀的气流轻轻地拂动它，使之发出细小的抖动声，仿佛小孩子撒娇时喉咙里发出的那种声音。音量可以逐渐加大，使声带启动，以适应即将到来的长时间运动。
- 在人数较多或场地较大的地方讲话时，发声要轻松自然，特别是起音要音量适中，充分利用共鸣器的共鸣作用，要利用"中气"的助力讲话，而不是"扯着嗓子"叫喊，否则声带负担过重，声音很快就会变得嘶哑，影响演讲效果。

（3）声带保护

为了保护声带，要少抽烟、少喝酒，最好不抽烟、不喝酒，少吃或不吃有强烈刺激性的食物，不喝过烫或过冷的汤水。

共鸣训练

（1）声音与共鸣器的关系

由声带发出的声音音量很小，只占人们讲话时音量的 5%左右，其他 95%左右的音量需要通过共鸣腔放大得来。共鸣腔是决定音色的重要发声器官，直接引起语音共鸣的是声带上方的喉、咽、口、鼻四腔，此外，胸腔和头腔也有共鸣作用。

讲话用声以口腔共鸣为主，以胸腔共鸣为基础。共鸣器以咽腔为主，又可分为高、中、低三区共鸣。其中，高音共鸣区是头腔、鼻腔共鸣，音流通过该区，可以发出高亢、响亮的声音。中音共鸣区是咽腔、口腔共鸣，这里是语音的制造场，是人体中最灵活的共鸣区，音流通过该区，可以发出丰满圆润的声音。低音共鸣区主要是胸腔共鸣，音流通过该区，可以发出浑厚低沉的声音。

（2）简单易行的共鸣训练方法

要想使讲话的声音好听且持久，就要正确地运用共鸣器。而运用共鸣器的关键在于处理好"畅"与"阻"的对立和统一关系。所谓"畅"，就是整个发声的声道必须畅通无阻，胸部舒展自如，喉部放松滑润，脊背自然伸直，以便声音不憋不挤，形成一个声柱流畅地奔涌出来。所谓"阻"，并不是简单地把声音阻挡住，而是不让声音直截了当地通过声道奔涌出来，而是让它经过共鸣器的加工、锤炼，变得洪亮、圆润、雄浑、优美动听。

要处理好"畅"与"阻"的关系，必须进行共鸣训练。以下介绍几种简单易学的共鸣训练方法。

- 学鸭叫。挺软腭，口腔张开成圆筒状，一边发出"嘎嘎"的声音，一边仔细体会。共鸣运用得好的"嘎嘎"声很好听，共鸣运用得不好的"嘎嘎"声枯燥、刺耳。
- 学牛叫。类似打电话时说的"嗯"（什么）和"嗯"（明白了）。
- 模仿汽笛的长鸣声。模仿汽笛的长鸣声时，既可平行发音，也可由大到小或由小到大地变化发音。
- 做扩胸运动，同时发出非常高亢或非常低沉的声音。
- "气泡音"练习。闭嘴，用轻而匀的气流冲击声带，使之发出细小的抖动声。
- 音阶练习。选中一句话，在自己的音域范围内，先用低音阶（声调）说，一级一级地升高音阶，然后一级一级地降低音阶，再一句高一句低交替练习，最后又由高到低、由低到高地练习。
- 大声呼唤练习。假设某人站在距你 100 米远的地方，试着大声呼唤他。例如，"张——师——傅——！快——回——来——！喂——！那——里——危——险——，快——离——开——！"

吐字训练

吐字清晰是演讲的基本要求之一。因此，吐字归音是学习朗诵时必须练习的一项重要基本功。

吐字归音是我国传统的说唱艺术理论中经常运用的一种咬字方法。它将一个音节的发音过程分为出字、立字、归音 3 个阶段。其中，出字是指声母和韵头（介音）的发音过程；立字是指韵腹（主要元音）的发音过程；归音是指音节发音的收尾（韵尾）过程。其基本要领是：出字要准确有力，有一种弹射力；立字要有"拉开立起"之势，声音明亮充实，圆润饱满；归音趋向要鲜明，迅速"到家"，干净利索。平时可以通过一些绕口令和语言的连续性表达训练来完成吐字训练。

试试下面这项语言表达连续性训练（《一只小狗》），测试一下自己多久能读完。

一只狗
一只小狗
一只黄色的小狗
一只大嘴巴的黄色小狗
一只短尾巴大嘴巴的黄色小狗帮助一只大猫
一只短尾巴大嘴巴的黄色小狗帮助一只花色大猫
一只短尾巴大嘴巴的黄色小狗帮助一只小嘴巴的花色大猫
一只短尾巴大嘴巴的黄色小狗帮助一只粗尾巴小嘴巴的花色大猫
一只短尾巴大嘴巴的黄色小狗帮助一只粗尾巴小嘴巴的花色大猫抓一只老鼠
一只短尾巴大嘴巴的黄色小狗帮助一只粗尾巴小嘴巴的花色大猫抓一只黑色老鼠
一只短尾巴大嘴巴的黄色小狗帮助一只粗尾巴小嘴巴的花色大猫抓一只尖嘴的黑色老鼠
一只短尾巴大嘴巴的黄色小狗帮助一只粗尾巴小嘴巴的花色大猫抓一只长尾巴尖嘴的黑色老鼠

评价标准如下。
合格：35 秒读完；
优秀：30 秒读完；
高手：25 秒读完。

轻重音训练

在语言表达中，轻音的特点是音调低、音量小；重音的特点是音调高、音量大。同样一句话，把重音放在不同的字上，表达的意思也会不同。举例如下。

我知道你会这样做的。（别人不知道你会这样做）

我知道你会这样做的。（你不要以为我不知道你会这样做）

我知道你会这样做的。（别人不会这样做）

我知道你会这样做的。（你怎么说自己不会这样做呢）

我知道你会这样做的。（你不会那样做）

我知道你会这样做的。（你不只是说说而已）

音量和语速训练

许多人认为，一场好的演讲一定要用激昂、高亢的声音才能够感染人、打动人，其实这是对演讲的一种误解。一场好的演讲应该像一段优美的旋律，此起彼伏，既有高潮又有低谷，既有快又有慢。如果从头到尾都是激昂、高亢的演讲，一路都是高潮，很容易让人产生听觉疲劳，没有美感，让人觉得你是在"打鸡血"，根本不是在演讲，甚至有"搞传销"之嫌。

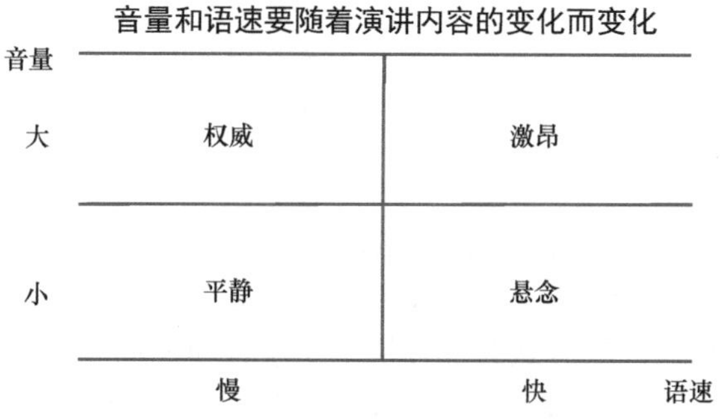

音量和语速要随着演讲内容的变化而变化

音量		
大	权威	激昂
小	平静	悬念
	慢　　　　快	语速

图 7-9　音量与语速象限

在演讲中，音量和语速应该随着演讲内容的变化而变化。可以按照音量和语速这两个维度来处理演讲时的声音变化，构建一个音量与语速象限，如图 7-9 所示。

通常情况下，音量小、语速慢表明演讲内容是平静的。在演讲内容过渡的地方或叙事的地方，可以把声音切换到"平静"象限。例如，以下这段内容适合用"平静"的声音来演讲，否则会失去美感。

你来到了一条小溪边，看到溪水缓缓地流淌，蝴蝶飞舞在你身旁，树枝在微风下摇荡。

要想体现自己说话的权威或树立威信，可将声音切换到"权威"象限，即音量大、语速慢。一般领导讲话时都是音量大、语速慢。例如，以下这段内容适合用"权威"的声音来演讲。

尊敬的各位朋友、各位来宾，欢迎参加我们今天的会议，我代表×××，对大家的到来表示热烈的欢迎！

如果要表达一些充满悬念的内容，可将声音切换到"悬念"象限，即音量小、语速快，以烘托紧张或急促的氛围。例如，下面这段话适合用"悬念"的声音来演讲。

在一个月黑风高的夜晚，翠花拿起一把剪刀，推开门，冲进了她老公的卧室……

如果讲到了重要的内容，如运用排比句或号召行动时，可将声音切换到"激昂"象限，即音量大、语速快。试着读一读马丁·路德·金的《我有一个梦想》演讲。

我梦想有一天，这个国家会站立起来，真正实现其信条的真谛："我们认为真理是不言而喻的，人人生而平等。"

我梦想有一天，在佐治亚的红山上，昔日奴隶的儿子能够和昔日奴隶主的儿子坐在一起，共叙兄弟情谊。

我梦想有一天，甚至连密西西比州这个正义匿迹、压迫成风、如同沙漠般的地方，也会变成自由和正义的绿洲。

我梦想有一天，我的四个孩子在一个不是以他们的肤色，而是以他们的品格优劣来评价他们的国度生活。

今天，我有一个梦想。我梦想有一天，亚拉巴马州能够有所转变，尽管该州州长现在仍然满口异议，反对联邦法令，但有朝一日，那里的黑人男孩和女孩将能与白人男孩和女孩情同骨肉，携手并进。

没有所谓的最佳象限，不管哪个象限，都可以作为演讲中的主要声音，但要注意不要在一个象限停留过久，否则受众容易疲乏。如果你的声音一直处于"激昂"象限，受众会觉得你在"打鸡血"，或者认为你在情感上没有和他们取得连接；如果你的声音一直处于"平静"象限，受众听久了就容易打瞌睡，觉得你的演讲很无聊甚至很糟糕。

声音是否随着演讲内容的变化而有节奏地变化是衡量一场演讲好坏的关键之一。一场好的演讲要时而像湖水，水波不兴；时而像溪流，涓涓流水；时而像江河，波涛汹涌。这就是演讲的"韵律"。

发声练习

请模仿下面这段《张震讲故事》（节选），再与原声对比一下。

门被推开了，里面漆黑一片（稍停），突然眼前一条白影闪过（快速），一阵冷风迎面扑过来，他的心里突然悬了起来，想起了白天同学和他讲的，那个吊死在这个屋子里面的女孩。

可是他又拍了拍头，笑了："这个世界哪里会有鬼？"（稍停）他去开灯，可是灯早已坏了，他无奈地抬起头，啊（停，稍长），他大叫一声，晕了过去，原来在他面前不到一尺的地方站着一个穿着白衣服的女孩，还张着嘴，舌头伸得很长。

7.4 破冰：自信介绍，拉近距离

通过"破胆"，可以让你突破恐惧，克服紧张；通过"破相"，可以让你台风稳健，肢体自然；通过"破声"，可以让你的声音抑扬顿挫，表达有力。接下来要讲的是"破冰"。如何通过自我介绍，迅速拉近与受众的距离，建立信任，让大家很快就对你感兴趣？下面介绍 4 种非常出彩的自我介绍方法，如图 7-10 所示。

图 7-10　4 种自我介绍方法

7.4.1　MTV 法则

- **我（Me）**：我是谁？可以说一些常规信息，如姓名、职业等。
- **事情（Thing）**：我最有成就的事是什么？说出自己最有成就感的一件事。
- **价值（Value）**：我可以给他人提供的价值是什么？将这个价值与对方联系起来。

举例如下。

M：大家好，我叫邓世超，是一名演讲教练。

T：我参加过 2018 年中国培训"我是演讲家"全国总决赛，并获得特等奖和最佳演绎奖两个奖项。

V：我认为，只要找到恰当的训练方法，每个人都能成为演讲高手。因为我就是从一个"理工男"蜕变成一名演讲教练的。我不是一个演讲的理论派，而是实战派，今天我希望能把自己多年的演讲实战经验分享给大家。

7.4.2　故事记忆法

大多数人的名字都是由父母或其他长辈取的。在取名的时候，长辈们会把自己的梦想、厚望、情愫寄托在后辈身上，所以很多人的名字都是有故事的。你不妨去问问给你取名的长辈，为什么给你取这个名字，有什么寓意。然后把自己的名字编成一个故事，或者挖掘自己名字背后的故事，将其变成你独特的自我介绍。看看下面这个人的自我介绍。

大家好。我叫徐红霞，名字是爸爸起的，虽然是个很普通的名字，但我仍然很感谢我爸爸。这个名字是怎么来的呢？妈妈生我那天，爸爸在去产房的路上路过一个军营，听到军营里的战士们正在唱："日落西山红霞飞，战士打靶把营归……"于是就给我起了这个名字，爸爸对我说："你千万别觉得自己的名字很俗，相反，你应该很庆幸我没给你起名叫'徐打靶'！"

7.4.3　3个标签法

用自己最突出的3个标签向大家做自我介绍，如果这3个标签能够和大家产生关联就更好了。有人可能会有疑问：为什么是3个标签，而不是4个、5个甚至更多？原因很简单，如果标签太多，大家很容易忘记。运用3个标签法进行自我介绍的例子如下。

大家好，我叫邓世超，我用3个标签介绍一下自己，这3个标签可以概括为一个词——演三培。第一个标签是"演"，指的是演讲教练。我参加过中国培训"我是演讲家"全国总决赛，并获得特等奖和最佳演绎奖两个奖项。我也辅导和培训过很多高管和总裁的演讲。第二个标签是"三"，我是知名读书社群"拆书帮"的资深三级"拆书家"，拆书是一种高效阅读的方法，通过拆书可以把书上的知识拆为己用。第三个标签是"培"，我的职业是培训师，擅长讲的课程有三门：公众演讲、TTT培训师培训和PPT简报制作。所以，我是一个能"演三培"的人。我叫邓世超，很高兴认识大家。

当然，标签不一定是兴趣爱好、职业、成就等，也可以是"数字标签"。有一次我在给学员上课时采用的自我介绍方法就是"3个数字标签法"。我先在PPT上打出3、30 000、300 000这3个数字，然后开始自我介绍。

大家好，我是今天教大家演讲的世超老师。请各位小伙伴看一下PPT上的这3个数字，请大家猜一下它们跟我有什么关系，猜中有奖品。（引发大家好奇，大家开始激烈地讨论）第一个"3"表示我目前擅长的3个技能，分别是演讲、拆书和PPT设计；第二个"30 000"表示截至目前，我的学员已经超过30 000人；第三个"300 000"表示我希望自己能实现一个小目标，教会300 000人如何演讲。（台下响起了热烈的掌声）

发现没有？数字标签也是一种不错的自我介绍方法，它能激发受众的好奇心，并能通过提问的方式与受众进行互动。

7.4.4　联想记忆法

将自己的姓名和一些名人、明星，或者历史、时代和地名等联系起来，也很容易让大家记住。我经常会用这个方法来做自我介绍，举例如下。

大家好，我的名字很特别，因为是"碰瓷"得来的。碰了两个人的瓷，一个是明星邓超，一个是民族英雄邓世昌。我希望以后能够像邓超一样娶到一个漂亮的媳妇，希望像民族英雄邓世昌一样爱国并富有正义感，所以我的名字叫"邓世超"。今天很高兴认识大家！

怎么样？这个利用和名人相关联的自我介绍法，是不是很容易就让大家记住了你的名字？

自我介绍练习：请你从以上 4 种方法中选择一种来介绍自己，并让大家能够记住你。

7.5　破局：突发状况，灵活应对

在 2019 百度 AI 开发者大会上，百度集团董事长、CEO 李彦宏在做演讲时，突然一位穿黑色衣服的男子跑上台，往李彦宏头上倒了一瓶水。水顺着李彦宏的脸颊一直流向全身，这个画面正好出现在直播中，在场的所有人都见证了这个"尴尬时刻"，真可谓"宏颜获水"。这件事情也立马登上了热搜。

当时李彦宏是怎么应对的呢？他先是停顿了几秒，然后吃惊地说："What's your problem？"现场一片尴尬和沉默。接着，李彦宏镇定地把额头和身上的水简单处理了一下，然后微笑着对观众继续说："大家看到，在 AI 前进的道路上，还是会有各种各样想不到的事情发生。但是我们前行的决心不会改变，我们坚信 AI 会改变每个人的生活。"没等他说完，台下就响起了热烈的掌声，甚至有人在喊"李彦宏加油"。

发生突发事件之后，首先，李彦宏表现得很冷静，并没有因此而手忙脚乱。其次，他保持了良好的风度，没有马上和那个泼水的人翻脸。最后，他把尴尬的现场事故巧妙地融入演讲主题，成功"破局"。这一系列操作突显了李彦宏灵活的应变能力。

大部分演讲者在演讲时，都会偶尔遇到一些突发状况，常见的突发状况如图 7-11 所示。

图 7-11　演讲时常见的突发状况

面对突发状况，演讲者应当遵循以下 3 个原则。

- 充分准备，设计备案。
- 保持镇定，冷静应对。
- 积极思考，寻找对策。

7.5.1　演讲环节的破局

忘词

有时候，演讲者在演讲时由于太过紧张，导致大脑一片空白，从而忘词。

（1）预防策略

- **写演讲稿。** 提前写好演讲稿，在演讲前多排练几遍，直到演讲得非常流畅为止。
- **闭目回想。** 不要"死记硬背"演讲稿，那样讲出来的效果通常比较呆板。可以闭上眼睛，在脑海中回想演讲的画面和内容，就像放电影一样徐徐展开。
- **带上工具。** 如果现场允许，可以提前做好 PPT，以提示接下来要讲的内容。如果现场无法放映 PPT，也可以自己手绘一张思维导图，这个思维导图就是你的演讲大纲，可以借助演讲大纲让自己思路清晰。

（2）应对策略

- **直接跳过。** 如果是不重要的内容，就直接跳过，继续讲下一部分内容；如果是比较重要的内容，也可以先跳过，看看是否能在演讲结束之前加以补充。

- **转移压力。**如果不能跳过，可以尝试把压力转移到受众身上。例如，我有一次在演讲过程中突然忘记了接下来要讲的内容，于是我就说："我接下来要讲一个重要的内容，和大家都有关系，大家猜一下我接下来要讲什么？猜中有奖哦！"

趁着大家一顿乱猜，我在脑海中努力回想接下来要演讲的内容，终于想起来了。如果你足够幸运，受众真的猜中了你要讲的内容，那你就可以顺着受众的思路往下讲，做到"天衣无缝"。

> **注意事项：**
> 忘词时，千万不要一遍遍地重复前面的内容，否则受众很容易就会发现你是在背诵演讲稿，从而对你的印象大大减分。

说错话/念错名字

这种问题通常也是由于演讲者紧张或准备不充分造成的。

（1）预防策略

- **事先查找。**如果名字中有生僻字，那就提前使用字典查找了解，以加深印象。
- **反复练习。**如果是重要的信息，如时间、地点、主办方，要提前熟悉，反复练习，确保万无一失。
- **准备小抄。**也可准备一些"小抄"，把这些重要信息写在"自己看得见的地方，别人看不见的地方"，如写在手心，必要时可以查看。

（2）应对策略

- **直接跳过。**如果是无关紧要的一些"小失误"，如语音、读音等，可以直接跳过，忽略不计。
- **及时纠正。**如果把重要的时间、地点、事项和主办方等说错了，那就重说一遍，不必一直强调自己说错了。

> **注意事项：**
> 不要总是提醒受众你说错了，也不要总是道歉。因为这些错误受众很可能根本没注意到，或者他们觉得不是特别重要。

手机突然响了

在演讲时，经常会发生受众的手机突然响了的情况。

（1）预防策略

- **提前告知。**在演讲前，提醒大家把手机调成震动或静音模式。

- **暂存手机。** 在一些内部演讲场合，如公司内部演讲，会有专人保管受众的手机。有些公司还会设置一个"停机坪"来暂存手机，这也是一种不错的方法。

（2）应对策略

演讲者可以使用幽默的方法解决这种问题，体现自己超强的应变能力。举例如下。

"原来你喜欢这个铃声啊，口味独特啊，小伙子！"

"这个电话是你对象来查岗了吧，有人关心真好！"

"看来我演讲得不错，还有音乐配合我！"

> **注意事项：**
> 不要和受众发生争吵，也不要当众指责受众不尊重演讲者，要给对方台阶下。

7.5.2　受众挑战的破局

作为演讲者，比较难应对的是问答环节。在这个环节，演讲者会遇到不同类型的受众提出不同的问题，有的受众是真心提问、虚心学习，有的受众却是故意找碴儿，想看演讲者出丑。如果演讲者应对得好，会收获热烈的掌声；如果演讲者应对得不好，会收到一片"喝倒彩"声。这一环节非常考验演讲者的心理素质和现场应变能力。在问答环节，演讲者回答问题要遵循以下通用流程。

- **第1步：认真倾听。** "好的，可以啊……你继续……"
- **第2步：表示感谢。** "这位小伙伴提了一个非常好的问题……你能从这个角度来思考，说明你是一个善于思考的人，谢谢你问了一个好问题……"
- **第3步：确认问题。** "我想确认一下，你刚才的问题是……可以这样理解吗？"
- **第4步：回答问题。** "针对这个问题，我的建议是……"

以下列出了在问答环节常见的几种受众挑战，并给出了应对策略。

受众故意找碴儿

受众抓住一个问题不放，就想和你争个输赢，这时你该怎么办？举个例子。

受众：老师，您刚才说一部分职场人士看重职业发展，一部分职场人士看重薪酬，我不同意。我觉得每个人都很看重薪酬，现在生活压力那么大，没有工资还谈什么职业发展？

老师：看来你非常注重钱，如果你对这个主题感兴趣，一会儿演讲结束我们单独讨论，我也很想听听你的见解，不过我们今天分享的主题是"职业生涯规划"，所以先不讨论薪酬，可以吗？

这时，受众一般会有两种反应，一种是听从你的建议，另一种是继续反驳。面对后者，你该怎么办？

应对策略：借力。 借助受众的力量，和受众站在一起，结成同盟。

老师：看来这位受众对薪酬这个话题比较感兴趣。我想问一下大家也是吗？如果都是，那我们可能要更换话题了，同意更换话题的请举手。

当然，你也可以借助主办方的力量，如果主办方给你指定了演讲主题，你就可以这样问。

老师：李总，我们这位受众对这个主题特别感兴趣，现在临时更换主题可以吗？但可能会占用一些时间，这样的话今天"职业生涯与规划"这个主题可能就分享不完了。

高手过招

演讲者在演讲时，有时会遇到比自己还厉害的人，这种人会直接向演讲者发出挑战，指出演讲者的错误。举个例子。

受众：老师，你刚才讲错了，根据我的经验，我觉这里应该是……

老师：怎么可能，你才是错的！

两人陷入争吵之中……

面对高手直接指出的错误，演讲者应该坦然承认，然后继续下一个话题。

不能公开回答

对于有些问题，不适合公开回答。举例如下。

受众：老师，你做一场演讲收费多少啊？

老师：你问的这个问题很有水准啊，是不是想找我分享？这要看演讲的时长和不同的主题，一般时长越长，收费就越高！

不知道答案

有时，受众会提出一些演讲者不太懂或不太熟悉的问题，这个时候该如何回答？

应对策略 1：借力打力。 演讲者可以把这个问题推给现场的受众，让受众来回答。举例如下。

老师：这位小伙伴提了一个很有意思的问题，不知道大家怎么看，大家觉得该怎么办？我想先听听大家的想法。（受众回答完，演讲者在大家回答的基础上

进行总结和升华）

应对策略 2：转移话题。举例如下。

老师：看来你对这个话题很感兴趣，但这个问题比较复杂，一会儿我私下告诉你。（演讲结束后了解相关问题以备回答）

> **注意事项：**
> 无论受众提出了什么样的问题，演讲者都要遵循"三不原则"：不争执，不逃避，不传递负能量。

7.5.3 设备故障的破局

话筒故障

演讲者在演讲时，有时讲着讲着话筒突然失灵或发出噪声，怎么办？

（1）预防策略

- **提前测试和准备。**在演讲前，提前测试话筒，让主办方多准备几个话筒和电池，以防突发状况。
- **自己准备话筒。**如果你经常演讲或培训，可以自己准备一套话筒或耳麦。

（2）应对策略

针对话筒故障，可以进行幽默处理。以下是 3 种应对话术，把话筒拟人化了。

"这家伙对我今天的演讲不是特别满意啊，看来想罢工！"

"看来这家伙有点累了，想休息一下，那我们就休息一下吧！"

"这位大哥好像歇菜了，换二哥上场，请工作人员把二哥请上来！"

> **注意事项：**
> 如果遇到话筒故障，不要慌乱，也不要使劲拍打话筒，先检查一下是否没电了。

投影仪故障

演讲时，有时候会遇到投影仪无法连接电脑，或者讲着讲着投影仪突然不亮的情况，怎么办？

（1）预防策略

- **提前调试设备。**在演讲前，提前测试投影设备与自己的电脑是否匹配。
- **将资料拷贝到主办方的电脑上。**用 U 盘准备一份备用资料，必要时拷贝到主办方电脑上使用。
- **准备救场段子。**可以事先准备一些救场的段子，以应对这种突发状况。

（2）应对策略

针对投影仪故障，也可以进行幽默处理。以下是两种应对话术。

"这家伙真不听话，说不亮就不亮，我昨天还把它调教得好好的！"

"是不是这家伙的灯泡被我的'内力'给震坏了？"

> **注意事项：**
> 如果遇到投影仪故障，不要慌乱，休息一下，让工作人员抓紧时间处理问题。

墙上的挂图或其他物品掉落

演讲时，有时现场墙上的挂图或其他物品会突然掉落，有时甚至吓到受众，此时该如何应对？

针对这种问题，仍然可以进行幽默处理。以下是两种应对话术。

"看来我的狮吼功练得还不错，挂图都被我震下来了！"

"看来大家太热情了，挂图都被大家的热情震下来了！"

> **注意事项：**
> 如果遇到物品掉落问题，不要慌乱，冷静应对，如果不影响演讲继续进行，可以不用处理；如果影响演讲继续进行，可以让工作人员抓紧时间处理。

7.6 成为演讲大师的 4 个步骤

如果将演讲者划分为几个段位，可以划分成"新手""熟手""高手""大师"4 个段位。"破胆""破相""破声""破冰""破局"是一名演讲者从新手到高手的"五重突破"，就像一架飞机要想冲上云霄，就需要突破云层障碍。如果想成为一名演讲大师，需要不断地进行刻意练习。

如果你致力于成为一名演讲大师，可以了解一下刻意练习的 4 个步骤，如图 7-12 所示。

第 1 步：定义目标，拆解步骤

定义明确、具体的练习目标，并对技能进行步骤拆解，以此来引导练习。本书提供的飞机结构模型已经把演讲的各个环节和步骤进行了详细拆解，你只需要按照各个步骤和环节练习即可。

第 2 步：保持专注，认真练习

完全把注意力集中在任务上。练习时，要专注于做好每次演讲，排除其他事情的干扰，在一段时间内只做一件最重要的事。

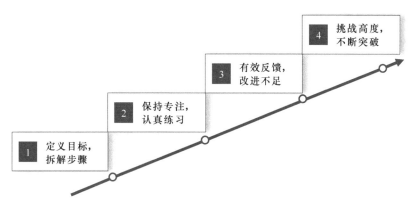

图 7-12　刻意练习的 4 个步骤

第 3 步：有效反馈，改进不足

第一种方法是，对照演讲水平评分表、演讲各步骤的标准和注意事项，找出自己的不足之处，思考该如何改进。第二种方法是，每次演讲完询问受众、朋友或导师的建议，尤其是导师的建议。第三种方法是，在没有导师的情况下，可以给自己录演讲视频，对照演讲视频反思每次演讲的优缺点，并加以改进。

第 4 步：挑战高度，不断突破

要不断走出自己的舒适区，挑战更高的难度。可以尝试参加不同级别和规格的演讲比赛，不断挑战更高的荣誉，在实战中提升自己的演讲水平。

第 **8** 章
即兴呈现：让演讲出口成章

即兴发言是必要的，不管是致辞、法律申辩，还是参加私人聚会等，那些受人尊重、能够即兴演讲的人，仿佛拥有神祇的智慧。

——阿尔基达玛，公元前 4 世纪雄辩家

在工作和生活中，总有一些特定场合需要你即兴发言。既然是即兴演讲，准备时间就特别有限，甚至没有时间来准备，需要你临场发言。你是否遇到过以下这些场景？

- 同学聚会：轮到你发言，你说了一堆，却说不到重点。
- 获奖感言：登上领奖台，除了发表一番老掉牙的感谢语，你就没有别的话了。
- 会议发言：领导突然点名让你发言，你却支支吾吾，说不出重点，白白浪费机会。
- 开家长会：老师邀请你上台发言，你却没能抓住机会让孩子为你骄傲。
- 亲友婚礼：作为新人的好友，你受邀送祝福，却只会干巴巴地念稿子。

面对这些即兴演讲场合，你该怎么办？本章将介绍 5 种即兴演讲的结构和 4 种即兴演讲能力，让你轻松应对即兴发言时刻。

8.1 "赶过猪"结构

"赶过猪"结构是指"感谢+过去+祝福"即兴演讲结构，如图 8-1 所示。该结构特别适合庆典场合的即兴发言，如婚礼、同学会、酒局、颁奖典礼、优秀员工评选等场合。

图 8-1　"赶过猪"结构

具体操作步骤如下。

- 第 1 步：感谢。感谢被邀请发言，或者感谢帮助自己的相关方。
- 第 2 步：回顾。回顾自己成长过程中发生的点点滴滴，讲述一个让自己印象最深刻的故事，故事越有细节越精彩。
- 第 3 步：祝福。对未来送出祝福，提出希望。

举个例子。假设你刚刚加入一家新公司的销售部门，领导邀请你在部门同事面前做个即兴发言，让大家认识你，你可以这样讲。

感谢： 感谢领导给我这个机会，让我向大家做自我介绍。大家好，我叫×××。

过去： 我曾经在零售行业做过 5 年销售工作，积累了一定的销售经验，销售一直是我特别热爱的事情。记得有一次我的任务是在新城市拓展商超客户，当时全市总共有 30 000 家大大小小的商超，而我们的产品只进驻了两家。由于我们的品牌知名度较小，开拓新渠道异常艰难，但凭借对销售的热爱，我们一个商超一个商超地拜访和谈判，最终在 3 年内拿下了 20 000 家商超的入驻资格。

祝福： 我愿意在公司贡献我所有的力量，祝愿我们的团队变得更加强大，也祝愿我们的明天变得更加美好！谢谢大家！

再举个例子。你去参加好友的婚礼，在婚礼上，你被邀请给新人送上一段祝福，做一个简短的即兴发言。此刻，你从主持人手里接过话筒，可以这样讲。

感谢： 感谢主持人给我这个发言的机会。大家好，我叫×××，是新郎官的好朋友。

过去： 我们俩是初中同学、高中同学和大学同学，可以说，我是除了新娘以外最了解新郎的一个人了。我们一起逃过课，一起打游戏，一起打篮球，他是我非常要好的兄弟。前几年我创业遇到一些困难，产品销售不出去，是他给我介绍资源，帮我渡过难关。能遇到这样一个好兄弟，是我的幸运。我想和新娘说的是，新郎的人品绝对很正，嫁给他，你放心。

祝福： 最后，我真心地祝福我的兄弟，新婚快乐，早生贵子，这样我就能早日当上干爹！谢谢大家！

2016 年，演员胡歌凭借其主演的电视剧《琅琊榜》荣获第 28 届中国电视金鹰奖"观众最喜爱的男演员"奖和第 11 届中国金鹰电视艺术节"最具人气男演员"奖。胡歌的两次获奖感言都堪称教科书级别的发言，他的发言感动了在场的每个人。下面一起来看看胡歌的这两次获奖感言。

首先是"观众最喜爱的男演员"奖获奖感言，原文如下（有改动）。

感谢各位评委、各位观众对《琅琊榜》的喜爱，对梅长苏的喜爱。（感谢）

梅长苏这个角色，在戏里燃尽了自己的生命。他伸张正义，让靖王坐上了王位。梅长苏这个角色，在戏外让胡歌这个演员，获得了许多荣誉，让我今天站在这里获得这么重要的奖项。所以，我最该感谢的是创作了这个角色的编剧海晏老师，感谢侯洪亮老师对我的信任，给我机会，感谢孔笙导演、李雪导演拍摄时对我的帮助，感谢所有的演职人员。（过去：回顾自己饰演的梅长苏这个角色，并感谢在演戏过程中帮助过自己的人）

我在台下看到很多来自一年级的学员，你们中间有很多是我的师弟师妹，看到你们我觉得很亲切。我不能忘记感谢我的学校、我的老师。作为虚长几岁的师兄，我想说几句话：此刻我羡慕你们，你们还有在学校的机会。我还想说一句，做一个纯粹的演员，把演戏当成一个简单的事，你会获得更多的快乐。（祝福：寄语和祝福自己的师弟师妹）

发现没有？胡歌的这篇获奖感言采用的演讲结构正是"感谢+过去+祝福"。他先是感谢评委和观众，然后回顾自己饰演的梅长苏这个角色，并感谢在演戏过程中帮助过自己的人，最后给自己的师弟师妹送出祝福和寄语。

接下来是"最具人气男演员"奖获奖感言，原文如下（有改动）。

首先我觉得非常意外，我没想到梅长苏和郡主会以这样的方式相会。我想说句心里话，我今天拿到这个奖，并不是因为我的演技有多么好，我觉得是因为我很幸运，我可能比更多的人更早知道，演员应该是怎么样的。

我很幸运，我的第一部戏是和郑佩佩老师合作的，拍摄时间是横店的深秋，当时天气非常凉，她没有助理。有一场戏是她躺在地上，当时剧组正在布景、布光，她就一直在那里躺了将近半小时的时间，那次记忆让我印象非常深刻，我知道演员在现场是什么样子。

我很幸运，我可能比更多的人更早知道了什么样的演员是真正的演员。我要感谢林依晨，在拍摄《射雕英雄传》的时候，她对我说过两句话，第一句话是"演戏是一个探索人性的过程"，第二句话是"我是在用生命演戏"。这两句话我会记住一辈子。

我很幸运，我能看到生活中真正的演员是什么样的，这次和李雪健老师乘坐同一班飞机来到长沙。李雪健老师德高望重，但他只带了一个随行人员，我很惭愧，我带了 3 个……

所以这个奖杯并不代表我的演艺事业到了一个多么高的高度，而是代表我刚刚上路。这是一条创新之路，也是一条传承之路。艺术是需要创新的，但是追求艺术和敬业精神是需要传承的。

从胡歌的这两篇获奖感言中可以看到，一篇优秀的获奖感言：

- 一般会使用"赶过猪"结构组织语言。
- 没有太多的客套话，每个字、每句话都要透露出自己的谦逊和感恩之心。
- 善于用故事细节去打动在场的受众，让大家为之动容。
- 拿到荣誉以后，要向大家表决心，让大家对获奖者的未来依然看好。

> **注意事项：**
> 在运用"赶过猪"结构时，尤其在"回顾过去"这部分内容中，尽量讲一些他人帮助你的细节和故事，只有细节和故事才会让你的演讲更加真诚、动人。

8.2 "观音按揭"结构

如果遇到表达观点型即兴演讲，该怎么办？

下面介绍一种应对表达观点型即兴演讲的万能公式：先阐述观点，接着分析原因，然后举出具体案例，最后强调结论。其结构可简单概括为"观点—原因—案例—结论"，谐音"观音按揭"，如图 8-2 所示。

图 8-2 "观音按揭"结构

举个例子。

观点：老王，我建议你在深圳买套房子。

原因：第一，深圳气候特别好，常年温度在 27℃左右，你看你现在住的地方，等到了冬天的时候有多冷。第二，在深圳买房子升值空间大，深圳属于一线城市，每年的房价都在往上涨。第三，深圳的交通四通八达，你想去哪里都很方便，节约时间。

案例：你看你朋友老张 5 年前在南山区花了 100 万元买了一套房子，现在已经涨到 1 000 万元了，而且老张觉得这里的环境真不错，你还可以和他做邻居。

结论：所以，我建议你在深圳买套房子。

再举个例子。

观点：我认为学习演讲很重要。

原因：演讲可以让一个人更加自信，逻辑更加清晰，表达更加清楚，沟通更加有效，促进其在职场更快地升职加薪。

案例：你看小庄，以前一让他当众演讲就脸红，还经常结结巴巴的，自从学习了演讲之后，现在演讲不但不脸红了，还表达得非常流畅，甚至还去参加了演讲比赛，获了奖，而且这两年他在工作中每年都加薪两次，比别人多一次。

结论：所以，我认为学习演讲非常重要。

> **注意事项：**
> 在使用"观音按揭"结构时，要想更容易地说服对方，应在原因和案例方面契合对方的需求，从而使对方更容易接受你的观点。

8.3 "否新高"结构

在发表反驳他人观点和意见的演讲时，可以采取"否新高"结构，如图 8-3 所示。具体步骤如下。

否定旧观点
否定对方的观点，并给出否定的理由

提出新观点
提出反驳对方的新观点

更高层面论证
站在更高层面对新观点进行论证

图 8-3 "否新高"结构

- **第 1 步：否定旧观点。** 否定对方的观点，并给出否定的理由。
- **第 2 步：提出新观点。** 提出反驳对方的新观点。
- **第 3 步：更高层面论证。** 站在更高层面对新观点进行论证。

举个例子。北京卫视的《向前一步》节目，其中一期报道了这样一个案例。

北京有个同心园小区，小区业委会换届之后，现业委会的行事作风引起了前业委会委员和部分居民的不满，两届业委会对双方管理小区事务的方式各有不满，从而产生了各种分歧和矛盾，小区居民也纷纷站队，分化成两个对立的阵营。这两大阵营在调解现场吵得不可开交。就在主持人宣布谁愿意筹划一次业主代表大会重新选举业主委员会时，人群中站出来一位业主，他发表了这样一番演讲，使双方的矛盾得到了缓解。

我们这么多同心园小区的业主在这里通过全国的电视直播，我们展示的是什么？难道是在展示所谓的正方、反方的唇枪舌剑？（否定旧观点）

我们应该展现同心圆小区居民同心同德的一面，应该让全国人民在电视上看到我们小区所有的人都笑脸相迎。（提出新观点）

现在政府为我们创造了这么好的条件，我们应该摒弃前嫌，团结一致，把我们的生活条件改善了，这是我们今天的主要任务，对不对？我们站在这里，你一他二的，有什么意义？政府今天为我们请来了这么多专家来了解我们的诉求，说明政府关心我们、重视我们，对不对？我们住在一个小区，是一个家庭。我们要同心，这样才能"同兴"。（站在更高层面论证新观点）

这篇即兴演讲获得了热烈的掌声，下面分析一下它的可取之处。

- **采用"否新高"结构。** 否：今天我们小区在全国面前进行电视直播，不应该是来展示双方辩论和吵架的。新：我们应该展示小区同心同德的一面。高：政府、专家都来帮助我们，重视和解决我们的问题，所以我们应该展现出团结的一面，只有同心，才能"同兴"。
- **重申活动的初心和演讲主题。** 把大家拉回到对话主题上来，有助于防止大家陷入无休止的争吵中。
- **通过疑问句和停顿来控制演讲节奏。** 演讲时用了多个疑问句和停顿，很好地控制了演讲的节奏，引发了大家的思考。
- **以金句收尾。** 结尾一语双关，拔高主题："我们要同心，这样才能'同兴'。"

再举个例子。在电视剧《平凡的荣耀》中，有这么一个情节：男主角想为自己的"逆水寒"游戏项目争取老板的投资，但老板认为这款游戏在网上有很多差评，是一个很差的项目。男主角是这样说服老板的。

否定旧观点： 这个项目在网上确实有很多差评，对于网上的评论我们仔细调查过了，都是对手动用公关团队所为，对手请了很多水军操作差评导致"逆水寒"项目处于这种劣势地位。

提出新观点： 这恰恰说明"逆水寒"项目不是一个差的项目，而是一个好的项目。

在更高层面论证新观点： 因为只有好的项目，才会遭到竞争对手的恶意打压，他们不惜一切代价雇佣网络水军给"逆水寒"差评。

再举个例子。假设你的朋友不想花钱去学习演讲培训课程，他觉得太贵了，不值，还不如自己看书。你该如何使用"否新高"结构来劝他改变心意呢？

否定旧观点：我特别理解你的担心，担心钱花了却得不到应有的收益，只是这种想法有一定的片面性。

提出新观点：因为看书是一种"单机学习"状态，遇到问题只能自己思考，没有人指导你；而参加演讲培训课程是一种"联机学习"状态，不但有老师教，还能和同学之间相互交流演练，会让你提升得更快。

在更高层面论证新观点：你的同事李明学完演讲课程后，在述职汇报中力压其他竞争对手，发表了一场精彩的演讲，很快就获得了领导的赏识，最终获得了升职加薪。

> **注意事项：**
> "否新高"结构给人一种先抑后扬的痛快感和信任感，在提出反对意见的场合下使用最佳。但在提出反对意见时，应当表现得温和一些，不要得理不饶人，尽量提供具体的、经过验证的例子，这样更容易说服他人。

8.4 "黄金三点论"结构

前面讲的几种即兴演讲结构都是在特定场合下使用的，那么，有没有在任何场合下都能使用的"万能公式"呢？当然有，那就是"黄金三点论"。这是一种比较简便的语言组织方法，可以让你在说明情况或表明态度时，思路更加清晰。"黄金三点论"又叫"三点法"，是指在发言时直接告诉受众接下来要讲"三点"，给人以逻辑清晰、准备充足的感觉，如图8-4所示。

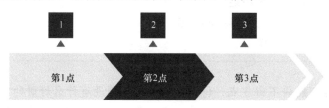

图8-4 "黄金三点论"结构

操作步骤如下。

- **第1步**：表达观点，或者表达你对某件事情有3个看法。
- **第2步**：依次阐述3个理由或3个方面。

- **第3步**：重申结论。

举个例子。

表达观点：我觉得要学好演讲，需要做好3个方面。

依次阐述3个方面：第一，要不怕丢脸，只有这样你才能克服上台恐惧；第二，要训练逻辑思维，只有这样你的演讲才能逻辑清晰；第三，要找到演讲导师，只有这样才能让你的演讲快速取得进步。

重申结论：所以我认为，要学好演讲，应该从"不怕丢脸、训练逻辑思维和找到演讲导师"3个方面入手。

再举一个例子。当你参加一场讲座、一次课程、一次活动之后，很可能会被别人问："你对这次活动的感受如何？"如果你的回答是"很好，很不错"，可以，因为大部分人都会这么回答。如果你想更好地回答，就可以使用"黄金三点论"结构，你可以这样说。

我今天参加完活动有3个收获。

第一，我变自信了。现在我不怕在台上演讲了，而且敢和台下的任何一个人对视。

第二，我的演讲更富有技巧了。不仅内容更有逻辑性，舞台的呈现也更加多彩，我学会了用手势、眼神、表情、身体移动和声音的抑扬顿挫来表达内容。

第三，我还结交了一帮志同道合且都积极向上的朋友。

"黄金三点论"结构常用的话术有以下几个。

- 我有3点收获。
- 我想发表3个看法。
- 我给大家讲3个故事。
- 我就3个方面来谈一下自己的心得。
- 我们的任务是分3步走。
- 我们目前有3个需要解决的问题。
- 我想给你3个建议。

几点理论

有时候你可能讲不出3点，讲完2点之后发现没有什么好讲的了；有时候你讲完3点后，发现还有第4点甚至第5点需要讲。这两种情况都会导致你的"黄金三点论"结构不成立。这时，我推荐你使用"几点理论"结构，步骤如下。

第1步：告知大家你接下来要"讲几点"。

第2步：讲到几点算几点。

"几点理论"比"黄金三点论"更加灵活，但要注意使用"几点理论"

演讲时，要点不要太多，最好不要超过 5 个，否则会显得你的表达很冗长，受众也记不住。

8.5 "4 个我"结构

"4 个我"结构主要用在分析问题和提出方案的演讲场合，如图 8-5 所示。具体步骤如下。

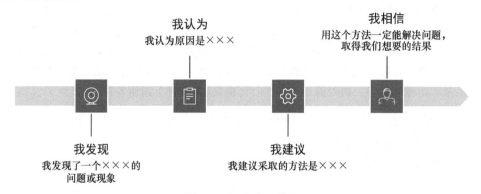

图 8-5 "4 个我"结构

- **第 1 步：我发现。** "我发现了一个×××的问题或现象。"
- **第 2 步：我认为。** "我认为原因是×××。"
- **第 3 步：我建议。** "我建议采取的方法是×××。"
- **第 4 步：我相信。** "我相信用这个方法一定能解决问题，取得我们想要的结果。"

举个例子。在公司会议上，你建议公司开拓线上销售业务，可以这样说。

我发现： 我发现今年公司业绩下滑严重。

我认为： 我认为主要原因是疫情防控期间，门店客流量减少，购买需求下降。

我建议： 我建议开拓线上销售渠道和直播渠道。

我相信： 我相信通过线上和线下相结合的方式，一定可以提升我们公司的销售业绩。

再举个例子，仍以北京卫视《向前一步》节目中同心园小区遇到的问题为例，现场有位媒体评论员针对前任和现任业主委员会之间的矛盾，发表了一番即兴演讲。

我发现： 我今天特别惊讶，就是从来没有见过在哪期节目中，业主跟业主打起来了，人民和人民 PK 了。矛盾很尖锐，很对立。换个角度说，这个小区第一

个值得点赞的地方就是竟然有这么多愿意为居民服务的业主，你们应该为自己感到自豪。（掌声）

我认为："当主人"是一门技术活，当业主委员会成员是有要求的。第一，得遵守国家有关法律法规，你是把法律当成自己的最高信仰和最低行为准则吗？第二，热心公益事业，责任心强、公正、廉洁。业主委员会首先是服务机构，其次才是权力机构。（掌声）第三，也是最重要的要求，要热心，有一定的组织能力。现代社会，专业的人干专业的事，业主委员会最重要的职能是代表广大业主监督物业的工作，让专业的服务机构提供一流的服务给大家。（掌声）

我建议：如果是涉及所有业主利益的事情，要召开业主大会。（掌声）

我相信：所以，我对节目的推进充满了信心。不管你们的决定是PK还是握手言和，你们都要记住，本着法律法规的要求，以及对对方的最基本尊重，将我们共同的家园变得更加美好，成为咱们大兴区的一个典范社区。今天镇长也在这里，我相信镇长也抱有同样的期待。同心园，因为同心而振兴。（掌声）谢谢各位。（掌声）

这位媒体评论员短短1分多钟的即兴演讲，获得了6次掌声，下面分析一下这篇即兴演讲的成功之处。

- **采用"4个我"结构。**这位媒体评论员采用"4个我"结构快速构建了一篇精彩的即兴演讲。
- **深度分析问题。**这位媒体评论员指出当业主委员会成员是有要求的，并提出了3项具体的要求。
- **提出有效措施。**这位媒体评论员建议小区召开业主大会，而不是在这里互相扯皮。
- **号召大家共同参与。**这位媒体评论员指出，要想解决问题，大家就要团结起来，共同参与。再加上政府的助力，相信最后一定可以解决问题。

> **注意事项：**
> 在使用"4个我"结构时，需要对问题足够了解，找到引发问题的根本原因，只有这样，提出的方案或建议才更容易让对方认可。

8.6 4种即兴演讲能力训练法

下面介绍4种即兴演讲能力训练法，它们可以帮助你快速提高语言组织能力、临场应变能力，从而提高你的即兴演讲能力，如图8-6所示。

图 8-6　4 种即兴演讲能力训练法

8.6.1　散点联想法

简单地说，散点联想法就是将几个看似没有关联的、不相干的词语，通过一定的语言表达方式，巧妙地串联起来，组合成一段话，表达出一个完整的意思。

例如，"天空""小鸟""树木"这 3 个词之间看上去没有什么关联，但你可以通过一定的组合，将它们编成一个完整的故事，如下所示。

有一天小明去公园散步，蓝蓝的天空格外美丽。小明的心情特别舒畅，他找到一棵树，坐在树下静静地欣赏着美景。这时，树上传来了几声鸟鸣。小明抬头一看，原来一只小鸟正在树上搭窝呢！

使用散点联想法时，各个词不一定要按顺序来，也不要受现实条件的限制，想象越丰富，故事情节越有趣，就越容易记住这些词。一开始你可以从 3 个词开始练习，后面可以增加到 4 个词、5 个词甚至更多。注意，在练习时，不要让你的思维受限，可以天马行空地联想。通过一段时间的练习，你的联想能力和想象能力都会得到提升，即兴演讲水平也会得到提高。

下面给大家列举了几组词，一起来练习一下吧！

第 1 组：新疆　海边　小明　少年宫
第 2 组：蚂蚁　杯子　老虎　被子
第 3 组：阳台　汽车　猴子　小孩

8.6.2　翻书训练法

从书架上随机拿出一本书，然后随机翻开一页，从书中随机找出一个词语作为演讲主题。通过短时间的准备后，开始发表你的演讲，这样可以快速锻炼你的临场应变能力。刚开始训练时，你可能会感觉有些吃力，表达不够顺畅和完美，但千万不要就此放弃，多练习几次你就会发现，自己的表达越来越顺畅。

8.6.3　点评训练法

你可以通过抖音、微信、影视剧、网络新闻等渠道找到演讲的素材和话题，针对一些新闻发表你的看法和意见，然后写成文章或录成演讲视频。通过这样的训练方式，不但可以锻炼你的即兴演讲能力，还可以帮助你丰富演讲素材，在下次演讲时能够信手拈来。

8.6.4　主题考试法

你可以请家人或朋友准备几个演讲主题，然后通过抽签的形式抽取演讲主题，发表主题即兴演讲。这种训练方法更加接近实战，所以效果会比较好。你也可以邀请一些好友或演讲老师来观看你的演讲，给予点评和反馈，这样你的演讲就会进步神速。

总之，要想做好即兴演讲，一定要做生活中的有心人。在生活和工作中，随时随地收集演讲素材，让这些素材成为你演讲的灵感源泉。

参考文献

[1] 彼得·迈尔斯，尚恩·尼克斯. 高效演讲: 斯坦福各受欢迎的沟通课[M]. 马林梅，译. 吉林: 吉林出版集团，2013.

[2] 克里斯·安德森. 演讲的力量: 如何让公众表达变成影响力[M]. 蒋贤萍，译. 北京: 中信出版社，2016.

[3] 安妮特·西蒙斯. 故事思维: 影响他人，解决问题的关键技能[M]. 俞沈彧，译. 南昌: 江西人民出版社，2017.

[4] 许荣哲. 故事课 1: 说故事的人最有影响力[M]. 北京: 北京联合出版公司出版，2018.

[5] 王琳，李凤仪，等. 荣耀时刻: 用"画"图纸轻松搞定 18 分钟演讲[M]. 北京: 中信出版社，2016.

[6] 芭芭拉·明托. 金字塔原理: 思考表达和解决问题的逻辑[M]. 汪洱，高愉，译. 海口: 海南出版公司，2013.

[7] 李忠秋. 结构思考力[M]. 北京: 电子工业出版社，2014.

[8] 杰瑞米·多诺万. 手把手教你玩脱口秀[M]. 梁海源，程璐，译. 杭州: 浙江人民出版社，2018.

[9] [美]格雷格·迪安. TED 演讲的秘密: 18 分钟改变世界[M]. 冯颙，安超，译. 北京: 中国人民大学出版社，2013.

[10] 玛丽莲 阿特金森. 高级隐喻: 故事转化生命[M]. 吴佳，王利娟，等，译. 北京: 华夏出版社，2018.

[11] 高琳，（美）林宏博. 故事力: 用故事决胜人生关键时刻[M]. 北京: 中信出版社，2020.

[12] 陈魁. 好 PPT 坏 PPT: 锐普的 100 个 PPT 秘诀[M]. 北京: 中国水利水电出版社，2019.

[13] 加尔·雷纳德. 演说之禅: 幻灯片呈现与沟通艺术（第 3 版）[M]. 王佑，汪亮，译. 北京: 电子工业出版社，2020.

[14] 粥左罗. 学会写作: 自我进阶的高效方法[M]. 北京: 人民邮电出版社，2019.

[15] 约瑟夫·坎贝尔. 千面英雄[M]. 黄珏苹，译. 杭州: 浙江人民出版社，2016.

反侵权盗版声明

电子工业出版社依法对本作品享有专有出版权。任何未经权利人书面许可，复制、销售或通过信息网络传播本作品的行为；歪曲、篡改、剽窃本作品的行为，均违反《中华人民共和国著作权法》，其行为人应承担相应的民事责任和行政责任，构成犯罪的，将被依法追究刑事责任。

为了维护市场秩序，保护权利人的合法权益，我社将依法查处和打击侵权盗版的单位和个人。欢迎社会各界人士积极举报侵权盗版行为，本社将奖励举报有功人员，并保证举报人的信息不被泄露。

举报电话：（010）88254396；（010）88258888

传　　真：（010）88254397

E-mail：　dbqq@phei.com.cn

通信地址：北京市万寿路 173 信箱

　　　　　电子工业出版社总编办公室

邮　　编：100036